U0469324

傅安洲　阮一帆　孙文沛　李战胜　著

当代德国
政治教育理论研究

STUDY ON POLITICAL EDUCATION THEORIES OF CONTEMPORARY GERMANY

社会科学文献出版社
SOCIAL SCIENCES ACADEMIC PRESS (CHINA)

目录
CONTENTS

第一章 导 论

一 研究缘起

政治教育是人类阶级社会普遍存在的社会现象，是统治集团、社会群体有组织有计划地向社会成员传播政治文化的社会实践活动，目的是形成并发展反映一定社会或阶级利益及其发展要求的政治共识和政治价值观。

德国的政治教育（Politischer Bildung）历史久远。制度化的政治教育发端于君主专制的德意志第二帝国时期（1871～1918 年），经历了魏玛共和国（Weimarer Republik，1919～1933 年）的“基于国家和民族的政治教育”（Staat und Volk Bezugspunkte politische Bildung）、德意志第三帝国（1933～1945 年）反动的“政治教化”（politische Erziehung）和德意志联邦共和国时期（1949～ ）的资产阶级“民主政治教育”（demokratischer Politischer Bildung）等历史形态。各个时期的政治教育有着不同的内涵、功能、内容和价值目标。本书中的“当代德国”，指第二次世界大战结束之后的西部占领区（1945～1949 年）、德意志联邦共和国（俗称联邦德国或西德）和统一之后的德国。

当代德国政治教育，是在对纳粹德国以“侵略扩张和种族纯洁”为目的的反动的政治教化批判反思和对魏玛共和国“基于国家和民族”的政治教育扬弃基础上的资产阶级民主政治教育工作。第二次世界大战以后，美国、英国、法国等战胜国在西部占领区全面实施了“非纳粹化”和“再教育”运动。1949 年联邦德国建立之后，为了推进民主政治文化建设，巩固发展西方议会民主制度，反思清算纳粹思想，培养现代德国公民，联邦德国逐步构建了“作为宪法保护工作”的政治教育体系。该体系在促进战后德国政治文化转型、议会民主制国家建立和国家统一方面发挥了重要作用。

在战后政治教育体系的构建和政治文化转型过程中，当代德国政治教育学者和学术界在汲取历史的经验教训、借鉴前人思想理论的基础上，对德国政治文化和政治教育发展现状及其未来走势，以提出学术思想的方式做出了持续、主动的回应，对本国政治教育的实践成果和历史经验进行了概括，形成了具有德意志民族特色的政治教育理论。研究当代德国政治教育理论，对深刻把握当代德国政治教育发展机理和演进规律、深刻揭示其本质特征和意识形态属性、全面认识其实践特色，具有重要意义。同时，对深化政治教育国别与国际比较研究，也有特殊的价值。这是本书研究的直接目的和缘由。

本书是本课题组继 2010 年出版的专著《德国政治教育研究》（人民出版社）之后，对德国政治教育研究的继续和深化。

在《德国政治教育研究》一书中，课题组围绕德国特别是战后德国政治教育体系的"构建发展和功能作用"这一主线，按照"历史研究—体系研究—理论研究—功能研究—借鉴研究"的基本路径开展研究工作。在取得预期研究成果的同时，课题组也深深地意识到，当时对德国政治教育理论的研究还有待深入。尽管当时课题组对德国政治教育理论的思想渊源进行了追溯，对德国政治教育的概念进行了比较深入的辨析，也根据德国古典哲学思想、政治学和教育学的一般原理，对政治修养理论、政治认知—政治认同—政治参与理论和政治社会化理论等当代德国政治教育基本理论做了一般性的阐述，也初步涉猎了德国文化教育学派的政治教育观念和弗雷德里希·欧廷格（Friedrich Oetinger，1906~2005 年）的合作教育（Erziehung zur Kooperation）理论，但是由于当时课题组所拥有的有关德国政治教育理论方面的一手资料比较有限，因此对战后德国政治教育学术史、学术流派、重要学者的学术思想和教育观点没有形成比较客观、全面、系统的认识，这是《德国政治教育研究》一书留下的主要缺憾。

德国政治教育思想源远流长，流派众多。在近现代出现了一批在德国国内，甚至在整个西方国家的公民教育、政治教育领域有着重要影响的思想理论家。他们作为德意志民族的、西方的、时代的学者，以其秉持的政治立场、敏锐的学术意识、宽广的学术视野、严谨的学术态度，对战后德国政治文化变迁和政治教育发展变革，以提出学术思想的方式做出了持续、主动的回应，形成了异彩纷呈的思想、自成一派的理论乃至针锋相对的观点，有关政治教育学术思想、理论观点的争论始终没有停止过。同时，这些学者也勇于投身第二次世界大战之后德国政治教育实践，积极传播其学术思想和教育主张，推广他们创制的政治教育教学法，指导并影响学校和社会领域的政治教育工作，推动政治教育的发展变革。可以说，战后德国政治教育实践的演进和政治文化的变迁，就是一部德国政治教育学术思想的流变史和理论的发展史。研究梳理当代德国政治教育理论演变发展历史的主要脉络，分析理论流派产生的社会经济和政治文化背景，厘清主要理论流派及其思想特质、价值诉求，深入探讨当代德国政治教育体系背后的精神和文化的影响因素，弥补前期研究的不足，是本书研究的直接动因。

二　研究意义

第二次世界大战结束和战后重建，是德国现代化进程中的重大转折点。战后德国的政治制度重建、政治文化转型面临极其复杂的局面和严峻挑战，德国民众的政治教育被政治体系和政治权力作为实现制度重建与文化转型的重要途径和手段，培养现代德国公民也成为作为国民教育重要组成部分的政治教育所追求的目标。联邦议会、政府、政治家和学术界对此给予高度重视，也取得了积极的成效。第二次世界大战之后至20世纪70年代，德国经历了由“臣服型”“权威型”政治文化向西方式民主参与型政治文化的深刻转型，德意志传统政治文化发生了质的变化，德国民众也从纳粹思想的禁锢中获得了解放，逐步成为德国资产阶级民主政治的支持者和积极参与者，新生的联邦国家及其民主制度也获得了民众的认同。政治权力和政治体系主导的政治教育是促成这一历史性变化的重要因素，也是执政集团获得政治合法性的有效路径。即使在今天，政治教育作为政治文化传播的重要手段，仍然是德国资本主义政治文明建设和社会治理体系的重要构成要素。我们要研究的是，在政治体系和政治权力构建政治教育体系以促进政治文化转型的过程中，德国政治教育学术界做出了怎样的思想回应，形成了怎样的教育思想和理论流派。也试图追溯各理论流派的思想渊源，分析其思想风格和理论特色，揭示其阶级属性，探讨其具有的可资借鉴的价值。

本书研究的意义体现在以下三个方面。

（一）揭示战后德国政治教育体系构建的基本原理和实践的理论依据，深化对德国政治教育规律性的认识

从政治教育的国别研究和国际比较视域看，世界各国的政治教育、政治价值观教育或公民教育，虽然由于历史文化和政治体制的差异表现出民族国家的个性特征，但又都体现着不同社会形态政治教育的共同本质或一般规律。政治教育的一般规律是政治教育发展和开展政治教育国别与国际比较研究必须遵循的基本法则和原理。开展政治教育的国别研究，通过个性把握共性，揭示规律，能生成新的知识途径和机理。而发现政治教育基本原理的过程就是政治教育新的知识体系的形成过程。本书研究以当代德国政治教育体系形成、发展、变革的历史进程为现实依据，着力于研究战后德国政治教育理论形成、演变、发展历史的主要脉络，分析理论流派产生的政治文化背景，厘清主要理论流派的思想特质、价值诉求及其对促进政治教育实践发展变革的作用，能够深刻揭示德国政治教育体系构建的基本原理和实践的理论依据，发现支配政治教育进程的力量和决定性原则，从而能够更为全面深刻地对德国政治教育的发展动因做出说明和解释，鉴别和抽象出政治教育发展的一般模式或趋势，进而深化对德国政治教育发展规律的认识，也有助于我们增强对不同社会形态政治教育一般规律的认识。

（二）揭示战后德国政治教育的本质属性和意识形态特征

政治教育是政治体系和政治权力有组织地向社会成员传播主流政治文化，形成政治共识和价值观念，达到政治认同和政治参与目的的教育实践活动。从宏观角度审视，当代德国政治教育不仅必然呈现出战后德意志民族精神的整体特质和政治信念的演进历程，同时，由于政治教育传播的是主流政治文化，其也必然彰显出执政集团的政治思想特质和价值取向。从微观角度审视，政治教育作为培养公民的教育活动，能够提升并呈现出公民对执政集团施政政策、执政绩效、政局现状的认同程度，从而反映出战后德国民众对执政集团的支持程度和民意趋向。

因此，一方面，本书以“当代德国政治教育与政治文化相互作用、协同演化”的宏观视角和历史进程为纵深，深入研究德国政治教育体系的演进历程、变革发展和价值取向的转换，有助于揭示战后德国政治教育极力维护、巩固、发展、变革的主流政治文化，从而揭示政治教育的本质属性和意识形态特征。

另一方面，战后德国政治教育理论、学术流派的形成演变，无不与政治生态和文化语境密切相关，从本质上讲，其都是特定政治文化语境下的时代产物，是由历史的、具体的政治生态和政治文化语境决定的。本书着重从政治文化生态及其变迁的视角，去理解政治教育理论流派和学术思潮，这更加有助于揭示当代德国政治教育的政治意识形态特征，即揭示其本质属性。

（三）国内首次较为系统地研究当代德国政治教育理论问题，有助于开阔学术视野，深化政治教育比较研究

本书的研究是国内首次比较系统地研究当代德国政治教育理论的重要尝试，也是政治教育理论跨文化比较研究的重要尝试。以往国内对西方发达国家意识形态类教育理论的比较研究，大多是在思想政治教育的视域下展开的，包含道德教育、品格教育、价值观教育、宗教教育、爱国主义教育乃至政治社会化等十分宽泛而且相互渗透的内容；同时，由于西方发达国家政治教育具有很强的隐蔽性、渗透性，在以往国内思想政治教育视域下开展的比较研究中，学界往往对“政治教育”的界域难以确定，总体上看尚属于研究的薄弱领域。国内学界对西方发达国家和西方学者有关政治教育思想理论的认识尚待深化。本书紧扣当代德国政治教育理论这一研究对象，比较系统地研究其学术思想史、理论变迁史、主要理论流派的教育思想观点，并尝试开展中国、德国政治教育理论的跨文化比较借鉴研究，这有助于我国思想政治教育学术界拓展学术视野，在不同政治文明形态交往和文化对话层面，全面认识西方发达国家意识形态工作的有关理论及其可资借鉴的有益思想，促进学术交流、理解与合作；有助于在国际比较的视野下，认识和洞察现代政治教育的规律、特征和发展趋势；有助于获得来自异域的思想和智慧，回应和解答本国政治教育发展中的问题，也有助于增进对我国政治教育的认识。

三 研究现状

（一）德国本土学者对当代德国政治教育思想的研究

德国政治教育有悠久的历史和深厚的传统。在不同的历史时期，德国政

府、学术界一向重视政治教育理论的研究。自19世纪末以来，德国产生了一大批蜚声国内外的政治教育学者，代表人物有德国公民教育的先驱乔治·凯兴斯泰纳（Georg Kerschensteiner，1854~1932年），文化教育学派的杰出代表特奥多·李特（Theodor Litt，1880~1962年）和爱德华·斯普朗格（Eduard Spranger，1882~1963年），“合作教育”理论的代表学者弗雷德里希·欧廷格（Friedrich Oetinger，1906~2005年），政治教育“冲突理论”和“批判理论”的代表性学者赫尔曼·基泽克（Hermann Giesecke，1932~ ），“理性教育”理论的代表性学者伯纳德·苏特（Bernhard Sutor，1930~ ），等等。可以说，德意志联邦共和国建立之后，“政治教育”是发展较为成熟、研究学者众多、流派纷呈、研究成果十分丰硕的学术领域。在当代德国的学术语境中，政治教育研究是教育研究的重要组成部分，政治教育理论隶属于教育学理论，是理论教育学在政治教育领域的应用，政治教育规律是教育规律在政治教育领域的具体表现。因此，众多的教育学者、相关的哲学社会科学学者，都关注并展开了政治教育学术研究，至今每年都会出版大量的政治教育著作。因此对当代德国政治教育理论及其研究现状进行系统追溯的难度极大，本书在此仅选取战后联邦德国代表性学者的代表性研究成果进行梳理。这些学者，有的为隶属于联邦内政部的“联邦政治教育中心”（Bundeszentrale für politische Bildung）的建立做出了理论上的贡献①，有的曾长期担任该机构的学术顾问，或是该机构出版刊物的撰稿人②，有的甚至直接参与了该中心颁布的文件章程的制定工作③；有的是大学知名教授，有些学者的著作曾作为“联邦政治教育中心”的系列出版物出版。因此，这些学者的学术思想和教育理论在很大程度上体现着当代德国不同时期政治教育工作的理论基础与指导思想。

---

① 如李特的《德意志民族的政治自我教育》，被认为“即使不是作为一个方案，也可以看成新机构（联邦乡土服务中心）建立和运转的理论基点，该书也是联邦乡土服务中心出版的系列丛书的第一本”。参见 Benedikt Widmaier, Die Bundeszentrale für politische Bildung: Ein Beitrag zur Geschichte Staatlicher Politischer Bildung in der Bundesrepublik Deutschland. Frankfurt am Main，1987. S. 8。

② 如 Hans Misselwitz，Bernd Lüdkemeier 等人均曾为联邦政治教育中心出版的著名刊物《政治与现当代史》撰文。

③ 如苏特曾作为主要成员参与起草了由联邦政治教育中心发起和资助的“联邦德国学校政治教育课程原理与目标”等重要文件。

1. 20世纪50年代联邦德国政治教育重建期的主要理论流派

20世纪50年代初，在德国联邦政府尚未着手建立政治教育体系的时候，教育学家弗雷德里希·欧廷格就出版了《政治教育的转折点——作为教育任务的合作关系》（Wendepunkt der Politischen Erziehung. Partnerschaft als pädagogische Aufgabe）一书，该书是战后德国第一本引发较大关注和热烈讨论的政治教育专著。在这部著作中，欧廷格对"合作"政治教育的阐述，汲取了被称为"再教育之父"的美国学者约翰·杜威（John Dewey）实用主义公民教育的思想。针对战后初期在联邦德国民众中普遍存在的政治厌倦情绪、政治冷漠、相互不信任与"不合作"态度，欧廷格主张应当淡化阶级、阶层政治观念上的斗争和冲突，民主的政治教育应当用"社会责任""伙伴关系""合作精神"等来教育引导民众，团结和凝聚民心，弥合日趋分化的阶层和碎片化的德国社会，为新生国家政治经济的重建提供精神力量和社会支持。书中欧廷格也对德国传统的政治教育进行了批判，他认为，德意志帝国和纳粹时期建立在"国家至上"观念之上的传统德国政治教育，严重忽视社会领域以及建立公民与国家、公民与社会等各种关系的可能性，其目的仅仅是培养服务于帝国的"国家的公民"，政治教育演变成了维护国家权威的工具。但是，恰恰也是"合作"政治教育自身极强的现实针对性和功利主义取向，一味强调社会"伙伴关系""合作精神"，反而在一定程度上忽略了社会各群体、阶层、阶级之间的价值观差异和政治观念的冲突，忽视了对民众基本政治理性和政治观的重塑与建构，由此遭到一些学者的质疑和批判。

1957年，早在魏玛共和国时期就已声名显赫的爱德华·斯普朗格，吸收借鉴美国政治社会化理论，发表了《关于国民教育的思考》（Gedanken zur staats bürgerlichen Erziehung）一书。书中斯普朗格深入探讨了"社会教育"在政治教育中的地位和作用，强调"通过家庭、学校、同辈群体等因素的作用，从增强青少年社会体验的角度开展政治教育"。[①] 同欧廷格相比，斯普朗格并不否认或逃避社会矛盾，而是注重如何引导青少年在对这些矛

① Eduard Spranger, Gedanken zur Staats bürgerlichen Erziehung, hg. von der Bundeszentrale für Heimatdienst, 2. Aufl. 1957, Abgedruckt in: Eduard Spranger: Staat, Recht und Politik, hg. von Hermann-Josef Meyer. Tübingen, 1970. S. 77.

盾、对立的参与体验之中进一步理解社会发展的曲折性。

1961年，特奥多·李特出版的著作《德意志民族的政治自我教育》(Die politische Selbsterziehung des deutschen Volkes)，对欧廷格的“合作”政治教育提出了最为尖锐的批评，其指出欧廷格对德国政治教育历史的分析仅“停留在观念的层面而忽视了经济、社会、政治关系”。[①] 李特认为，“政治从本质上讲与斗争是不可分割的，为了和平、合作的原则而贬低政治斗争，只能使民主成为一种‘劣质的差使’”。[②] 李特对欧廷格的批评，还在于“合作教育”的主张导致当时学校社会科（Sozialkunde）课程教育的非政治化，他认为教育应为国家服务，即在政治教育中国家必须处于中心位置。李特十分强调联邦德国民主政治教育的“政治性”和“民主性”，这不仅在联邦德国学术界产生了重要影响，李特本人作为联邦政治教育中心的重量级学者，其思想观点也对联邦政府的政治教育工作产生了重要影响。

2. 20世纪六七十年代联邦德国政治教育转型时期的主要理论流派

20世纪60年代，极端主义、纳粹主义抬头，大规模的学生运动引发社会剧烈动荡，联邦德国的政治冲突、社会矛盾十分尖锐，经历了激烈转型的巨大阵痛。如何引导民众合法、有序、理性地参与国家政治生活，培育与德国资产阶级民主政治相适应的政治文化，成为这一时期联邦德国政治教育必须要解决的首要问题。欧廷格的学生赫尔曼·基泽克对导师的观点做了进一步的发展。1965年，基泽克首次出版了《政治教育教学法》(Didakik der politischen Bildung）一书。书中赫尔曼·基泽克不仅不回避社会冲突（Konflikte)，而且还建构了以“冲突”分析为导向的“政治教育冲突理论”和教学法，这在战后德国政治教育基本理论与教学论学术发展史上具有重要意义。“政治教育冲突理论”将公民“政治参与”作为政治教育的最高目标，并将在理性分析“冲突”的基础上，培养青少年政治判断能力、政治参与意识、参与技能和参与方式选择能力，作为政治教育的主要任务。基泽克指出：“为了使未来的公民能够加深对系统的政治理论知识的理解和掌握，提高公民政治判断能力，进而理智、负责、积极地进行政治

---

① Theodor Litt, Die politische Selbsterziehung des deutschen Volkes. Bonn, 1961. S. 15.

② Theodor Litt, Die politische Selbsterziehung des deutschen Volkes. Bonn, 1961. S. 16.

参与，政治教育应加强青少年对政治冲突的学习和理解。”[①] 这种以冲突分析为出发点的“政治教育冲突理论”对联邦德国当时的政治教育产生了极为深刻的影响，后来被联邦德国政府采纳并推广实施到各联邦州所属学校的政治教育课程中。

1966年4月18日，法兰克福学派的著名学者特奥多·阿多尔诺（Theodor W. Adorno，1903~1969年），针对战后德国民众“政治冷漠”的文化心理和“逃避罪责、掩饰罪行的历史教育”，也针对右翼势力的死灰复燃，发表了题为“奥斯威辛之后的教育”（Erziehung nach Auswitz）的广播电台演讲。在演讲中，他从社会学和心理学角度，对第二次世界大战中发生惨绝人寰大屠杀背后隐藏的德国人的人性做了深刻剖析，对导致奥斯威辛灾难的德国大众文化进行了无情批判，强调教育对于避免奥斯威辛灾难重演的重要意义。他指出，今天的一切教育都是奥斯威辛之后的教育，教育的第一目标就是不再出现第二个奥斯威辛。在此基础上，阿多尔诺提出了一系列关于政治历史教育的理论和方法。此次演说推动了联邦德国教育界对政治历史教育进行研究，产生了丰富的研究成果。此次演说后，联邦德国的历史教育就被称作“大屠杀教育”（Holocaust Education）。20世纪60年代后期，以马克斯·霍克海默（Max Horkheimer，1895~1973年）和阿多尔诺为首的“法兰克福学派”提出的社会批判理论和关于政治历史教育的主张得到官方认可，开始在中学政治和历史课堂上付诸运用，历史教育逐步确立了方向和目标，并对20世纪70年代之后的德国历史教育产生了深远影响。

至20世纪60年代末70年代初，联邦德国思想界、学术界以法兰克福学派社会批判思想为武器，对工业社会和资本主义制度开展了全方位的批判，无情揭露了西方资本主义制度和高度发达的工业社会的种种弊端和对人的自由解放的压迫束缚。20世纪60年代末，席卷欧美主要发达国家的青年学生运动，也受到这场批判风潮的影响。联邦德国的学生运动，高举社会变革的旗帜，要求深刻反省历史，要求民主自由解放，矛头直指联邦德国的政治体制和教育体制。这场文化领域的思想革命迅速蔓延到政治教育领域，并引发了政治教育学术界关于“解放”与“理性”的思想争论。

1972年激进的自由主义政治教育学者罗尔夫·施密德尔（Rolf Schmie-

---

① Hermann Giesecke，Didaktik der politischen Bildung. München：Juventa，1965. S. 57.

derer）出版了《政治教育批判》（Zur Kritik der politishcen Bildung）一书。在这部著作中，他认为，争取“民主与解放”应是联邦德国民主政治教育的目标。他反对将维持现行社会关系和政治秩序作为政治教育的全部任务，他认为政治教育应该为人类的民主与解放而努力。① 在关于政治教育的功能定位问题上，施密德尔主张，民主的政治教育的首要任务应当是审视政治统治及其终结，依赖政治教育是不能走向政治民主化的，实现政治民主化的途径只能是民主政治的实践。因此，政治教育要想成为“民主教育”，应当引导受教者积极主动参与到对现存社会制度批判和转变的实践当中。

在学生运动和激烈的社会批判思潮的影响下，基泽克的教育思想也发生了变化。1972 年，他再版了《政治教育教学法》一书，标志着他的教育思想从“政治教育冲突理论”向“政治教育批判理论”的转变。在新版的《政治教育教学法》中，基泽克主张，政治教育课程最高的、普遍的学习目标必须源自《德意志联邦共和国基本法》（以下简称《基本法》），因为“《基本法》体现并确保了迄今为止的民主化成果。在此意义下，最高的学习目标是‘共同决定’”。② 他将源自《基本法》和基于公民自我启蒙与自我成熟之上的“共同决定”（意识和能力）作为政治教育的最高目标，主张通过对社会和政治的分析批判，培养青年学生的批判和反思意识，促进受教育者的自我启蒙、自我成熟和自我解放，训练学生的自我认知判断能力、共同决定以及采取政治行动的能力，使其积极参与到为弱势群体争取利益等政治实践当中去，以推动社会民主化进程。基泽克的“政治教育批判理论”，融合了冲突理论和批判教育学的积极思想，得到联邦政府政治教育机构的重视，其教学法也得以推广，1972 年版的《政治教育教学法》又先后再版了 6 次，堪称当代德国政治教育理论的经典著作。

与此同时，与自由主义者激进的“解放”教育对垒的是“理性政治教育理论”，其著名代表人物当数伯纳德·苏特。作为“联邦政治教育中心”顾问委员会委员和许多政治教育官方文件的起草者，苏特于 1976 年出版了《基本法与政治教育》（Grundgesetz und politishe Bildung）一书。苏特以《基

① Rolf Schmiederer, Zur Kritik der politischen Bildung. Frankfurt, 1972. S. 121.

② 基泽克在 1965 年第一版《政治教育教学法》中称其为“政治参与”，1969 年《教育学概论》中称其为“解放参与”，1972 年第二版《政治教育教学法》中称其为“共同决定”。在不同时期的不同书籍中，基泽克对此有不同观点。

本法》确定的政治理念、政治思想、政治制度为基础，系统阐述了理性政治教育的主要思想观点。苏特的理性政治教育理论，将“政治理性”作为政治教育的首要目标，把培养公民基于《基本法》的理性的政治认知能力、政治判断能力、政治参与能力作为政治教育的基本任务。苏特指出，社会不可能十全十美，解放思潮中所谓的彻底解放与自由是站不住脚的。针对当时政治教育各种理论流派的争论，特别是不受限制的“批判思潮”、政治实践中的非理性行动和一些取消现行政治体制的诉求，苏特强调联邦德国的《基本法》才是政治教育合法的、共同的基础。他指出，“政治教育的总体目标应是培养公民对社会、政治事件的理性判断能力，特殊目标应是培养公民控制自我行为尺度的能力”。[①] 他进一步指出：“这种理性的政治判断与社会的或个体的特殊利益无关。政治教育存在的合法性和普遍性就是让每个人都做出成熟的理性的政治判断。”[②] 作为一名具有官方背景的“主流”学者，苏特十分重视对宪法秩序和社会良序的维护，推崇社会民主化进程和公民政治参与的政治理性。毫无疑问，他的理论主张和思想观点，更符合培养“合法、有序、理性地参与现实政治的现代公民”这一德国政治教育新目标，因而受到官方的高度认可，20 世纪 80 年代开始，逐渐在德国政治教育理论与实践体系中占据了重要地位。

针对学术界的纷争和不同政党治下各联邦州政治教育定位与价值取向的差异，1976 年，联邦德国政治教育学者在德国西南部的博特斯巴赫（Beutelsbach）小镇召开会议，讨论政治教育的未来发展。会议达成了“博特斯巴赫共识”，该共识将政治教育的价值目标，定位成培养基于“自由与个人解放”目标之上公民的社会批判意识、自主判断能力和政治参与能力；该共识强调要大力促进青少年的政治参与，在教学上确保多元性。“博特斯巴赫共识”也被视为战后德国政治教育价值取向由“工具理性”，即“培养国家公民”“捍卫联邦德国宪法的民主教育工作”向“追求人的自由发展和解放”的“目的理性”转换的“里程碑”。

20 世纪 70 年代末，联邦德国追求“个人自由和解放”的社会意识高涨，批判现实的风潮席卷社会各个领域，文化多元、价值多元特征日益加

---

① Bernhard Sutor，Grundegesetz und politische Bildung. NeueAusgabe. München，1980. S. 242.

② Bernhard Sutor，Grundegesetz und politische Bildung. NeueAusgabe. München，1980. S. 258.

深，社会成员之间的道德观、政治观、价值观的差异日益明显，社会各阶层特别是年青一代出现了信仰危机和意义危机。对此，联邦德国议会、政府、政治教育机构以及学术界深感忧虑，开展了积极的反思和激烈争论。进入20世纪80年代，强调将《基本法》确定的政治理念和政治价值观作为政治教育合法的、共同基础的呼吁占据了主导地位，促进了公民政治认同的形成，成为开展政治教育的主导目标。这之后，联邦德国政府主导的政治教育很少提及"批判"和"解放"，开始倾向培养公民的政治理性、宪政爱国主义、勤奋的美德，强调共同价值。在这种政治环境下，学者们主张修改"博特斯巴赫共识"，强调培养学生对国家政治和社会生活的责任意识①，强调公民的社会责任和政治教育的传统价值。②

3. 20世纪80年代以后联邦德国政治教育理论的主要流派

20世纪80年代，德国政治文化逐渐完成了从"臣服型"向"民主参与型"的根本转变。此后，政治教育的理论热点和时代主题，除了关注诸如德国公民政治参与的变化与政治文化的发展、公民政治参与机会及其国际比较、"第二次世界大战史观"教育、政治极端主义、欧洲一体化进程中的政治教育以外，逐步转向更为宽泛的社会领域。在这一时期，政治教育理论呈现多元化发展的态势，道德问题、环境问题、绿色运动、和平运动、后工业社会等主题也受到格外关注，出现了"道德教育理论""环境与和平教育理论""工业教育理论"等新的政治教育思潮。

1990年10月3日，德意志民主共和国并入德意志联邦共和国，两德实现统一，统一后的德国实行联邦德国的资产阶级议会民主制。由于第二次世界大战后长达40多年的分裂，有形的柏林墙虽然已经倒塌，但横亘在东西德民众政治思想和精神上的"柏林墙"尚存。为了实现东西德公民形成对联邦制、民主制、共和制、法治、福利制国家政治制度共同的政治认同，政治教育学术界就如何在德国东部开展政治教育展开了讨论，并一致认为，应将西德原来的政治教育模式"移植"到东部德国。许多学者认为，共同的历史传统和文化渊源，是德国东部能够开展相同的"民主政治教育"的

① Siegfrid Schiele/Herbert Schneider, Reicht der Beutelsbacher Konsens? . Schwulbach/Ts. : Wochenschau, 1996. S. 220.

② Gregory Breit, Kann die Westorientierung der politischen Bildung die Grundlage fuer einen Inhaltlichen Konsens Bilden? . Schwulbach/Ts. : Wochenschau, 1996. S. 100.

基石。瓦尔特·加格尔（Walter Gagel，1926~）认为，以“冲突分析”为特色的教学法在新联邦州的实施存在很大障碍，因为东部地区的教师和学生都不习惯充满“矛盾”的课堂讨论，“政治教育要使人们消除与政治的距离以及对政治责任的恐惧感，要使人们不仅要获得积极的而且要获得消极的生活经验进而培养出宽容精神，还要使人们作为民主社会的公民参与多数人的讨论”。[①] 以此教育理念为基础，加格尔提出了以“宽容”为主题的政治教育理论，该理论的提出及其实践运用，在解决德国民众思维方式、政治取向与心理层面的“内部统一”问题上发挥了重要作用。同时，在以统一后的德国为主导推进的欧洲一体化进程中，“宽容教育理论”为培养德国民众的“欧洲公民身份”意识也起到了重要的作用。

（二）外国学者对当代德国政治教育理论的研究

由于战后德国政治文化转型与政治教育变迁的特殊性、典型性，美英法日等国教育学者和研究机构也十分重视对德国政治教育理论与实践的研究。国外研究当代德国政治教育的学者主要有美国学者约翰·帕特里克（John J. Patrick）教授、美国公民教育中心执行主席查尔斯·奎葛利（Charles N. Quigley）、美国著名政治学家彼得·盖伊（Peter Gay）、英国公民教育学者奥本海姆（A. N. Oppenheim）以及日本的吉冈真佐树、青木武矢、宫野安治等。国外学者的研究重点包括德国学校的民主教育、战后德国的政治文化及其变迁、青少年的政治社会化、德国著名政治教育学者的教育思想等。

日本当代著名教育学家吉冈真佐树早在1997年就对赫尔曼·基泽克的“教育的终结”思想进行了研究，完成了题为《赫尔曼·基泽克的专业教育理论》的研究报告。该报告梳理了基泽克“教育的终结”思想的主要观点，并强调了在教育危机来临时，学校和教师在新型教育关系、教育工作中应尽的责任和应发挥的作用；另外，该报告还认为“赫尔曼·基泽克的‘教育的终结’思想能够提升学校教育工作中的危机感”。[②] 2006年，日本学者

① Walter Gagel, Vereinigung: Ist Gemeinsame politische Bildung Möglich? . In: Gegenwartskunde, 4/1990. S. 451.

② 吉冈真佐树「ヘルマン・ギーゼッケ（Hermann Giesecke）の教育専門職論」京都府立大学学術報告—人文・社会、1997、第43頁。

青木武矢出版了《赫尔曼·基泽克〈教育的终结〉理论相关研究》一书，该书将基泽克“教育的终结”思想归纳为“反教育学”的范畴[①]，同时其指出，基泽克“教育的终结”指的是以责任或义务为中心的教育关系的终结，而不是传统意义上的对教育的完全摒弃。

（三）国内学者对当代德国政治教育理论的研究

国内对德国政治教育的研究起步于改革开放以后，经历了两个主要发展时期。第一个阶段是20世纪80年代至20世纪末，少数访德归国人员介绍了德国政治教育的基本情况，如中小学政治教育课程、德国联邦政治教育中心及其在各州的分支机构——州政治教育中心、开展政治教育的政治基金会等，研究领域有一定局限性，没有对德国政治教育进行比较系统的研究，也几乎没有涉及当代德国政治教育理论及其理论流派。第二个阶段自21世纪开始，有关德国政治教育的研究成果逐渐增多，内容包括纳粹时期的德国政治教育、战后德国政治教育的历史、德国国防军的政治教育工作、各级学校政治教育课程体系、政治教育理论流派主要代表人物的思想理论等。时至今日，我国学者的相关成果大体可分为三类。其一，从国别研究视角对德国政治教育的总体情况做简要介绍和初步研究，这方面的成果有《比较思想政治教育学》（苏崇德等主编，1995）、《当代世界的思想政治教育》（陈立思主编，1999）、《比较思想政治教育》（陈立思主编，2011）和《当代国外思想政治教育比较》（苏振芳主编，2009）。其二，运用通观比较、专题比较等方法对德国政治教育的目标、方法、模式等要素进行研究，代表性成果有《比较德育学》（武汉大学思想政治教育系组编，2000）、《比较思想政治教育学》（王瑞荪主编，2001）。其三，从公民教育的角度对德国政治教育进行研究，主要成果有《比较思想政治教育专题研究》（高峰，2005）、《公民教育：理论、历史与实践探索》（蓝维等，2007）、《比较公民教育》（唐克军，2008）等。

华东师范大学比较教育研究所彭正梅教授在比较教育学、西方教育哲学、德国教育学等领域开展了长期的富有成效的研究探索。在德国教育学

① 青木武矢「H・ギーゼッケの教育の終焉論に関する研究」『教育コミュニケーションコース』、2006、第9頁。

研究方面，其出版了《解放和教育：德国批判教育学研究》（华东师范大学出版社，2008）、《德国教育学概观：从启蒙运动到当代》（北京大学出版社，2011）等著作，翻译出版了《教育目的、教育手段和教育成功：教育科学体系引论》（沃夫冈·布雷钦卡著，华东师范大学出版社，2008）、《信仰、道德和教育：规范哲学的考察》（沃夫冈·布雷钦卡著，华东师范大学出版社，2008）等。彭正梅教授在开展德国教育学研究时，也关注并研究了德国政治教育、道德教育理论，并从德国教育哲学、教育学流派的视角做了深入分析。他还从产生背景、内容、意义等层面对德国政治教育学术界在20世纪70年代达成的"博特斯巴赫共识"做了深入研究探讨。

本书课题组出版的专著《德国政治教育研究》（傅安洲等，2010），对德国政治教育理论展开了初步论述，在历史研究和教育实践体系考证的基础上，梳理了当代德国政治教育的基本理论问题。该书对德国政治教育理论的思想渊源进行了简要追溯，阐述了第二次世界大战之前德国政治教育理论的发展脉络。该书还对德国政治教育的概念进行了深入辨析，对政治修养理论、政治认知—参与理论和政治社会化理论等当代德国政治教育基本理论做了较为详尽的阐述。

但是，《德国政治教育研究》一书对德国丰富的政治教育思想理论的挖掘和研究存在很大不足，对主要流派的思想渊源追溯不够，对重要的思想理论家所秉持的政治立场、民主观念、教育观点缺乏系统的梳理总结，分析评价也欠深入，对各理论流派在政治教育学术史以及在政治教育实践中的指导地位和作用认识不深入。

我国台湾地区对德国教育学学者教育思想和政治教育理论的研究起步较早。台湾地区的研究成果主要集中在当代德国著名政治教育学者的教育思想、学校政治教育课程改革等领域。其中，学者詹栋梁对德国精神文化教育学派学者爱德华·斯普朗格的思想理论进行了较为深入的研究，并对斯普朗格的文化教育思想做了归纳梳理。詹栋梁认为，"斯普朗格的教育思想是将教育视为一种有价值的文化活动，是对精神生活的唤醒"。[①]

① 詹栋梁：《斯普朗格论陶冶目的与教育思想》，台湾《教育与文化》1974年第421期，第47页。

（四）研究现状简要评价与研究难点

本书从以上“德国本土学者对当代德国政治教育思想的研究”“外国学者对当代德国政治教育理论的研究”“国内学者对当代德国政治教育理论的研究”三个方面，对研究现状做了概要性梳理。德国本土有关当代德国政治教育理论的研究，文献浩瀚，学者众多，流派纷呈。从将政治教育理论或思想流派作为专门的研究对象来看，本书的研究工作主要分为三类，一是学者本人针对政治教育的困境或热点焦点问题所做的学术回应，以及提供的理论和教育实践方案。这是德国政治教育理论的主要呈现形态。学者们从哲学、教育学、政治学、心理学、社会学等不同学科视角或多学科的视角，对德国政治教育的基本问题、热点问题、实践困境和教育路径做出理论阐释，表现出理论多元、教育模式多样的整体风貌。二是政治教育政府机构（主要是德国联邦政治教育中心）的出版物向其分支机构、学校和学术界推介的教育理论、思想观点、教育模式，或学术界广泛关注的理论热点、学术争论。三是学者对不同历史时期政治教育思潮、理论流派的研究论著和学术评介。当前学界针对德国政治教育研究的主题也十分广泛，主要包括：宪法与民主政治理论的教育、战后德国公民政治参与的变化与政治文化的发展、公民政治参与与民主社会的成长、公民政治参与机会及其国际比较、民主在德国的实践、社会团结——国家与公民的福祉、民主的敌人——政治极端主义（德意志历史中的军国主义、种族主义、国家社会主义；排外主义、恐怖主义）、欧洲一体化及其挑战、历史教育、政治参与技能培养、民族和解与宽容教育、新联邦州的政治教育等。

非德国本土学者对当代德国政治教育理论的研究，发端于20世纪90年代后期，总体而言研究程度不深，从研究现状和发展趋势看呈现以下几个特点。一是许多教育学领域的学者是在研究德国现当代教育学思潮的过程中，开始关注德国政治教育理论流派的（如彭正梅、张淑媚），并且认为德国学者的政治教育理论，是其教育思想在政治教育（经验教育学）领域的运用，倾向于在教育学的学术和知识谱系中研究德国学者的政治教育思想理论。二是开始编译德国政治教育理论论著，如日本学者和我国台湾学者对基泽克政治教育批判理论有关论著的编译。三是聚焦于著名的政治教育学者的教育思想，开展了较为系统深入的研究，如对欧廷格“合作教育理论”、克劳斯·莫勒豪尔（Klaus Mollenhauer）的批判教育学思想、基泽克的政治教育批判理论和“教育的终结”思想的研究等。四是开始关注战后德国政治教育思想争论和学术论战，并从中把握政治教育学术脉络的变迁、主导理论的转型和政治教育价值诉求的转换。

尽管上述研究成果为本书研究提供了必要的基础和有价值的丰富素材，但是客观、全面地把握第二次世界大战以后德国政治教育理论演进历程，厘清政治教育理论流派及其思想特质、价值诉求和意识形态特征并非易事。正如本书课题组在《德国政治教育研究》一书中曾经指出的那样，挑战来自三个方面。

第一，历史原因。德意志第三帝国的存在及其毁灭人性的、反动的“政治教化”，使德国政治教育的传统遭到严重破坏，其理论和实践几乎完全与西方的教育传统、魏玛时期德国政治教育的历史决裂。而且第二次世界大战之后，德国资产阶级的民主政治教育体系在占领国推行的“非纳粹化”和“再教育”的基础上起步，在缺失民主政治文化的废墟上重建。这种历史的中断和重启，使来自异域的研究者在厘定当代德国政治教育思想理论与其思想源流的关系时面临诸多的难题。

第二，理论流变的原因。由于国际和德国国内政治、经济、文化形势频繁变化，诸如建立民主共和国、建设西方民主制度、冷战、激进的学生运动、清算纳粹、反对右翼极端主义、德国统一、欧洲一体化等，挑战接踵而来，德国政治教育理论也出现了许多流派和观点，产生了一批又一批政治教育理论家。他们的教育思想，大多是针对现实需要和政治教育实践的要求而提出来的，其理论研究工作和著作多以个人的教育思想建构为主。他们的教育思想有的被政府主导的政治教育机构采纳，发挥着指导作用；有的则昙花一现，被束之高阁，没有成为主流思想。这种情况为研究带来了辨析判断上的困难。

第三，学科原因。尽管关于德国政治教育的专著有很多，但是从德语文献中还没有看到“政治教育学”（Die Wissenschaft für Politischer Bildung）一词，“政治教育学”似乎尚未成为一个独立的、特定的建构对象，或者更贴切地说，当代德国政治教育理论，是由不同学术思想、理论流派在相互影响、相互交融、相互争论交锋中呈现的学术状态，我们尚未发现系统阐述当代德国政治教育理论的经典文本（著作）。在这种背景下，对于来自异域的研究者来说，研究德国政治教育的基本理论问题，并尝试还原其理论体系，的确面临文化和语境上的困难。

四　研究内容及研究思路

本书围绕“当代德国政治教育理论的形成与发展”这一主题，以“当代德国政治教育理论流派是战后德国政治教育学者和学术界对德国政治文化和政治教育发展现状和未来走势，以学术的方式做出的持续、主动的回应的体现”为立论假设，以政治文化变迁和政治教育体系构建为历史背景和实证依据，按照“历史境遇研究—学术史研究—著名政治教育学者专题研究—综合研究—启示与借鉴研究”的框架展开研究。

（一）历史境遇研究

本书从战后德国政治、经济、文化教育和民众的政治心理状况出发，阐明战后德国政治文化变迁和政治教育重启面临怎样的政治和思想文化危机；并拟从魏玛共和国“基于国家和民族的政治教育”、德意志第三帝国的“政治教育”入手，分析战后德国资产阶级民主政治教育重启之时面对怎样的“历史文化遗产”。

1. 战后政治和思想文化危机

1949 年德意志联邦共和国建立之后，市场经济体制逐步建立，资产阶级议会民主制在《基本法》中得以确立。政治组织和德国政治家面临的一个重大挑战和历史使命，就是在缺乏民主政治文化传统的德国社会，使德国民众从纳粹思想的奴役中解放出来，接受、承认、支持新生的民主制度和政治体系。

然而，在战争结束后的被占领时期，德国丧失国家主权，民众在物质生活上极度贫困，在精神上饱受空虚和迷茫的痛苦折磨，曾经的政治狂热走向另一个极端——政治冷漠与疏离——一种具有深厚的德意志民族政治文化传统的政治心理。民众最关心的是食品、住房、就业等生存问题而不是政治权利，也难以接受和正确认识新的政治体制，更无法断定其能为新的联邦国家和普通大众带来什么样的福祉，这也进一步加剧了社会普遍的政治冷漠心态。[①] 战后初期的民意调查也显示，当时德国人对民主政治相当

① 马超、娄亚：《塑造公民文化——联邦德国的政治文化变迁》，《德国研究》2005 年第 1 期。

冷淡，对往昔的权威政治体制尚有眷恋，选民对民主程序缺乏了解也缺乏热情，他们对政治仍抱着被动的臣民心态而非积极的公民态度，对政党和政治机构的态度冷漠淡然。这表明，尽管有了联邦宪法，建国初期的联邦德国仍面临着再次成为像魏玛共和国那样“没有共和公民的共和国”的政治危机。

2. 战后德国资产阶级民主政治教育重启时的“历史文化遗产”

（1）魏玛共和国时期的政治教育及主要理论流派。魏玛共和国作为德国历史上第一个资产阶级民主政体，从某种意义上来说，“只是霍亨索伦王朝发动的第一次世界大战战败的一个积极产物而已”。[①] 魏玛共和国不仅没有从根本上改变德国旧的经济结构和社会结构，而且将德意志民族主义、普鲁士专制主义、军国主义文化传统继承下来。因此其“政治合法性”在建立伊始就遭遇缺乏民主政治文化土壤的严重危机。所以，获取民众和各个政党普遍的政治认同成为魏玛共和国迫切需要解决的问题。正是在此种背景下，魏玛议会和政府着手建立以培养“国家和民族”精神为首要任务，以“公民意识”养成为核心目标，以实行普及义务教育为主要形式的政治教育体系，甚至《魏玛宪法》还规定了政治教育的指导思想和实施方式，在德国历史上第一次赋予政治教育最高的法律地位，开启了德国政治教育“法制化”“制度化”的先河。这一时期，德国政治教育主导思想来自三位早期资产阶级民主政治教育著名学者：“国家公民教育”“劳作教育”流派的乔治·凯兴斯泰纳，文化教育学派的特奥多·李特、爱德华·斯普朗格（第二次世界大战以后，德国文化教育的重建，以魏玛时期文化教育为重要参照，李特和斯普朗格的政治教育思想由于适应战后德国的政治文化现状，一度成为政治教育的主导思想）。但是，魏玛共和国“生不逢时”，其是一个缺乏而且未能产生深厚共和政治文化土壤的民主共和国，文化悲观主义、文化保守主义和反犹民族主义盛行，这些文化思想也充斥着反共和国的倾向，在社会上营造了一种对昔日帝国强权政策的眷恋和反民主的氛围，在思想上把魏玛民众引向共和国的对立面。魏玛共和国的政治教育，也随着共和国的失败而告终。

（2）纳粹时期的政治教育思想。第三帝国时期（1933～1945 年）的

① 卞谦：《理性与狂迷——二十世纪德国文化》，东方出版社，1999，第 72 页。

“政治教育”，建立在希特勒的《我的奋斗》所描述的教育目标基础之上。“反理性主义、社会达尔文主义、领袖原则、军国主义”思想是纳粹政权用以说明其政治教育乃至全部教育实践“合法性”与“目的性”的基础。在这些反动思想的指导下，以“种族纯洁和侵略扩张”为宗旨，以政治宣传灌输、建立纳粹政治教化机构等为手段，纳粹德国将文化教育纳入政治化、国家化轨道，建立了反动的、非人性的“政治教化”体系，以推动纳粹意识形态的传播，维护纳粹独裁政权的统治。第三帝国时期的政治教育，由于其反动的政治属性，以及对德国政治文化和德国民众深刻而久远的影响，而始终被作为战后德国政治教育及政治文化建设清算和反思批判的对象，这也成为战后德国民主政治教育重建过程曲折的重要原因。

（二）学术史研究

本书采用历史分析的方法，遵循历史与逻辑相统一的原则，将当代德国政治教育学术思想流变史置于政治发展变革历史的演进之中，特别是置于政治文化变迁的历史进程之中，以对德国政治教育体系和实践有重要影响的理论流派为线索，梳理政治教育思想的主要学术脉络和理论谱系。

第二次世界大战以后，德国的政治和文化教育面临一系列重大理论与现实问题，学者们以学术的方式对不同时期政治教育面临的任务和挑战做出了回应，形成了各具特色的政治教育理论及流派。

本书根据当代德国政治教育与政治文化相互作用、协同演化的历史进程和政治教育理论流派的特征及思想风格，分三个时期开展研究。

第一，战后德国政治教育理论初步形成时期（1945～1968 年）的主要思想流派，主要涉及文化教育学派的“国家公民教育理论”“合作教育理论”“冲突教育理论”。

第二，政治教育理论变革时期（1968～1980 年）的主要思想流派，主要涉及批判教育学流派的“政治教育批判理论”、法兰克福学派代表人物特奥多·阿多尔诺的“奥斯威辛之后的教育”思想、自由主义的“解放教育理论”、新保守主义的“理性政治教育理论”。这里需要指出的是，哲学家、社会学家特奥多·阿多尔诺虽然不属于德国政治教育学者，但是他的社会批判理论，特别是针对德国教育和大众文化的批判以及在政治历史教育问题上的主张，对德国政治教育产生了深远影响，在战后德国政治教育学术史中占有重要地位。

第三，政治教育理论多元发展时期（1980 年以来）的主要思想流派，主要包括“美德教育理论”“环境教育理论”“宽容教育理论”“政治认同教育理论”等。这些理论流派不仅能客观地呈现德国政治教育的主要学术脉络，而且从不同侧面积极回应了不同时期政治教育面临的形势和任务，提供了解决政治教育新课题的思路和方法，因而多被政府政治教育机构（如联邦政治教育中心及其在各州的分支机构）和学校推广与采纳，成为指导政治教育实践并产生重大影响的主流理论。

在梳理当代德国政治教育学术史和理论演变的过程中，本书十分重视发生在不同时期的重要思想争论，甚至是体现着学者政治立场对立的思想斗争。当代德国政治教育思想史，一开始就伴随着思想争论，而且激烈的思想争论，总是发生在政治教育遭遇重大危机、面临重大挑战、酝酿重大变革的关键期。例如 20 世纪 50 年代欧廷格与李特的争论、60 年代关于政治教育的大讨论、70 年代“博特斯巴赫会议”的思想争论与“博特斯巴赫共识”“解放教育与理性教育”之争等。思想争论既为当代德国政治教育理论演进导航——通过争论逐步明确了诸如政治教育的基本属性、目标定位、价值取向以及未来趋势等重大理论问题和实践课题，又是理论运演的内在动力。如果漠视或忽略这种思想争论，就遮盖了第二次世界大战结束以来德国政治教育思想史的本来面目。所以，思想争论是德国政治教育思想史本体不可分割的重要内容。从这一特定意义上来说，没有学术史上的思想争论，就没有当代德国政治教育理论演进的历史，也就没有政治教育理论不同流派、不同模式和不同样态文本的构成。而且，通过对历次重要“思想争论”历史背景、争论缘起、主要观点、争论结果、产生影响的分析研究，也有助于我们揭示当代德国政治教育学术史和理论演进的规律，揭示当代德国政治教育的本质属性和基本特征。

（三）著名政治教育学者专题研究

在上述纵向研究学术脉络和理论谱系的同时，本书还将历时性地对著名政治教育学者开展专题研究，即将有重要影响的政治教育学者的学术活动和思想理论，置于德国政治文化变迁史和政治教育学术史与实践史之中，三条线索同时展开，更能深刻地理解其政治教育理论的本质特征和教育思想发生变化的社会政治根源。

当代德国涌现出一大批享誉德国和西方的政治教育学者，其中既有早在魏玛共和国时期就已经声名显赫的老者，也有不同时期的学术新锐；有的在战后资产阶级民主政治教育体系重建初期就身居要职，成为政府政治教育机构聘用的著名专家（如李特），有的在政治教育和青年工作一线，经过长期实践磨砺逐步成为知名学者（如赫尔曼·基泽克）。在战后社会动荡和政治变革的时代，这些教育家和文化精英以其博大精深的思想表达了对德意志民族和国家命运的关注，满腔热忱地投身到政治教育的实践和研究当中。他们凭借敏锐的思维和富有远见的判断，从社会现象和政治冲突的表象，从民众的政治心理和行为表现，也从德意志民族国民教育的历史经验和惨痛教训中，深刻把握了社会思想形态和政治文化变迁的实质，力图揭示政治文化变迁和政治教育的规律，发现并提出政治教育的主题和方法。他们著说立论，或形成流派被广泛认同成为主流理论，或自立门派呈现出独特的犀利性。

本书对著名政治教育学者的专题研究，内容将尽可能地涵盖：（1）主要理论流派重要代表性学者的学术和政治教育实践经历、学术活动的时代背景、学术地位等；（2）辨析主要理论流派代表人物政治教育理论基本概念、重要范畴的内涵，力求把握其基本观点的政治内涵、价值诉求，分析理论家的政治意识和政治倾向；（3）对政治教育理论家重要学术著作的整体解读和评价，尽量涉及其教育哲学思想、政治教育基本主张、教育目标、教育内容与教育主题、途径与方法设计，在“合规律性”与“合目的性”层面，辨识他们思想理论与客观历史是否吻合适应，即是否客观且富有远见地回应了战后德国社会民主政治教育的时代课题，也就是培养怎样的公民和如何培养德国公民，培育、巩固、发展、创造与资产阶级议会民主制相一致的政治文化；（4）评价理论流派在政治教育理论界和政治教育实践中产生的影响。

（四）综合研究

在以上研究的基础上，本书依据政治教育与政治文化相互作用、协同演化的基本原理，从德国政治文化变迁与政治教育及其理论生成的关系视域，对当代德国政治教育理论的形成机理、意识形态特征、价值诉求、理论风格和学科特色进行整体概括。研究内容包括：政治教育与战后德国政治文化变迁关系研究，政治教育理论形成演进的动力研究，当代德国政治教育理论流派的主要特征。

1. 政治教育与战后德国政治文化变迁关系研究

运用马克思主义唯物史观的基本立场观点，在对政治文化、政治文化变迁、政治教育等基本范畴做出科学界定的基础上，阐述政治教育维护、发展、创造政治文化的作用，论证政治教育在促进战后德国“臣服型、权威型”政治文化向“参与型”民主政治文化转型中发挥的重要作用。

本书认为：

（1）政治文化是指处于一定的历史—社会—文化条件下的权利义务主体对政治体系、政治活动过程、政治产品等各种政治现象以及自身在政治体系和政治活动中所处的地位和作用的态度与倾向。政治文化表现为公民的政治知识、政治情感、政治价值、政治信仰、政治安全感、政治效能感和政治技能等，也表现为对政治体系和公民所扮演的政治角色的认知、情感、态度以及政治参与的技能。政治文化是政治制度的文化结构，是政治制度存续的条件和文化基础。

（2）从社会层面看，政治文化变迁是指一个时期社会中占主导地位的公民的集体政治认知、政治情感、政治认同和政治价值观的转变；从个体层面看，是指社会成员个体在政治情感、政治认知、政治认同、政治价值观和政治行为取向等方面的改变。

（3）政治教育是一种“政治人”的文化塑造过程。它包含两层含义。第一，政治教育是政治体系和政治权力有组织、系统地向社会成员传播主流政治文化，使社会各个阶层形成共同的政治信念、政治价值观和政治理想，达到政治认同和政治参与目的的教育实践活动，其本质是维护、巩固、发展政治统治的意识形态工作。第二，政治教育所要传播的内容应符合统治集团或统治阶级所倡导、所确认的有利于维护其统治的内容，即反映一定的政治体系、政治权力利益要求的政治思想、政治价值观。政治教育的过程，就是与特定政治制度相符合相适应的政治文化形成过程，即把统治阶级的政治文化传播灌输给社会成员，使之内化为社会成员的政治价值观念。政治文化的延续和发展是政治教育的最终目标，政治教育贯穿于政治文化变迁和发展过程始终，是系统的、有组织的、有效的政治文化传承和创造机制，政治教育与政治文化在现实政治生活中体现了形式与内容、手段与目的的关系。政治教育对政治文化的作用表现在巩固维持政治文化、改变创造政治文化、趋同亚政治文化。

（4）大量关于民众对联邦德国资产阶级民主政体的认知、情感、认同、价值评判和政治参与取向的调查表明，至20世纪70年代末，联邦德国基本完成了政治文化转型，在全社会形成了参与型的民主政治文化。从西方政治学“政治合法性”的理论视角进行审视，联邦德国资产阶级民主政体获得了公民比较广泛的认同和支持，德国民众实现了政治心理、政治价值观和政治行为方式的根本性转变。那么，是哪些因素促成了第二次世界大战之后德国政治文化的转型呢？西式民主政治体制的建立和有效运行、经济上取得的巨大成就和人民物质生活与精神生活水平的持续提升、战后世界范围内的民主化浪潮、联邦德国日益提升的国际地位、由国家推动的政治教育，这些因素都对联邦德国民主政治文化的形成起到了重要的推动作用。无疑，在所有因素中起决定性作用的是西式民主制度的建立及其运转。因为政治文化作为社会政治意识的集中体现，不是政治体制结构确立的原因，而是政治体制结构确立的结果。政治文化不是前理性的信仰和形成政治体制的原因，从根本上说其存在与发展变革是由政治体制决定的。政治文化只能是人们生活在政治体制下通过学习而发展形成的价值和实践规范。而政治教育扮演的恰恰是政治体制与政治文化之间的“中介”角色。由德国联邦议会、政府主导推动的政治教育，把民主的参与型政治体制的相关系统知识、思想观念、行为方式和参与技能系统地传达给公民，使他们普遍形成与政治体制相一致的政治思想和价值观念，并最终在全社会形成主流的政治文化。

2. 战后德国政治教育价值取向的转换：政治教育理论形成演进的动力研究

以“当代德国政治教育理论是对战后政治教育与政治文化相互作用、协同演化主动响应的思想成果”为基本假设，根据“协同演化”的基本原理，将战后德国“政治文化及其变迁与政治教育”（理论与实践变迁）看作一个“耦合系统”（或社会的政治耦合系统的重要构成）。这样，对战后德国政治教育历史的研究，研究对象便是“政治文化与政治教育的关系和相互作用”，核心内容就是研究“政治文化与政治教育相互作用的过程和结果”，研究重点是政治文化与政治教育耦合系统中“重大政治文化事件与政治教育事件和过程”，在一定时间尺度上探讨政治文化与政治教育的相互关系、作用机理和演变规律，即协同演化规律。具体来说，对第二次世界大战结束以来德国政治教育历史和学术史的研究发现，政治教育价值取向具有三次重大转换（其依据是政治教育目的、目标的根本性变化），并将价值取向发生重大转换的特定时段视为关键期，重点研究关键期的重大政治文化事件（如政治文化危机事件）和政治教育事件（如新的教育理论“出场”与实践变革事件），分析两者的内在联系，认识其相互作用的机理和规律。在这样的特定历史背景或语境下，梳理战后德国政治教育理论及其流派“出场”的脉络，能够使我们更为清晰地把握政治教育理论形成演进的动力与机理，也能使我们更为透彻地理解战后德国政治教育体系构建的基本原理和实践的理论依据，深化对德国政治教育规律性的认识。

同时，在政治教育与政治文化相互联系的视域下，依据两者相互作用、协同演化的历史进程和真实状况，研究战后德国政治教育理论形成演进的机理和规律，也能为研究德国政治教育及其思想理论的未来发展，提供对比史实、理论依据和途径方法。

3. 当代德国政治教育理论流派的主要特征

德国政治教育理论流派，是德国学者借助一系列有关政治教育概念、判断和推理所表达出来的关于政治教育的本质、功能作用及其规律的知识体系，这些知识体系来源于学者们对政治教育、政治文化相互关系及其发展规律的理性认识，有其自身的个性和共同的属性。理论的属性是政治教育理论的一个基本命题，借助于对理论属性的认识，可以帮助我们进一步审视德国政治教育理论的基本内涵、逻辑结构、价值取向和基本性质。本书将从政治属性、时代属性、本土属性（或民族性）、学科属性几个视角，对德国政治教育理论流派的属性进行概括。

（1）本书将根据历史唯物主义的基本立场观点，从理论指导下的社会实践所期望维护的阶级利益的角度，来辨析和揭示当代德国政治教育理论的政治属性。马克思主义唯物史观认为，理论的政治属性，是理论的本质特征，是理论政治意识形态特征的反映，集中体现在理论所代表或维护的在政治和经济上占何种地位的阶级或集团的利益，即理论的阶级性。根据这一原理，本书从德国资产阶级民主政治教育工作的根本政治功能——着力维护的阶级利益角度，辨析当代政治教育理论的阶级性。当代德国政治教育自其启动之日起，关于其政治功能就在联邦议会上达成共识，并在法律层面确定为“建立在宪法保护”基础上的对资产阶级议会民主制基本政治制度的保护工作。政治教育理论作为服务于政治教育这一特殊的“宪法保护”方式的思想体系和方法论体系，不同的理论流派在形式逻辑和基本内涵上有一个共同的特点，即都在深刻分析不同历史时期“宪法保护”面临的政治文化危机的基础上，回应如何培育、巩固、发展、创造与资产阶级议会民主制基本政治制度相一致的政治文化，换句话说，就是应该培养什么样的德国公民，怎样培养德国公民，并通过对这些政治教育基本问题的深刻回应，力图实现政治教育作为宪法保护工作的功能作用。当代德国政治教育理论作为服务于政治教育这一特殊的“宪法保护”方式的思想体系和方法论体系，是从意识形态领域对维护战后德国资产阶级民主制度工作所做的思想响应，服务于维护、发展、创造有利于资产阶级民主制度存续发展的政治文化。而这种政治文化之于政治教育理论及其流派，既是其生成的政治文化生态，又是理论文本内容的构成，是政治教育理论的实质本体，规定着理论本身的价值诉求和政治属性，从本质上反映着在政治和经济上占统治地位的资产阶级的根本利益。

本书也将对某些政治教育理论流派所谓的“超党派性”“超阶级性”，否认甚至抹杀政治教育阶级属性、极力塑造“价值中立”形象的倾向进行分析和驳斥。

（2）从理论与时代的关系来分析战后德国政治教育理论的特征，能够进一步把握理论流派生成的机理、思想特征和理论的历史局限性。理论与时代的关系问题，从本质上来说是理论家在从事理论研究、建构理论体系过程中的思维方式和思想方法问题，也就是其所秉持的认识论与方法论问题。从理论生成的依据和机理看，理论的时代性是指时代是理论创新之源，理论源于时代，理论是时代的产物；从理论的内在特质看，理论的时代性指理论发出的是时代的声音，反映时代需要，回应时代问题，彰显时代特质，打上时代烙印，也有时代的局限性。

本书以“当代德国政治教育理论是对战后政治教育与政治文化相互作用、协同演化主动响应的思想成果，本质上讲，都是特定时代政治文化语境下的产物”为立论依据，对当代德国政治教育理论的时代属性进行考察。第二次世界大战结束以来各个时期，联邦德国政治教育都面临一系列重大现实问题，不断给政治教育领域的专家学者们提出新的理论与实践课题。学者们以学术的方式对不同时期政治文化变迁与政治教育面临的任务和挑战做出了回应，形成了各具特色的政治教育理论及流派。战后德国政治教育实践及其变革，为政治教育理论创新、学术发展提供了动力和广阔空间，提供了理论创新的客观条件和理论价值实现的场域。而且，政治教育理论流派的发展和命运，主要取决于其是否能够回应政治文化转型关键时期提出的政治教育变革的重大问题。尽管“重大问题”在不同时期表现出不同的提问方式，但是在本质上始终围绕着一个核心问题，即政治教育作为“宪法保护”工作，应该培养什么样的德国公民，从而培育、发展、创造与资产阶级议会民主制相一致的政治文化。这一问题贯穿于战后德国政治教育理论发展的始终，但是在政治文化转型和政治教育变革的关键时期，对这一重大问题能否做出既“合规律性”又“合目的性”的回应，决定了理论流派的发展和命运。也就是说，一方面理论流派的教育主张和实践模式与现实的客观历史是否相吻合，即是否真实地反映了政治文化变迁和政治教育的规律，包括是否真实地反映了德国民众普遍的政治心理和政治思想状况；另一方面是否真正回应了培育、巩固、发展、创造与资产阶级议会民主制相适应、相一致的政治文化的时代要求。那些被广泛认可并在实践中发挥重要作用的理论，其产生于在分析各种政治文化现象基础上对政治教育“时代问题”的发现，理论论证围绕“时代问题”而展开，理论品质和思想风格形成于对“时代问题”的把握，理论在“时代问题”的牵引下不断发展完善。

（3）从比较视角看，当代德国政治教育理论及其流派具有比较鲜明的德国本土特色或民族特色，是德国向度的意识形态类教育学科。分析考察理论的本土性，有助于全面掌握思想主体身处本土的思想活动，深入了解思想主体面对本土环境与外部变迁的应对策略，深刻理解思想主体的思想要义和理论特色。本书将从联邦德国政治教育学者在理论建构中思考问题的出发点、如何对待德国政治教育的经验与教训、如何汲取德意志民族传统的思想智慧及当代哲学社会科学成果和理论文本的民族语言特色等方面，讨论当代德国政治教育理论的本土特色。

首先，当代德国政治教育理论家们思考问题的出发点不是一般的、抽象的政治教育问题，而是联邦德国本土的政治教育问题，“德国向度”的政治教育理论及其流派，是学者们充分认识资产阶级民主政治文化建设和政治教育基本规律在战后德国的特殊表现、特殊矛盾的结果，是德国学者运用社会科学相关原理，回应、解释、解决德国政治教育问题而形成的理论和知识体系。其次，当代德国政治教育理论及其流派，也是对德国各历史时期政治教育实践经验和教训总结提升的结果，丰富的实践经验、深刻的历史教训以及学者们积极投身政治教育实践的切身体验，为他们创立新理论提供了重要素材。再次，在思想理论的创建中，学者们汲取了历史上德意志民族的思想智慧，特别是德国古典修养观、早期资产阶级公民教育思想和文化教育思想，也吸收了当代德国社会学、心理学、批判教育学等领域学者的有益思想，这些思想理论成为战后德国政治教育理论的直接思想来源。最后，政治教育理论流派的本土性还表现在理论文本的语言特色上，德国政治教育学者学术表达思维严谨、逻辑缜密，充分展示了德意志民族的风格气质。

（4）理论的学科属性，表征着理论的学科归属和知识体系、实践智慧的特点。当代德国政治教育理论的学科归属和知识体系有其特点。在德国语境中，政治教育活动是教育活动的特殊类型，政治教育规律是教育规律在政治教育领域的具体表现。因此，政治教育研究是教育研究的有机组成部分，政治教育理论隶属于教育学理论，是理论教育学在政治教育领域的应用。尽管德国政治教育理论在学科语境方面隶属于教育学，但由于政治教育研究与实践的复杂性，德国教育学者也深深意识到，仅仅借助于教育学理论和知识体系难以全面深刻认识、解释政治文化变迁与政治教育变革的复杂现象和矛盾，揭示政治教育规律，有力应对政治文化与政治教育的危机与挑战。因此，学者们在阐述教育主张，创建教育理论，建构教学法时，自觉运用了德国和外国哲学、政治学、历史学、社会学、心理学、文化人类学等学科理论和知识，使得理论流派的多学科性、交叉性特点十分显著。德国学者在政治教育理论构建中特别重视理论与实践的密切结合，始终保持思辨理性与实践理性高度统一，他们不仅擅长构建政治教育基本理论，还注重设计，将理论转化为可操作性极强的政治教育教学法。

（五）启示与借鉴研究

根据思想政治教育比较研究的基本原理，本书最后将围绕“建设中国特色思想政治教育理论”，阐述德国政治教育在理论建设方面给我们的启示。

本书认为，从国别研究和国际比较的视角来看，我国思想政治教育理论，是“中国向度”“中国特色”的意识形态类教育理论；理论建设的目标是建设中国特色思想政治教育理论体系。中国共产党自成立以来，始终重视思想政治教育工作，坚持和践行思想政治工作是党的生命线、是经济工作和其他一切工作的生命线理念，形成了党的优良传统和政治优势。但是，把思想政治教育作为一门科学进行研究，却肇始于改革开放之后。经过40余年的建设发展，至今已基本形成了包括思想政治教育原理、思想政治教育史、思想政治教育方法论、思想政治教育管理理论、比较思想政治教育学等在内的分支学科，呈现出多学科交叉研究的态势，已经形成了显著的中国风格和中国特色，正在朝着构建中国特色思想政治教育理论体系的方向发展。

习近平总书记在哲学社会科学工作座谈会的讲话中指出，“按照立足中国、借鉴国外，挖掘历史、把握当代，关怀人类、面向未来的思路”，构建中国特色哲学社会科学；“在指导思想、学科体系、学术体系、话语体系等方面充分体现中国特色、中国风格、中国气派”①，一是要体现继承性、民族性，二是要体现原创性、时代性，三是要体现系统性、专业性。习近平总书记的这些概括和阐释，为构建中国特色哲学社会科学提供了总遵循，也为建设中国特色思想政治教育理论指明了努力方向。2021年7月，中共中央、国务院印发的《关于新时代加强和改进思想政治工作的意见》指出，加强和改进思想政治工作，事关党的前途命运，事关国家长治久安，事关民族凝聚力和向心力。要求把思想政治工作作为治党治国的重要方式，深入开展思想政治教育，提升基层思想政治工作质量和水平，推动新时代思想政治工作守正创新发展，构建共同推进思想政治工作的大格局。该意见为新时代思想政治教育实践创新和理论创新确定了行动纲领，也明确了思想政治教育学科发展必须坚持的基本原则。

本书认为，中国特色思想政治教育理论，是中国特色哲学社会科学的有机组成部分，是中国化的马克思主义理论成果的重要体现，是思想政治

① 习近平：《在哲学社会科学工作座谈会上的讲话》，人民出版社，2016，第15页。

教育理论发展到一定阶段的产物，是理论成熟的标志，也是中国特色社会主义道路自信、制度自信、理论自信、文化自信的体现。中国特色社会主义已经进入新时代。在实现第二个百年奋斗目标新的历史起点上，在中国特色社会主义文化建设和文化交往新的形势下，建设中国特色的思想政治教育理论，是马克思主义理论与思想政治教育学术共同体肩负的时代责任和神圣使命。本书从“强化马克思主义理论学科意识，揭示思想政治教育的特殊规律与普遍规律，实现理论自主性诉求与提升对话能力相统一、继承性与时代性相统一、理论研究与教育实践相统一，加强政治教育规律研究，建设政治教育学科”等方面，阐述了加强思想政治教育理论建设的基本观点。

第二章　战后德国政治教育的历史境遇

第一节　战后德国政治、经济、文化教育状况

一　政治状况

1945年5月8日，在经历了12年极权统治和对外侵略扩张后，德国宣告无条件投降。第二次世界大战欧洲战场以希特勒第三帝国的彻底覆灭而宣告结束。德国随之被美、苏、英、法四大战胜国分割占领，丧失了国家主权，直至1955年《巴黎协定》的签订才得以恢复。随着西方国家与苏联的对峙不断升级，四个占领区最终形成了西方占领区为一方、苏联占领区为另外一方的局面，并造成了此后东西部德国长达40余年的分裂。

从分区占领伊始，在西方大国和苏联的管制与主导下，两部分德国走上了截然不同的政治发展道路。通过合并社会民主党与共产党，苏占区在1948年建立了以马克思列宁主义为指导思想的"德国社会主义统一党"，按照苏联的社会主义模式构建基本的政治生活框架。在西占区，美国积极推行对苏联和共产主义的"遏制政策"，并为建立一个实行西方民主制的西德做准备，其标志性事件是1948年实施的币制改革和各州着手制定德国宪法。作为对西占区上述举动的抗议，苏联对联系柏林与西部德国的水陆交通进行持续一年的封锁。这一事件的持续发酵，不仅对人们关于德国未来走向何方的心理产生了巨大影响，并在事实上推动了德国的分裂。由西占区各州议会代表组成的议会委员会制定的《基本法》，经西方三国签字批准后，于1949年5月23日正式生效，德意志联邦共和国宣告成立，基民盟的康拉德·阿登纳（Konrad Adenauer，1876~1967年）就任第一任总理。随着联邦德国的成立，苏占区随即成立了德意志民主共和国。由此，德国正式分

裂为两个国家。

联邦德国是德意志历史上第二个资产阶级共和国，它实行的是联邦议会民主制。全国被划分为11个联邦州，各州拥有自己的宪法、议会和政府，但联邦的权力置于各州之上。参照西方模式，联邦德国设立了联邦议院和联邦参议院。联邦议院是国家最高权力机关，其一是政府的决策性机构，二是立法过程中心，三是作为德国人民的代表机构进行工作。根据《基本法》，作为政府首脑的联邦总理由总统提名，议院选出，在政治运作中往往由议会中最大党的领导人出任。阿登纳和基民盟在20世纪50年代的历次选举中都取得了胜利，执政时间长达14年。而总统则由联邦大会选出，被宪法限定为“超越党派政治斗争和权力政治之上”的国家最高代表，象征着国家的团结，因而其职能主要是礼仪性的。

联邦德国政治及外交最核心的利益是国家安全。处在欧洲大陆中央的特殊地理位置，横夹在两大军事集团对峙之间，使得联邦德国直接暴露在苏联的势力范围面前。狭窄的领土，缺乏防御纵深，加之人口过于密集，致使联邦德国在华约的军事力量优势下，不得不将自身安全问题置于最首要的位置。这种对安全的需要也决定了其在制定外交政策时的决策优先性。“（联邦）德国外交政策的首要任务既不是欧洲一体化，也不是国家的统一，而是安全。”[①] 1945年战败后，德国被明令禁止拥有核武器，因此，处在东西方“冷战”最前沿的联邦德国，除了与美国结盟并接受它提供的核保护伞之外别无选择，这也导致了西德“对西方大国的根本性依赖”。也正因如此，阿登纳政府奉行的是向西方大国“一边倒”的外交政策。

除追求自身安全之外，融入欧洲是联邦德国对外政策的另一个重要目标。与历史上的德意志帝国不同，联邦德国自诞生之日起就将自身定位于西方世界。而无论是威廉二世的德意志第二帝国还是希特勒的德意志第三帝国，都将自身视为完全独立自主的世界政治强国，并且在精神文化上也不属于典型的西方范畴。联邦德国的建立本身就是在西方国家推动和控制下完成的，这使得它自然而然地选择了西方式的民主制度，融入欧洲及其欧洲一体化政策也是这种选择的体现之一。这种政策上的选择也是出于如下考虑：在20世纪上半叶，欧洲民族国家相互隔阂并最终兵戎相见，欧洲

① Alfred Grosser, Geschichte Deutschlands seit 1945. München, 1980. S. 437.

一体化是欧洲国家从这种历史教训出发得出的保障和平的方案。[①] “这也是西欧国家面对苏联集团的挑战因而需要稳定，西欧国家仅靠各自的军事实力无法实现这一目标，所以必须通过政治经济手段来整合力量与资源。”[②] 当然，这也有最现实的经济利益的考虑，比如 1951 年联邦德国加入“煤钢共同体”就是这种考虑的直接体现。此后，联邦德国又通过加入北约（1955 年）、签订《欧洲经济共同体条约》（1957 年）等一系列重大决策，逐渐加入到欧洲的政治、经济一体化进程当中。

总而言之，在联邦德国建立之初，基于特殊的地缘政治因素，安全问题和融入欧洲是其政治与外交政策中最为重要的议题。阿登纳政府在政治、外交乃至经济领域所做出的重大决策都是出于对这两个问题的考虑。在阿登纳的领导下，脱胎于美、英、法三国占领区的联邦德国，成为一个面向西方的、奉行自由的保守主义意识形态的、只求物质繁荣的“总理民主国家”。[③] 这对建国初期联邦德国政治教育的价值取向、基本目标、理论与实践产生了根本性影响。

二 经济状况

第二次世界大战的战败，不仅使第三帝国的极权政治统治彻底失败，也在经济上给德国造成了难以估量的损失。战争使德国工业总生产能力不到战前的一半，国民经济陷入全面崩溃。在后来成为联邦德国的西占区，几乎所有的大城市被完全毁坏，交通也基本陷于瘫痪状态。据统计，1946 年，三个西占区的工业生产只恢复到 1938 年的 32%，整个德国的工业生产也只达到战前 1936 年的 1/3，国民生产总值同 1938 年相比减少了 60%。“战败的德国已经成为一个遍地废墟的国家，一个缺乏粮食和原料的国家，一个没有有效的交通网络和货币的国家，一个分裂的国家，一个社会混乱、

① 〔德〕沃尔夫冈·鲁茨欧：《德国政府与政治》，熊炜、王健译，北京大学出版社，2010，第 12 页。

② 〔德〕沃尔夫冈·鲁茨欧：《德国政府与政治》，熊炜、王健译，北京大学出版社，2010，第 13 页。

③ 〔英〕玛丽·弗尔布鲁克：《德国史：1918—2008》，卿文辉译，上海人民出版社，2011，第 153 页。

前途未卜的国家。”[①]

战争结束之初，对于西方国家来说，在德国挑起两次世界大战、实行纳粹极权统治以及有计划地针对犹太人实施种族大屠杀之后，如何彻底避免这些罪恶历史的重演是当务之急。对此，西方大国将清除德国一切“有可能用于发动战争的物质条件”作为对德工作的基本思路。而早在第二次世界大战期间同盟国就已经制订了有关肢解德国、使德国彻底非工业化和重新农业化的“摩根索计划”。该计划“要求摧毁或拆除德国所有可能用于战争目的的工厂和设备——一切重工业……德国只被允许生产工业消费品，并被迫依赖其农业资源”。[②]“摩根索计划”的总体目标是削弱德国经济，把德国永远排除出现代工业国家之列，以“防止德国发动第三次世界大战”。根据“摩根索计划”，一系列针对德国的措施在战后得到贯彻，包括禁止德国建立军队，拆除所有军工厂以及有军备潜力的工业设施，对所有重要工业部门实行限量生产，等等。

然而，随着西方大国与苏联关系的急剧恶化，美国逐渐将苏联视为最大的威胁和对手。在美国看来，控制欧洲是其称霸世界的第一步，而一个过度虚弱的西部德国无疑对美国控制欧洲并与苏联争霸是极为不利的。这样，美国开始考虑调整其对德政策。随着美苏在德国问题上的分歧不断扩大，“冷战”开始升温，而西占区此时的经济状况极为糟糕，“只处在欧洲的最低水平”，并且呈现出彻底崩溃的趋势。西方盟国及其政治巨头们开始担心，经济形势的持续恶化会导致共产主义在西部占领区的迅速传播。如何扶持一个较为强大并且能够成为整个欧洲经济复苏火车头的德国，开始成为大多数美国决策者思考的问题。1947 年 3 月，“杜鲁门主义”出笼，标志着东西方“冷战”全面展开。为了遏制苏联，美国推出了所谓“欧洲复兴计划”，即“马歇尔计划”。该计划强调，“一个有秩序和富裕的欧洲需要和一个稳定的有生产力的德国进行经济合作”。[③] 这与“摩根索计划”的基本原则相违背，意味着以美国为首的西方大国已将对德政策由“严惩”调

① 朱正圻、林树众等编著《联邦德国的发展道路——社会市场经济的实践》，中国社会科学出版社，1988，第 26 页。

② 〔联邦德国〕卡尔·哈达赫：《二十世纪德国经济史》，扬绪译，商务印书馆，1984，第 93~94 页。

③ 〔联邦德国〕卡尔·哈达赫：《二十世纪德国经济史》，扬绪译，商务印书馆，1984，第 96 页。

整为“扶持”。

“马歇尔计划”的实施影响深远。它既为西占区的经济恢复与重建提供了资金来源，也促进了西占区与西欧国家之间的经济联系与贸易往来，打开了通往世界市场的大门，这对后来联邦德国的政治经济社会发展意义重大。“马歇尔计划”实施后，西部德国经济得到了迅速复苏和发展，并在20世纪50年代取得了举世瞩目的经济成就和物质繁荣。“马歇尔计划”从1948年开始实行，仅仅4年的时间，到1952年，联邦德国的工业生产指数就增长了一倍多。整个20世纪50年代，联邦德国的工业生产年平均增长率达到9.2%，国民生产总值年平均增长率为7.5%，大大超过了同期的西方大国。到20世纪50年代末，联邦德国已跻身世界经济强国之列。

联邦德国“经济奇迹”的产生，除了美国的经济援助所奠定的基础之外，还得益于以下几个主要方面。首先，德国本身所拥有的雄厚的工业、技术基础。德国在第二次世界大战之前，就已是世界第二资本主义经济大国，有着实力强大的经济技术力量和工业生产能力，工业产值已经占到资本主义世界的10%以上。其绝大部分工业设施虽然遭到战争破坏，但经修复后，仍然成为战后联邦德国承袭并使其经济迅速发展的主要物质基础。其次，联邦德国在战后所推行的“社会市场经济模式”是“经济奇迹”得以发生的制度基础。作为西德经济的总设计师，路德维希·艾哈德在联邦议会经济委员会的支持下，于1948年推行了币制改革，这迈开了西德市场经济政策的重要一步。尽管这一模式在起步阶段也遭受了质疑和挑战，但它确实成为西德20世纪50年代取得巨大经济成就的重要基石。除此之外，“冷战”特殊格局下的朝鲜战争也使联邦德国经济受益匪浅，大量从东德涌入的具有专业技能的难民也是不可忽视的人力资源因素。

三　文化教育状况

1945年5月德国战败之时，整个国家几乎成为一片废墟。第二次世界大战留给德国人的是战争的废墟、满目的疮痍以及巨大的心理创伤。在经历了对战争的恐惧之后，德国人还不得不忍饥挨饿，仿佛又回到了远古时期的生活状态。这个被战争破坏殆尽的国家，交通和通信设施所剩无几，食品、燃料等生活必需品极为匮乏，住房条件尤其恶劣，“原本只供一家人住的房子，现在要几家合住，共用一套房间、一套厨具及一个盥洗设施”。[①]更加严重的是，德国人在精神文化方面似乎也出现了“断裂”。由于战败，很多人开始怀疑孕育了纳粹主义的德意志政治文化传统，并且丧失了以前那种对德意志传统文化迥异于西方民主文明的自豪感，而生存所带来的物质压力进一步加剧了这种怀疑和自卑，这使得对刚刚过去的这段历史的反思、清算被一再搁置。

德国传统政治文化的一个重要特征可以归纳为民众对“政治”普遍抱有冷漠、疏离的态度。德意志古典浪漫主义文化所推崇的“理想公民”，主要指那些从事文学、音乐、艺术美学工作等与政治无关的人员。对普通德意志人来说，真正的、典型的“理想公民”，应该是那些坚决服从国家意志、权威意志，严格履行公民义务，为了国家权益可以放弃个人基本权利甚至可以牺牲个人利益的良好公民。他们无须理会国家政治发展，也不参与国家政治活动。正是在这种“理想公民”模型的长期熏陶下，绝对服从于权威和对政治漠不关心，成为德国人普遍拥有的政治信条和行为习惯。这种信条和习惯，也就导致了民众的自由、民主意识极为淡薄，对资产阶级民主政治毫无兴趣，对参与政治活动的热情匮乏。德国大文豪托马斯·曼曾为其同胞下了一个“非政治属性的德国人”（unpolitische Deutschen）的定义，这不仅准确地表达出德国人对政治的态度和行为特征，也在一定程度上展现了德意志传统的浪漫主义与权威主义对近现代德国政治文化发展的负面影响。它们都鄙视“政治”，认为政治的本质不过是肮脏的交易。

尽管如此，一个令人回味的现象是，德国人疏远政治的态度，丝毫没有影响他们对国家、政府、君主、元首的思想忠诚和行为服从。这不得不“归功于”德国传统政治文化中的另一个根深蒂固的观念：国家是公民的管理者和监护人，她拥有至高无上的权力，公民必须无条件服从。这就决定了所有公民在国家政治体系中仅仅担当了“臣民”的角色。面对威权的中央集权体制、至高无上的国家（君主）权力以及行使国家公权力的官僚体系，“臣民”无权表达个人政治诉求、实现个人意志、维护自身权益，唯一能做的只能是服从与执行。国家中央权力的至高无上，使一般民众难以跨

① 〔英〕玛丽·弗尔布鲁克：《德国史：1918—2008》，卿文辉译，上海人民出版社，2011，第133页。

越这条巨大的政治鸿沟，他们对政治的冷漠、疏离由此而生。

可以确定，至少在魏玛共和国消亡之前，德国社会政治文化中政治冷漠特征是十分显著的。但这种政治文化上的特征，在纳粹上台及其统治时期则产生了巨变。希特勒领导的纳粹统治集团，将德意志民族传统政治文化中的爱国主义，蓄意“发酵”成为激进的民族主义、社会达尔文主义，并极力运用被严密控制的宣传工具和被精心策划的思想教化手段，把民众对政治的疏离彻底转变成对元首希特勒及其纳粹主义的极端的、毋庸置疑的拥戴。如此，在第三帝国时期，以政治冷漠为主要特征的德国传统政治文化终于走向了另一个极端——政治狂热。

在经历了12年的政治狂热后，随着纳粹德国的彻底战败、瓦解，德国民众逐渐从对“元首”及其所倡导的“民族共同体”的极度狂热中冷静下来。持续了12年的民族“荣耀感”消失殆尽之际，民众对政治的非理性狂热再次回归冷漠与疏离传统。在战后的被占领时期，德国人民在政治上丧失民族独立和国家主权，在物质生活上极端困苦，在精神上饱受空虚和迷茫的痛苦折磨。对他们而言，最重要的无疑是如何生存下去的问题，而不是政治权利和政治参与如何实现的问题。1949年联邦德国成立之后，国家以新宪法《基本法》为基石，建立了全新的资产阶级民主宪政秩序。由于战败带来的心理阴影，德国民众对这个似曾相识的政治体制（魏玛共和国时期的民主体制）一时难以认同，更无法预知其能带给他们的是福是祸。这进一步加剧了社会普遍的政治冷漠心态。[①] 根据这一时期民意调查机构的数据，当时德国民众大多对民主政治不抱信心，对民主程序缺乏了解也缺乏热情，他们仍然眷恋往昔的权威政治体制（如19世纪末20世纪初的威廉二世时期）。他们对政治仍抱着被动的臣民态度而非积极的公民态度，对政党和政治机构的态度是接受式的，冷淡漠然，过分实用主义。这可以从德国著名的民意调查机构阿伦斯巴赫研究所（Allensbacher Institut）进行的一项大规模调查的结论中获得佐证。从表2-1中可以看出，在建国初期，虽然德国经济发展迅速，但德国民众对政治的兴趣是较低的。总而言之，尽管实施了以民主、共和为核心价值的新宪法，但联邦共和国在建立之初也不得不面对像魏玛共和国那样，再次成为“没有共和公民的共和国”的危机。

---

① 马超、娄亚：《塑造公民文化——联邦德国的政治文化变迁》，《德国研究》2005年第1期。

表 2-1 1952~1962 年联邦德国民众对政治的态度

单位：%

年份	感兴趣	不特别感兴趣	毫无兴趣
1952	27	41	32
1959	29	36	35
1960	27	40	33
1961	31	44	25
1962	37	39	24

资料来源：Elisabeth Noelle/Erich Peter Neumann, Allensbacher Jahrbuch der öffentlichen Meinung. Band 5/Allensbach：Verlag für Demoskopie, 1974. S. 213。

第二节 政治教育的历史遗产

一 魏玛共和国的政治教育

魏玛共和国时期的政治教育，在德国政治教育发展史上被称作“基于国家和民族的政治教育”，这个名称清晰明了地表达出这一特殊历史时期政治教育所担负的基本任务，即唤醒国家意识和培养德意志民族精神。第一次世界大战战败背景下诞生的魏玛共和国，在建立伊始就充满着矛盾和混乱，它在政治上的合法性一开始就面临危机。因而，获取民众的普遍认同和拥护成为这个新生的民主共和国迫切需要解决的问题。与此同时，民族统一（1871 年）后与日俱增的民族自豪感，也急需在战争惨败、割地赔款的沉重打击下重新确立。正是在这双重背景下，“国家”和“民族”成为魏玛共和国时期政治教育工作的两大关键词。

1. 政治教育主导思想理论

魏玛共和国时期是德国由封建君主专制体制向议会民主制转变的过渡时期。由于资产阶级民主政治革命的不彻底，这一时期国家在政治上表现为以社会民主党为主导的民主势力与以封建容克贵族为主的反民主势力并存，在思想文化上则体现为革新与保守的激烈交锋。那些进步的资产阶级学者提出的民主教育思想和理论受到当局的重视。其中代表性的人物有特奥多·李特[1]、爱德华·斯普朗格[2]和乔治·凯兴斯泰纳[3]。

凯兴斯泰纳是黑格尔国家学说的忠实继承者，他将国家视为一种所谓的“人类集团”。作为“人类集团”的国家又应是一个理想的道德组织，她将引导人们进入“道德生活”。国家的责任，就是对其人民提供安全保护和福利救济以及成为道德的共同体。作为“最高道德”的国家是由公民组成的集体，国家的每一个人都要作为公民而存在，都必须为这个作为“最高道德”的国家服务。从这种政治的国家学说出发，凯兴斯泰纳提出国民教育的宗旨是培养青年人对国家的义务感、责任感以及为国家奉献的道德情操，使他们成为有用的国家公民。他明确提出：“国家设立公立学校的目的——也就是一切教育的目的——是培养有用的国家公民。”[4]他强调，只有贯彻以国家主义为宗旨的公民教育，才能使德国成为理想的国家。公民教育的内容和目标应该是唤起人们对国家责任的理解，以及将每一位公民引向个人“所能达到的最卓越的程度”。为了富有成效地培养有用的国家公民，他提出了有用公民必须具备的三个条件：第一，具有关于国家职责的知识，了解国家的任务；第二，具有从事某种职业的能力，能按个人特长在国家系统中充分发挥作用；第三，具备公民的品德，热爱祖国，愿为国家服务。为此，公民教育首先要进行有关公民知识的教育，使公民形成正确的国家观念，认识对国家的责任，并进一步激发公民的责任感及对祖国的热爱，使之将对国家的责任感和义务感付诸行动。其次要进行有效的职业教育，培养和训练青年的职业技能，并通过从事某种职业来达到为国家服务的目的。最后是进行公民的道德教育和道德训练，培养学生的爱国心和对国家的忠诚。

凯兴斯泰纳的教育思想受到当局高度重视，甚至被写入《魏玛宪法》

---

① 德国现代著名的教育学家、政治学家，主要从事“文化教育学”方面的研究，其思想在德国历史上占有重要地位。

② 德国现代著名新人文主义思想家，“文化教育学”的开创者和重要代表人物之一，被认为是将教育学从哲学领域独立出来，并使之成为独立学科的第一人，其教育思想对德国“文化教育学”有很大影响。

③ 德国现代教育史上一位极具影响力的教育理论家、教育改革家。他把民主主义与国家主义结合起来，把教育与生产劳动、职业技术结合起来，提出了公民教育理论以及劳作学校理论。他的培养有用的国家公民的观点符合时代发展的要求，对德国乃至世界其他国家的教育产生了很大影响。

④ 〔德〕凯兴斯泰纳：《工作学校要义》，刘钧译，商务印书馆，1935，第12页。

之中，比如宪法第148条明确规定，所有学校须按照德意志民族的精神进行道德、公民意识、个人技能和职业技能方面的教育。正如特奥多·威廉（Theodor Wilhelm）在1957年指出的，"《魏玛宪法》似乎赋予了凯兴斯泰纳国民教育方案以官方的通行证"。[①]

比凯兴斯泰纳晚出生26年的李特，在一战时就热衷于政治，战争也使他由一位"温和派的民族主义者"转变成"理性共和主义者"。李特继承和发展了凯兴斯泰纳的国家学说和公民教育思想，认为"国家是在社会权利及力量对比中占绝对优势地位的组织形式以及对外关系的创造者"，"教育个体理解、赞同国家并愿为之分担责任，是合乎道德的行为。这种责任的分担应该是一种义务，也是一种超个体价值的奉献精神"，"'为国家服务'是政治教育首要的、唯一的目的"。[②]"为国家服务"作为教育的目的被他视为永恒的真理。因此，"国民教育的中心任务应该是有关行为和道德的发展"，"要培养公民对国家忠于职守的习惯"。[③]作为有重要影响的教育学家，李特主张建立一门政治教育学，同时其也推崇权力意志。他为政治教育确立了两个核心："第一，对超个体意志的必要适应；第二，权力意志教育，包括教导、适应和纪律"[④]，并认为，"在黑格尔的思想里，从19世纪冗繁的教育里解放出来的个体，应该适应这种超个体的秩序"。[⑤]他强调，"学校在这种思想观念的建立过程中占据特别重要的位置，它仅能谋求这样的目标，即使每一个年轻人的内心充满对国家的崇敬，学校的全部必要（教育）行为必须紧扣这一点"。[⑥]

与李特同时代的斯普朗格也提出，"为国家服务是政治教育首要的、唯

① Theodor Wilhelm, Die Pädagogik Kerschensteiners: Vermächtnis und Verhängnis. Stuttgart, 1957. S. 79.

② Eduard Spranger, Probleme der politischen Volkserziehung. In: Zehn Jahre Reichsheimatdienst, hg. v. d. Reichs-zentrale für Heimatdienst. Berlin, 1928. S. 158.

③ Wolfgang Klafki, Die Pädagogik Theodor Litts Eine kritische Vergegenwärtigung. Ko. nigstein, 1982. S. 48.

④ Eduard Spranger, Probleme der politischen Volkserziehung. In: Zehn Jahre Reichsheimatdienst, hg. v. d. Reichs-zentrale für Heimatdienst. Berlin, 1928. S. 43.

⑤ Eduard Spranger, Probleme der politischen Volkserziehung. In: Zehn Jahre Reichsheimatdienst, hg. v. d. Reichs-zentrale für Heimatdienst. Berlin, 1928. S. 197.

⑥ Eduard Spranger, Probleme der politischen Volkserziehung. In: Zehn Jahre Reichsheimatdienst, hg. v. d. Reichs-zentrale für Heimatdienst. Berlin, 1928. S. 198.

一的目标”。[1] 他主张对国民进行德意志民族意识的教育，包括语言、故土、历史，以及德意志理想主义——为了自由与责任的结合而奋斗的精神。同时，针对魏玛政治中长期存在的政党乱争、很难形成基本政治共识的局面，斯普朗格也对政党与政治教育的关系进行了阐述。他指出，政党作为个体与国家之间发生联系的社会政治产物，政党的存在对开展政治教育具有重要的现实意义。为了解决政党自私自利，甚至以反对共和国为政治纲领这些问题，“必须用秩序、法律和美德的思想来代替政党之间赤裸裸的权力斗争”。[2] 因此，他进一步主张，必须使普遍的国家思想而不是政党的国家思想作为其首要的政治观。为此，有关民主国家机构设置的知识是一个相当重要的政治教育内容的组成部分，而正确的国家观及随之而来的国家行为是权力意志教育和权力观教育的主要组成部分。

以凯兴斯泰纳、李特和斯普朗格为代表的资产阶级学者，从魏玛共和国的国家利益出发，提出了各自的政治教育思想主张，意图为新生的共和国培养具有良好道德行为和公民意识的“有用的公民”。这些思想符合魏玛政府巩固政权、缓和国内外局势、积极重建和发展国民经济的需要，而受到当局的高度重视，在实践中作为基本准则指导了魏玛政治教育实践。同时，这些包含资产阶级民主进步观念的思想也为第二次世界大战之后德国民主政治教育提供了理论渊源。

2. 政治教育实践

魏玛共和国时期，政治教育工作的管理、组织、实施机构是“帝国乡土服务中心”（Reichszentrale für Heimatdienst）。魏玛时期的“帝国乡土服务中心”与威廉二世时期的“帝国乡土服务中心”在名称上没有任何不同，前者直接来源于后者。1918 年 3 月 1 日，为了抵御英、法的政治宣传攻势，提振德国军队的战斗士气，增强德国民众的思想抵抗力，第二帝国政府专门成立了两个负责战时宣传的机构——“帝国前线服务中心”（Reichszentrale für Frontdienst）及“帝国乡土服务中心”。其中，“帝国前线服务中心”的主要任务，是通过战争宣传与政治宣传以加强对前线士兵的

---

① Eduard Spranger. Probleme der politischen Volkserziehung, In：Zehn Jahre Reichsheimatdienst, hg. v. d. Reichs-zentrale für Heimatdienst. Berlin，1928. S. 158.

② Eduard Spranger, Probleme der politischen Volkserziehung, In：Zehn Jahre Reichsheimatdienst, hg. v. d. Reichs-zentrale für Heimatdienst. Berlin，1928. S. 199.

爱国主义教育，“阻止产生民主化趋势以维护军事领导机制”①；“帝国乡土服务中心”最重要的目标则是增强平民对战争及帝国的信心，“要影响工人阶级中不太坚定的人群以及其他因为战争而内心发生动摇的民众”。②“帝国前线服务中心”仅仅存在了8个月，在还来不及也不可能发挥作用的时候，德意志第二帝国已随着一战的失败而土崩瓦解。

“帝国乡土服务中心”似乎要比第二帝国幸运得多，在经受了战后“十一月革命”的洗礼之后，它完整地进入了魏玛共和国以及那个新的时代。被誉为“二十世纪最值得注意的宪法之一”的《魏玛宪法》，在近现代德国历史上首次从最高法律层面涉及政治教育问题。宪法第148条规定：“各学校应致力于道德教化，使人民在德意志民族精神上及国际协和上，能造就人格及发展职业才能。……国民常识及劳动课程为学校科目之一。”此时的“帝国乡土服务中心”失去了原来的军事宣传职能，被官方规定为“为解决启迪大众过程中的一切问题而设立的政府机构”③，直接受政府总理领导。但是在魏玛共和国建立初期，“帝国乡土服务中心”也承担了为魏玛联盟进行政治宣传和拉选票的任务。1920年，它的工作目标被明确为“团结和维护德国人民中一切健康的和有建设性的力量，增强他们对有害影响的抵抗力，以克服当前危机”，并且“为缓和阶级矛盾，唤醒真正的社会情绪、社区情绪以及各阶层德国人的相互理解做准备”，同时还要“充满雄心地阐述德意志文化财富和民族特性（任何大国沙文主义和民族主义除外）”。④

在整个魏玛时代，“帝国乡土服务中心”政治教育工作的重心始终围绕国家主义和民族精神两大主题。虽然它也向民众传播有关议会民主制度及其运行方面的知识，但并没有在社会层面积极培育民主的意识。当然，这既应归咎于魏玛共和国不稳定的政治局面，也与魏玛时期德国人对民主的认识、理解上的不足有关。在“帝国乡土服务中心”及其领导人眼中，“民

---

① Benedikt Widmaier, Die Bundeszentrale für politische Bildung: Ein Beitrag zur Geschichte Staatlicher Politischer Bildung in der Bundesrepublik Deutschland. Frankfurt am Main, 1987. S. 15.

② Klaus W. Wippermann, politische Propaganda und Staatsbürgerliche Bildung: Die Rechszentrale für Heimatdienst in der Weimarer Republik. Köln, 1976. S. 22.

③ Klaus W. Wippermann, politische Propaganda und Staatsbürgerliche Bildung: Die Rechszentrale für Heimatdienst in der Weimarer Republik. Köln, 1976. S. 93.

④ Klaus W. Wippermann, politische Propaganda und Staatsbürgerliche Bildung: Die Rechszentrale für Heimatdienst in der Weimarer Republik. Köln, 1976. S. 109.

主”二字在政治教育中首先要体现的就是“超党派”（Überparteilichkeit）原则。在这一原则指导下，“帝国乡土服务中心”严格履行所谓“政治中立”的工作要求，对一些激进政党赤裸裸的反共宣传置若罔闻，对于各种政治意识形态和社会思潮的相互诋毁、相互攻击的问题无所作为，这进一步放大了魏玛时期政治局势的混乱性，其也无力引导、坚持民主宪法所确立的基本政治原则。

在具体的政治教育实践上，“帝国乡土服务中心”主要进行宣传教育和民意调查工作。由国民议会推选出的由 15 个代表组成的咨询委员会，对它的工作予以指导和监督。“帝国乡土服务中心”通过印发传单、海报、小册子等对民众开展政治宣传，它的代表性出版物是名为《乡土服务》（Der Heimatdienst）的杂志。它还与各种协会、学会等组织建立联系，为政治集会和培训活动推介、安排演讲者。“帝国乡土服务中心”还邀请政治、经济、文化领域以及科研机构、高校的知名专家，参与“演说家—培训周”（Redner-Schulungswochen）的活动，期望“被听众所认可的领袖的声誉能产生多方面的效应”。[①] 此外“帝国乡土服务中心”还依托自己的“中心出版社”（Zentral-Verlag）和“德国幻灯片服务社”（Deutsche Lichtbild-Dienst），发挥大众传播方面的功能。[②] 它还被赋予了“帝国政府新闻出版署的一些职能”[③]，比如每周开展一次民意调查，并将调查结果形成报告递呈总理或者政府各部，旨在为政府决策提供参考。可以说，魏玛时期的“帝国乡土服务中心”构建了现当代德国政治教育工作的基本模式。

在学校层面，尤其是在义务教育阶段，政治教育也被置于比较重要的地位，“所有学校均须按照德意志民族性的精神及各民族和解的精神努力进行道德、公民意识、个人技能和职业技能方面的教育”。[④] 在实施政治教育的基本原则方面，为体现民主思想，宪法还特别规定，“公立学校在教学过程中，应注意避免伤害持不同见解者的感情”。[⑤] 至于如何开展政治教育，

---

① Klaus W. Wippermann, politische Propaganda und Staatsbürgerliche Bildung: Die Rechszentrale für Heimatdienst in der Weimarer Republik. Köln, 1976. S. 296.

② 幻灯片在当时是最先进的传播媒介，演讲者能够借助它图文并茂地进行演讲。

③ Aufsatz zu den Staatsbürgerlichen Bildungstagen. In: Der Heimatdienst, 1925.

④ 瞿葆奎主编《教育学文集——联邦德国教育改革》，人民教育出版社，1991，第 26 页。

⑤ 瞿葆奎主编《教育学文集——联邦德国教育改革》，人民教育出版社，1991，第 26 页。

宪法还对学校教学课程提出了具体要求，“公民课和劳动课应纳入学校教学科目范围。义务教育结束时发给每个学生一册宪法”。[①] 可见，《魏玛宪法》不仅对共和国学校的类型、教育体制等做出了规定，还对政治教育在学校的具体实施的原则、办法乃至课程设置等都提出了明确要求。

在《魏玛宪法》有关学校政治教育精神的指导下，1920 年召开的“国家学校会议”制定了对魏玛政治教育具有纲领性意义的《指导原则》[②]，规定了政治教育的总体目标，是“在所有公民的个体自由和公民的政治责任感之间取得结构性的均势”。并指出，为达到此种目标，首先要以对新生的国家政权的认可为先决条件，这样就自然把一种正确的“国家观”的培养作为政治教育的起点。在魏玛时期，政治教育对“国家观”的培养主要通过两条途径来实现：一是从国家观的直观意识层面，把国家看作一个类似于和自己生活在一起的社会伙伴；二是从国家观的科学知识层面，向学生传授有关国家产生、发展和消亡的知识和理论。前者要求学校作为一种社会组织形式，提供一系列机会进行国家观的直观意识教育，学生应通过教师有计划的指导，开展学校社团、集体旅行或者郊游等活动，从主观上感受这个“作为生活伙伴”的国家。后者则要求把“国家”当作科学认识的对象，通过历史分析与系统综合的思考方法，使学生形成关于国家的系统的理性认识。前者对国家的切身体验能够避免后者抽象的理论化，使二者能够相得益彰。

但是，《指导原则》在“国家观”教育的课程设置上，并没有明确要求设立专门的国家学课程，只突出强调了以历史学为主的，包括地理学、宗教课、自然学在内的几门学科的作用。在公民教育方面，魏玛政府要求在公立学校、初级中学、业余进修学校和职业学校，设立专门的“公民学”课程，并用足够的学时加以讲授；对于高级中学，则要争取在所有的教材中渗入公民教育思想。但在毕业班，必须单独对公民学进行概述和系统的探讨，内容包括国家伦理在内的国家—社会学基础，以及经济学基本原理、外国学基本原理、管理学基本原理和包括民法在内的法律基本原理等。

---

① 瞿葆奎主编《教育学文集——联邦德国教育改革》，人民教育出版社，1991，第 26 页。

② Hans-Werner Kuhn, politische Bildung in Deutschland: Entwicklung-Stand-Perspektiven. Opladen, 1993. S. 61.

此外，“国家学校会议”还为指导公民学课程的开展制定了一份决议。[①]为保证公民学课程的教学效果，决议要求在各级各类学校的所有课程和学校生活中融入公民意识教育。并规定在公立学校的毕业班和初中、高中的相关班级中，每周安排两个课时的公民学课程，在进修学校和职业学校则要安排总数约10学时的学习。决议要求所有学校的教师职务申请者，必须提供教师职位普通公民教育考试通过证明，并且每门学科尤其是历史学的教师应兼备公民学课程教学能力。决议还提出，公民学教师的培训任务由大学中的法学和国民经济学教师来承担；同样，历史学科教师的培训由大学历史学科教师承担。对于现任教师，要设置数周的公民学培训课程，之后还要安排进修课程。

1924年，魏玛政府在内务部设立“公民教育委员会”。“公民教育委员会”成立不久即组织制定了公民教育课程的组织原则，包括“一般原则”和针对不同学校类型的“特别原则”。

“一般原则”规定，公民教育课程的根基是德意志民族性，它应该力求在广阔范围内获得对其本质和政治文化的理解。公民课程的任务与目标是，依据上述基础和《魏玛宪法》的精神，促使公民理解其应有的义务与权利，并培育他们的这种义务观、责任意识和牺牲精神。所有教育机构的每一名毕业离校的青年，都应当对《凡尔赛和约》背景下的魏玛共和国的国家制度与政治生活的基本特点有一定程度的了解，并且为了德意志民族力量的增强和新生的德意志国家尽其公民职责。对此，公民课程应当避免受到各政治党派和团体政治倾向的影响。它所服务的对象是整个国家和民族。公民教育课程的教学法应该以学生亲身经历和自我体验为出发点，避免空洞的概念灌输。女子班级的公民课程要对妇女在生活共同体如家庭、社区（乡镇）乃至国家中的职责和义务给予特别重视。而专业教师的培训和进修是公民课程贯彻上述精神的重要前提，除组织必要的教师教育外，国家和各邦还应举办各种形式的课程研讨、教学业务周及工作组等活动。

可见，在魏玛共和国成立初期，魏玛政府和议会依据宪法的相关规定，为学校政治教育制定了指导原则和实施细则，形成了一套政治教育的制度

① Hans-Werner Kuhn, politische Bildung in Deutschland: Entwicklung-Stand-Perspektiven. Opladen, 1993. S. 64.

和方案。同时，魏玛共和国专门成立了“公民教育委员会”，作为专门负责公民教育的政府机构，制定了较详细的公民课程教育的组织原则和教学大纲。由此看出，魏玛时期政治教育在德国历史上开创了政治教育制度化的先河，具有划时代的意义。但是，这些关于学校政治教育的规章制度和教学方案，却在魏玛混乱的政治局势、恶劣的经济条件以及封建专制主义的遗毒等交互作用下，在实施过程中遇到了巨大的阻力，导致既定的政治教育指导原则和方案未能得到贯彻落实。最终，魏玛共和国的政治教育与短命的共和国一起，完结于纳粹德国的黑暗统治中。

二 第三帝国的政治教育

在德国政治教育发展史上，纳粹统治的第三帝国时期的“政治教化”，毫无疑问是最为反动、扭曲、泯灭人性的。它“无论在理论上还是实践上几乎完全与重要的西方教育传统、德国政治教育以往的历史和发展相决裂，基本上建立在希特勒《我的奋斗》里所描述的教育目标基础之上”。[①] 纳粹政治教育也有其深厚而驳杂的思想理论基础，具有鲜明的政治目标导向性并做了精心的教育设计，由此构成了一整套严密的思想理论体系。

1. 以纳粹主义为政治教化的思想理论基础

从本质看，纳粹进行政治教育的思想理论基础，也就是希特勒及其第三帝国政权用以阐述其全部教育实践“合法性”与“合理性”的思想基础。可以说，纳粹时期的全部教育都是非理性的“政治教化”，它渗透着畸形的人性观，充斥着极端种族主义思想、“领袖原则”和权力意志以及浓厚的军国主义色彩。

纳粹政治教育的一个逻辑起点，是把人视作感性的而非理性的人，原因在于理性虚有其表，在根本上仍受到人的本能和意志的驱使。在纳粹的教化思想体系中，“相比一个精神丰富但意志薄弱的人，一个缺乏文化教养，但拥有强健的体魄、充满愉悦的决断和意志力的坚强性格的人，才具备最高贵的民族品质”。[②] 基于这样的价值判断和教育诉求，纳粹将其政治

---

① 傅安洲等：《德国政治教育概念辨析》，《高等教育研究》2006 年第 8 期。

② Hans Jochen Gamm, Führung und Verführung: Pädagogik des NationalsozialismuS. München, 1964. S. 48.

教育目标设定为培养能够发扬种族特性、体格健全、意志坚强、富有斗争性的“功能化”的人，尤其是行动果敢的“永葆激情的战士和政治军人”。[①] 纳粹集团认为，人的天性在于行动，“‘行动型’相比‘静观型’更符合人的本性”。[②] 第三帝国政治教育理论家阿尔弗雷德·鲍伊姆勒（Alfred Baeumler）把那些具有宗教关怀意味的词语如“怜悯”“解脱”等称作所谓的“消极人类学”观念，他从根本上否认“人是理性人”这一欧洲社会自启蒙运动以来尊奉的基本观念，认为只有在种族中才能真正体现人类的本质特性，即以某种秩序和性格为基础的行为方式，这种行为反映的即是人所具有的、无意识的本能。因此，鲍伊姆勒认为，种族共性是历经时代检验而存续下来的行为方式体系，它应该成为教育重点关注的对象。另一个纳粹御用教育家恩斯特·克里克（Ernst Krieck）批评传统德意志教育过度关注人的智力和理性，严重忽略对人的意志和本能的培养。于是他倡导一种有种族意识的教育模式，把人等同于生物学意义上的“培植对象”，对其进行以意志和行动为核心的“民族教育”。正是在这种人性观的指导下，纳粹时期全部教育的目标任务仅仅是培养躯体强健、意志坚强、性格残忍的好战者。

极端种族主义是纳粹主义的理论基础和核心思想，无疑也成为其政治教育主要内容。种族主义源于原始日耳曼—雅利安人的反犹主义传统，这种传统在19世纪后期随着社会达尔文主义的泛滥而不断发展并达到巅峰。在“民族”“血统”“国家”等种族主义本质的面纱下形成的“民族共同体”思想，在纳粹德国的教育中得到全面的阐释和实践。纳粹主义对社会各阶层进行持久的宣传教化，以消除现存传统、权力等级和内部矛盾等各种偏见，实现所谓不分等级、不分职业、不分性别的“绝对平等”的德意志民族内部一致性。“民族共同体”思想在教育中的突出表现是“教育源于共同体又归于共同体，共同体是一种生活方式的典范，这种生活方式持续地与教育相互影响着”[③]，单个的人则没有价值，教育不是关注个人思想的成长和决策能力的提高，而是更多地从共同体立场出发教导人们对领袖意

① Theodor Wilhelm, Pädagogik der Gegenwart. Stuttgart, 1977. S. 28.

② Theodor Wilhelm, Pädagogik der Gegenwart. Stuttgart, 1977. S. 131.

③ Hans-Günther Assel, politische Pädagogik im Wandel der Zeit. Frankfurt am Main, 1983. S. 69.

志的绝对服从和执行。希特勒为此进一步解释道："在这个共同体内，日耳曼人作为纯洁的雅利安人，是健康、强壮的人，这就是理想；他们朴实、简单、勤劳、忠诚，没有身体上、精神上的缺点；在民族伙伴令人愉快的关系中，作为生机勃勃的能动者，他们将时刻听从领袖人物的召唤，去实现古老的人类梦想；他们是英勇的战士，他们将毫不犹豫地为整体献身。"[①]纳粹试图以此来唤醒德意志民族的自我价值与荣誉感，并通过有意模糊阶级差别、无所不包的"共同体"意识来统合德国人的思想，其根本目的是构建维护其独裁统治的意识形态基础。

"领袖原则"是纳粹政治教育的另一个理论基础，也是其政治教育制度设计和组织实践的根本原则。希特勒上台后，提出由民族精英领导、治理国家的"领袖原则"，并结合他的"民族共同体"思想，鼓吹领袖是人民利益和意志的代言人，是德意志民族团结的维系者，拥有绝对的统治权。根据他的指示，纳粹把"领袖原则"推行、渗透于国家管理和社会生活的方方面面。他们借"领袖原则"之名，贯彻所谓的"权力意志"，其实质是推崇残忍和滥用暴力，他们信奉"没有剑，就不可能有经济政策，没有权力，就不可能有工业化"。[②]希特勒及其追随者们相信，任何问题都可以用体现"权力意志"的暴力或暴力威胁来解决。在此思想指导下，纳粹政治教育强调对领袖的绝对忠诚和服从，教育就是要"唤醒学生对领袖的热爱和热情"[③]，激发民众对"权力意志"的欲望，成为勇敢、残忍、富有战斗性的士兵和政治军人。

军国主义也是纳粹政治教育的理论基础之一。在德国历史上，军国主义一向备受政治家、思想家的推崇，国家主义、军事价值在德意志文化中所占分量颇重。在黑格尔的国家学说看来，国家就是一切，是人类生活中至高无上的主宰力量，个体只有在成为国家的一分子时，才能获得自由，才具有客观性、真理性和伦理性。1871 年普鲁士在"铁"与"血"政策的指引下，通过王朝战争实现了德意志民族的第一次统一，更将军国主义进一步"发扬光大"。至第一次世界大战前夕，甚至有 3000 多名第二帝国的

① 李工真：《德意志道路——现代化进程研究》，武汉大学出版社，2005，第 239 页。

② 〔美〕威廉·夏伊勒：《第三帝国的兴亡》（一），世界知识出版社，1974，第 124 页。

③ Hans-Günther Assel, politische Pädagogik im Wandel der Zeit. Frankfurt am Main, 1983. S. 82.

大学教授联名声援威廉二世的战争政策，集体颂扬战争“会使德国年轻人养成忠诚、奉献、个体对集体的服从以及自信和对荣誉的崇尚”，鼓吹“普鲁士军国主义是国家的财富，它不仅存在于德国军队中，也存在于德国平民中，因为，他们本身就是一体的”。[①] 普鲁士军国主义传统在希特勒第三帝国得到极致发展。纳粹眼中的理想教育是对所谓“总体精神”的培育，教育的客体是以纳粹高层为代表的“政治精英”和“将被塑造的战士”。无论是学校、家庭还是军队，无一不是实现“总体教育”、培养政治军人的组织机构。阿尔弗雷德·鲍伊姆勒曾明确指出纳粹主义教育学的目标，是“通过培养战斗者取代知识学者，青少年应更多地在军队、集中营和劳动营里被训练成具有战士品质的民族成员”。[②]

总而言之，纳粹德国的政治教育致力于推动基于种族主义的“民族共同体”思想深入民心，让每一个德国人都拥有强烈的雅利安种族优越感，也致力造就德意志人勇猛、坚强而富有战斗性的“男子汉气概”，最终形成一个“保持民族性的帝国”，最终服务于希特勒和纳粹党的民族理想与政治诉求。

2. 以“种族纯洁”和“对外扩张”为政治教育的价值取向

魏玛共和国在后期面临一系列政治、经济、文化危机而难以自拔，魏玛议会中的各政治党派都在苦苦寻求化解这些危机的药方。希特勒及其纳粹党高举“民族主义”大旗，为德国描绘了一幅令人向往的“新世界蓝图”，并结合许下的各种各样的政治承诺，一步一步赢得了德国大多数民众的认同和支持。纳粹上台后，为实现其政治野心，其按部就班地把德国社会的每一个角落都纳入政治化的运行轨道。在教育领域，“传统的非政治性的教育已经过时”[③]，而建立在“更深远意义的政治科学基础之上”的纳粹教育，已经彻底沦为一门“政治科学”，全部教育的目标都指向了纳粹露骨的政治意图。

首先，纳粹通过其擅长的鼓动宣传，在德国社会培育支持纳粹的政治文化，以维护其极权统治。纳粹通过“民族共同体”思想，蛊惑民众死心

---

① 一战档案馆，参见 http：/ /www. lib. byu. edu / rdh /wwi/1914 /profeng html。

② Hans-Günther Assel，politische Pädagogik im Wandel der Zeit. Frankfurt am Main，1983. S. 87.

③ Hans-Günther Assel，politische Pädagogik im Wandel der Zeit. Frankfurt am Main，1983. S. 78.

塌地地追随，无条件认同并坚决执行希特勒这位最高元首的意志。这一时期的政治教育承担两个最重要的任务：一是培养从事纳粹事业的“精英人才”，二是培养拥护纳粹事业的民众。第三帝国的“人民教育部”部长卢斯特说：“教育的主要目的是用国家比个人重要以及个人必须愿意和准备为国家和‘元首’献身的学说训练人。”[①] 阿尔弗雷德·鲍伊姆勒也认为，国民的教育应该是国家、民族和世界观的统一体，教师和学生都必须服从国家和民族的意志，接受“在帝国保护下的民族世界观的教育”。只有这样，德国人才能认可“民族伙伴”的政治共同体，才能同甘共苦，共同复兴德意志民族。

其次，纳粹极力渲染民族复仇情绪和鼓噪战争氛围，为发动对外侵略战争积蓄民意。第一次世界大战的惨败，巴黎和会签订的“丧权辱国”的《凡尔赛和约》，给全体德国民众造成了巨大的心理创伤。希特勒及纳粹集团抓住德国人难以接受战败的事实这一心理，污蔑魏玛政府以及共产主义者、犹太人等“十一月罪犯”是战败的罪魁祸首。到魏玛共和国后期，德国民众已经对这个风雨飘摇的共和国彻底失去了信心，甚至对许多人来说，“民主”这个词就是国耻和日益加剧的经济崩溃的同义词。他们迫切需要的是一个能够展现“强力精神意志”的英雄，盼望有一个强有力的政府带领他们摆脱经济困境和耻辱的不平等条约，以及治愈这个民族内心深处的创伤。拒绝接受《凡尔赛和约》和致力于复兴德国的希特勒成了德国人渴求已久的“英雄”。希特勒借助并激化德国民众的民族主义情绪，大肆渲染军国主义复仇思想，让民众相信“德意志时间”只有通过战争才会到来，德国人的“生存空间”也只有通过战争才能获取。

最后，为实现“种族纯洁”创造思想和群众基础。剔除“种族价值低劣者”，实现“种族纯洁”是纳粹主义的第三个重要的政治目标。为此，希特勒及其政权通过政治教化或政治强制使民众广泛接受和认同纳粹的种族理论。他们极力宣扬“雅利安种族优越论”，提出“种族纯洁”的理想。希特勒高呼：“雅利安民族是人类的普罗米修斯，每时每刻都从他闪亮的额头迸发出天才造世主的火花”，“我们今天眼前所看到的人类文化、艺术、科

① 滕大春主编《外国教育通史》第4卷，山东教育出版社，2005，第249页。

学和技术的成果，几乎都是富有创造力的雅利安人的作品”。[①] 他把世界上各人种划分为文明的创造者、承袭者和破坏者三大类，雅利安人是一切高级人类和文明的创造者与维护者，上苍赋予其统治世界的权力和使命，而犹太和吉卜赛等民族则是劣等种族与文明的破坏者，应予以剔除和灭绝。为此，“全部民族国家的教育工作必须达到这样的光辉顶峰，种族意识和种族观念必须深深地植入青年的大脑和心脏，使之成为一种本能和理智”。[②] 因为，血统对血统、种族对种族的斗争决定着世界历史的发展。这样，纳粹为逐步剔除犹太人等“价值低劣”的人创造了舆论环境，寻找到“合理的”“合法的”的理由，进而得到大众有力的支持。

纳粹政治教育赤裸裸地表明了它的宗旨，就是要培养对统治集团绝对效忠和服从的顺民，就是要为夺取德意志民族的“生存空间”而训练顽强勇敢的、富有侵略性的、毫无理智的战争狂徒，就是要为实现德意志民族“种族纯洁”的“伟大理想”而培养纳粹事业的“殉道者”。

3. 以培养纳粹“顺从的追随者”为政治教育的根本目标

第三帝国时期，为宣扬纳粹主义，维护极权统治，实现希特勒及纳粹党徒的政治野心，纳粹把整个德国教育体系都纳入国家化、政治化轨道。他们处心积虑地对教育的目标原则、课程科目、教学手段等进行了设计，其目的是使教育完全沦为纳粹独裁统治的有力工具。

纳粹始终强调国家必须牢牢掌控全部教育权力，它极力渲染教育的政治性。鲁道夫·本茨（Rudolf Benz）认为纳粹的教育是“自我设定了这样的目标：为了自己的民族国家而将民族成员培育成具有共同思想和共同行动的人”。[③] 纳粹主义教育观的一个重要特征是否认客观真理，认为真理取决于人的态度，它无非依特定的民族、种族的需要而定。例如，夺取“生存空间”对德意志民族而言是一项紧迫任务，因而它就是一项德意志民族的科学任务，具备客观真理性。因此，作为“政治科学”的教育，自然而然应对德国人进行“功能化”处理，使他们成为合格的“政治士兵”。依照此种逻辑，纳粹把对民族领袖的膜拜、忠诚及为之服务，确立为人们应该

---

① Hans-Günther Assel, politische Pädagogik im Wandel der Zeit. Frankfurt am Main, 1983. S. 67.

② Hans Günther Assel, Die Perversion der politischen Pädagogik im Nationalsozialismus. München, 1969. S. 427.

③ Hans-Günther Assel, politische Pädagogik im Wandel der Zeit. Frankfurt am Main, 1983. S. 78.

具备的全部道德。相反，人的自我意识、主体意识甚至最基本的人性在纳粹教育体系中都被彻底否定。

纳粹政治教育致力于培养“民族共同体”事业的生力军和坚定追随者。希特勒曾叫嚣道：“在我的精英教育里所培养出来的年轻人会让整个世界战栗。……弱者必须从我的教育中清除出去，我要的是具有强烈主动性、粗暴的、专横的、无所畏惧的、残酷的青年，是能够从他们的目光中看出骄傲和闪耀光芒的随性专横的猛兽般青年，是强壮和完美的青年。”[①] 纳粹着力培养的是身体健硕、好勇残忍的战争机器，他们不需要灵魂、不需要文化素养，更不需要自由的意志和独立的思考能力。纳粹大肆宣扬“雅利安种族优越论”，激发德国民众对其他所谓“劣等种族”的仇恨，并且将人的自我价值的终极实现置于为元首、“民族共同体”献身上，以激发德国人的侵略性和战斗精神。

基于上述教育目标，纳粹第三帝国对其政治教育的课程设置和教学手段进行了系统设计。希特勒在《我的奋斗》中一再强调，青年只有拥有强健的体魄，才能迸发出坚韧的毅力和果敢的决断力，才能进而推动整个德意志民族展现伟大的意志力。他要求学校务必大量增加体育运动课时和“PT科目”（主要内容是越野跑、足球和拳击），课余时间也要组织青少年开展体育活动。纳粹教育家菲利普·霍尔特（Philipp Hördt）的课程教学思想在学校教育实践领域有重要影响。他认为，“在未来的教育领域中，劳作、课程和游戏应该是融为一体的，是具有行动力量的、明智且愉快的整体以及现实生活的基础”。[②] 霍尔特强调学校决不能只传授知识，而是更应该引导学生更深刻地理解国家、社会的集体生活。他依照“民族共同体”思想，将学校教育功能划分为三个层次：首先，帮助学生培养、获得“具有非凡魅力”的个人特质；其次，劳作式的学习；最后才是启发才智。为了实现这三个层次教育目标，霍尔特还提出了四种基本教学形式，分别是节庆活动、劳作、游戏及课程。在他看来，节庆活动能够培养青少年的气质；劳作和游戏有助于学习。由此，德国的家庭、工作单位、学校、教堂甚至游戏场，合力形成了一种基于德意志民族共同生活的“广域学校”。纳

① Hans-Günther Assel, politische Pädagogik im Wandel der Zeit. Frankfurt am Main, 1983. S. 73.

② Hans-Günther Assel, politische Pädagogik im Wandel der Zeit. Frankfurt am Main, 1983. S. 89.

粹统治者试图以此来避免片面的教育理智主义，并美其名曰将教育学从单纯的课程理论中解放出来，但这种行为却导致了对德国教育传统的彻底颠覆和“黑暗教育时代”的到来。

纳粹德国的政治教育需要青年人具有种族意识和侵略性的思维模式，目标是制造听话的顺从者，并推动侵略扩张和种族清洗。这样，基于纳粹主义的政治教育，把忠诚、服从和为国献身作为衡量人的主要美德，体魄和美德在教育实践中具有优先性，体育训练和思想灌输也就成了纳粹政治教育的两大支柱，而培养学生自主意识、分析思维能力的教育则受到了压制。

三　小结

政治体系和政治权力的“合法性”根本上源自民众的承认、认同和支持。资产阶级民主政治文化和具有民主思想、政治参与能力的公民是建立资产阶级民主政体和民主国家的重要前提。美国政治学家加布里埃尔·A.阿尔蒙德认为，一个稳定和有效率的政府，不仅依靠政府结构和政治结构，它也依靠人民所具有的对政治过程的理解——政治文化。没有相适应的政治文化，政治系统获得成功的机会将是渺茫的。1949 年德意志联邦共和国建立之后，市场经济体制逐步建立，资产阶级议会民主制在《基本法》中得以确立。此时，政治权力和德国政治家面临的一个重大挑战与历史使命，就是如何在缺乏民主政治文化传统的德国社会，使德国民众从纳粹思想的奴役中解放出来，接受、承认、支持新生的民主制度和政治体系。

然而，战争结束后的被占领时期，德国民众在政治上丧失国家主权，在物质生活上极度贫困，在精神上饱受空虚和迷茫的痛苦折磨，他们在丧失了纳粹时期的民族荣耀感之后，曾经的政治狂热走向另一个极端——政治冷漠与疏离——具有深厚的德意志民族政治文化传统的政治心理。民众最关心的是生存问题而不是政治权利，也难以接受和正确认识新的政治体制，更无法断定其能为新的联邦国家和普通大众带来什么样的福祉。这表明，尽管有了联邦宪法，建国初期的联邦德国仍面临着再次成为像魏玛共和国那样“没有共和公民的共和国”的政治危机。这种无法选择的历史境遇，也使战后德国政治文化变迁和政治教育重启面临着极其复杂的政治局面和严峻挑战。

而此时，在历史变革和政治文化转型的关键时期，德国政治家和政治教育学者还面临着如何认识、处理政治文化传统和政治教育的“历史文化遗产”，如何认识、处理历史上的经验教训问题。“俾斯麦留下的政治遗产是一个没有受到任何政治教育的民族，这个民族在这方面远远不如它在20年前达到的水平。尤其是，他留下的民族没有任何政治意志，习惯于让自己头上的大政治家来替它处理方针政策问题。”① 威廉二世的那句名言——“应该培养德意志的青年，而不是什么希腊或者罗马的！”② —— 在魏玛的领导人和政府政治教育机构那里仍然被奉为金科玉律。德皇极力倡导的“民族的自我意识”以及“振奋人心的祖国意识”，在魏玛共和国反而得到了更多的拥护和实践机会。其产生的后果，就是在政治文化上，魏玛共和国延续了普鲁士专制主义、民族主义、军国主义传统，却对于议会民主制所必需的民主政治文化的培育存在极大疏忽。取代了君主专制的魏玛共和国尽管拥有一部民主的宪法，但并没有培育出全体国民对民主自由价值的广泛认同和对议会政治体制自觉的参与意愿。而对民主政治文化的形成和传播起重要作用的民主政治教育的缺失，使魏玛共和国始终无法摆脱一个“没有共和主义者的共和政权”③ 的形象，并在一定程度上成为自身的掘墓人。

另外，魏玛政府和议会在1920年召开大会制定了国家学校法，指出了民主政治教育的基本精神和原则，即要“在所有公民的个体自由和公民的政治责任感之间取得结构性的均势”④，并以此作为“帝国乡土服务中心”及各级各类学校政治教育的法律依据。但是“该法律的制定不是从德国学校的内在需要出发的，而是在学校政治领域中持反对观点的党派相互妥协的结果”。⑤ 这就导致为政治教育所制定的规章制度在表达民主思想的同时

① 〔德〕梅尼克：《德国的浩劫》，何兆武译，生活·读书·新知三联书店，2002，第17页。

② Hans-Werner Kuhn, politische Bildung in Deutschland: Entwicklung-Stand-Perspektiven. Opladen, 1993. S. 37.

③ 〔美〕科佩尔·S. 平森：《德国近现代史——它的历史和文化》（下册），范德一等译，商务印书馆，1987，第549页。

④ Hans-Werner Kuhn, politische Bildung in Deutschland: Entwicklung-Stand-Perspektiven. Opladen, 1993. S. 61.

⑤ Marjorie Lamberti, *The Politics of Education: Teachers and School Reform in Weimar Germany*, Berghahn Books, 2002, p. 90.

必须兼顾持反对观点的不同党派的利益，这也就为反民主的势力提供了在学校向年青一代灌输反民主思想的机会。因此，政治教育陷入两难的境地，它既要反对政党派别思想的宣传鼓动，又难以确立一种超越所有党派的统一的国家政治观，甚至幻想各政党自觉生成统一的爱国觉悟。这种矛盾心理，所造成的直接后果是，不仅普遍的国家观难以形成，并且政党间的权力斗争在国家内部的所有阶级和阶层中造成了一种安全感缺失的恐慌。而这恰恰又为希特勒的民族社会主义德国工人党所标榜的一种“超越所有政党的政党”的蛊惑宣传提供了广阔的舞台。最终，国家的概念仅仅存在于宪法的纸页上，而没有真正形成政治教育所期待的公民意识。反而被希特勒所谓“民族共同体”的“超阶级”思想乘虚而入，为绝大多数民众所接受。

在纳粹思想体系中，所谓“民族伙伴”实质上只是为纳粹助纣为虐的机器，其政治教育的终极目的也无非培养这种“毫无个性、顺从且凶残的机器”。从纳粹政治教育培养“政治士兵”的中心观念出发去理解荣誉、忠诚、勇敢、顺从和献身时，这种教育显然已完全忽视了人性的存在，因为纳粹统治者将这些所谓的道德品格确定为，对民族领袖的超凡崇拜并甘愿受他们奴役。这种民族的政治教育把人们训练成绝对服从，毫无批判性、思考性和自主性的群体工具，个人毫无尊严地生活在极端独裁的统治生活中。这完全背离了西方传统的人性教育观念，也彻底抛弃了启蒙运动以来德意志文化中的教育理想：个人天赋全面地发展，各种潜能最圆满、最协调地发展，最终融合成一个整体。

纳粹批判和抛弃一切有关西方及德意志传统中人性和自由的教育理念，从根本上摧毁了一切强调个体的教育观和教育机构，取而代之构建了一个基于自成一体的教育理论基本原则之上的完整的政治教育体系。该体系有深刻的哲学与思想理论基础，有服务现实的政治目标，以及落实于行动的教育设计，成为纳粹统治与侵略扩张“合法性”的极佳论证。“这种政治教育严重地损害了人民和国家的活力，因为教育（Bildung）在本质上就是以自由的个人而不是扎根于民族的德意志人的培养为目标的。”[①] 纳粹极端反

① Hans Günther Assel, Die Perversion der politischen Pädagogik im Nationalsozialismus. München, 1969. S. 139.

动的政治教育思想体系，成为德意志社会在纳粹统治时期走过的人类历史上最为黑暗的暴政道路上的路标，误导了整整一代德国年轻人。总之，德国历史上没有任何一个时代的政治教育如同纳粹德国那样堕落和反动，这一时期的政治教育除了给人类留下受其毒害至深的一代德国人外毫无其他意义。

第三帝国的政治教育作为德国法西斯统治的政治工具，曾误导了无数德意志民众，并酿成了人类社会的一场浩劫。第三帝国的极权统治及其政治教化促使全体德国民众，在心目中深深地植入了忠实地服从希特勒这个唯一领袖的政治图像。这种臣服型政治文化所产生的负面影响在战后很长时间困扰着德国政府和议会。纳粹主义意识形态也始终作为战后民主政治教育工作及政治文化建设的反思和批判对象。这从一个重要方面说明了战后德国资产阶级民主政治教育重启之时，面对着怎样的“历史文化遗产”，这种文化遗产对当代德国政治教育理论的形成产生着重要的影响。

第三章　战后德国政治教育理论的初步形成（1945~1968年）

第一节　前奏:“再教育”运动

第二次世界大战结束以后，以美、英、法为首的西方盟国，为永久消除德国对世界和平的威胁，对西占区德国展开了一场声势浩大的、以“非纳粹化”和“再教育”为首要措施的民主化改造运动。其中，“非纳粹化”旨在铲除纳粹主义对德国政治、经济的影响，与之相比，“再教育”更具有建设性意义，它要用西方的自由民主价值去影响、改变德国人的思维和行为方式，为把德国改造成一个西方式的民主国家奠定意识形态基础。[①]历史证明，“再教育”对之后德国的政治教育和政治文明建设具有文化启蒙上的意义。

一　“再教育”政策的提出

“再教育”的概念及政策最早由英国提出。第二次世界大战期间，英国朝野对德国及这场战争的态度经历了一个前后变化的过程。战争初期，英国人普遍认为，“当前这场战争中，英国不是在与德国人民，而是在与希特勒，与他的邪恶精神以及纳粹制度作战”。[②] 基于此，英国人曾一度寄望于德国人民揭竿而起，推翻纳粹统治，结束这场罪恶的战争。然而，当这场

① 张沛:《德国西占区“再教育”初探》,《华东师范大学学报》(哲学社会科学版) 2002年第1期。

② Lothar Kettenacker, “The Planning of ‘Re-education’ during the Second World War,” in Nicholas Pronay and Keith Wilson eds., *The Political Re-education of Germany and Her Allies after World War Two*, London: Croom Helm, 1985.

战争随着时间的推移而愈演愈烈时，尤其是当德国军队在波兰的暴行被揭露后，那种将纳粹分子与德国人民区别看待的观念开始受到质疑，英国人倾向于“重新界定”德意志民族。

1941 年，罗伯特·范西塔特勋爵发表了《黑色的记录：德国的过去与现在》一文，首次提出了“再教育”这个概念，并提出了战争结束后应对德国人进行政治再教育的观点。他在文中指出，那种认为“不是在与德国人民，而是在与希特勒作战”的观念，不过是英国人的幻想。实际上，在过去半个世纪的时间里，德国人从未停止对统治世界的追求。正在进行的这场战争中，英国看似在同德军作战，但德军士兵正是来源于普通德国人。因此，所有的德国人都应当对纳粹发动的这场战争负责。为保证未来永久和平，使德国人在“精神上发生根本的变化”是唯一可行的办法，其他的方法或“仅仅行政和技术方面的考虑都不可能有效”。[①]

范西塔特的文章引发了英国学界对于战后如何处置德国人问题的热烈讨论。1942 年，E. H. 卡尔在其出版的《和平的条件》一书中，将未来欧洲乃至世界和平的希望寄托在年青一代德国人身上，而不是（像一战结束那样）对德国实行惩罚、肢解、永久强制等具有敌对性质的手段。他认为，战败后的德国，必将出现精神、道德崩溃与全面混乱的局面。因此，应帮助德国的年轻人彻底摆脱狭隘的民族主义思想的束缚，鼓励他们“在重建德国和欧洲的事业中发挥应有的作用”。[②]

T. H. 马歇尔的观点则激进得多。他提出应在“社会主义的基础之上建立一个崭新的德国”。至于“再教育”，应成为战后德国政治、经济、社会重建的一个组成部分。马歇尔并不认为重建德国的职责应由英国来承担。在他看来，由外力强加给德国的“再教育”是不可能成功的，应当由德国人自己来承担自我再教育的责任。但有反对者指出，鉴于德国人在一战后的“不思悔改”及其后来的所作所为，人们有理由怀疑德国人进行自我民主教育的可行性。这种观点被越来越多的人接受。

---

① Lothar Kettenacker, “The Planning of ‘Re-education’ during the Second World War,” in Nicholas Pronay and Keith Wilson eds., *The Political Re-education of Germany and Her Allies after World War Two*, London: Croom Helm, 1985.

② 〔英〕迈克尔·鲍尔弗、约翰·梅尔：《四国对德国和奥地利的管制（1945—1946 年）》，安徽大学外语系译，上海译文出版社，1980，第 45 页。

1944 年初，随着纳粹德国战败的迹象日趋明显，英国外交部着手起草了第一份关于“再教育”的草案，表达了想承担这项工作的意愿。同年 7 月，有关“再教育”的纲领性文件正式出炉。该文件明确提出：占领时期，英国对德“再教育”的首要目标为清除纳粹主义、军国主义以及种族主义的价值观；长期目标则为“在德国的教育中，培植大众的民主兴趣，如思想自由、言论自由、出版自由及宗教自由”。①

这份文件也得到了美、苏等盟国的认可。就这样，在 1945 年 8 月公布的《波茨坦协定》里，“再教育”被确立为战后盟国对德政策的一个重要方面，它所体现的是战后对待德国的一条政治原则，即“对德国的教育必须实行监督，以彻底消灭纳粹和军国主义的理论，并使民主思想的顺利发展成为可能”。②

二 “再教育”政策的实施

1945 年 5 月 8 日，罗伯特·伯利的文章《再教育德国》在《泰晤士报》上发表。文章认为对德国实施政治上的再教育是盟国必须承担的使命。作者进一步提出了“再教育”政策的三大目标：第一，使德国人意识到应该担负的政治责任；第二，使德国人重拾其历史上的自由主义传统；第三，使德国人学会尊重其他民族，尤其是斯拉夫民族、捷克人以及波兰人。③

如 E. H. 卡尔所说，年轻人对德国的未来发展举足轻重，但那些纳粹时期的成年人无疑更需要接受政治上的再教育。因此，“再教育”不能局限在传统的教育体制之内，必须借助各种手段将其覆盖全体德国人。这样，盟国管制当局除了推行教育体制民主化改革外，还采取了其他诸多措施，如控制新闻媒体和电影发行，建立图书馆，加强国际领域的（特别是与西方

① Lothar Kettenacker, “The Planning of ‘Re-education’ during the Second World War,” in Nicholas Pronay and Keith Wilson eds., *The Political Re-education of Germany and Her Allies after World War Two*, London: Croom Helm, 1985.

② 〔苏〕萨纳柯耶夫、崔布列夫斯基编《德黑兰、雅尔塔、波茨坦会议文件集》，北京外国语学院俄语专业、德语专业 1971 届工农兵学员译，生活·读书·新知三联书店，1978，第 509 页。

③ Kurt Jurgensen, “The Concept and Practice of ‘Re-education’ in Germany 1945－1950,” in Nicholas Pronay and Keith Wilson eds., *The Political Re-education of Germany and Her Allies after World War Two*, London: Croom Helm, 1985.

国家）学术交流和访问等。

在占领期间，西占区德国的“再教育”可以划分为两个主要阶段。第一阶段，从占领之初到1947年6月盟国管制委员会第五十四号令的颁布。第二阶段，从第五十四号令颁布至1949年9月德意志联邦共和国成立。

盟国在第一阶段面临的最迫切任务是安排西占区的学校复课的问题。由于战后初期极端恶劣的经济条件，这项工作面临重重困难。首先，战争导致校舍损毁严重。在战后幸存的不到400所学校中，仅有60余所勉强可以使用，而且还存在教学设施奇缺的难题。其次，师资队伍极端缺乏。在纳粹统治时期，教育是被荼毒最深的领域之一。盟国因此认定，必须开展一场针对教学队伍的清洗筛选行动，挑选那些“能够引导德国的教育循着民主路线前进”[①] 的合格人员充实教师队伍。自占领伊始，盟国便以“去纳粹化”的名义，对西占区的全部师资力量进行了大规模的、严格的“政治身份甄别”及清洗运动。在英占区，超过一万名教师遭到了当局的逮捕、解雇，美占区被甄别出来的教师占到了教师总人数的2/3，在法占区这一比例甚至高达3/4。而剩下的教师，要么是魏玛时期甚至是威廉二世时代的遗老，要么是资历浅薄的年轻教辅人员。大规模甄别清洗运动导致师资的极端匮乏和师生比的严重失衡。与此同时，教材的缺乏也是一个难题。第三帝国时期发行使用的教科书充斥着纳粹主义思想，即便是魏玛时期的教科书也不乏民族主义、军国主义思想。

尽管困难重重，盟国仍然取得了不小的成绩。在1945年秋到1946年冬这段时间里，绝大部分西占区的小学、中学、大学相继复课。占领当局还建立了16所师范院校，在极短的时间内为各级学校培养和输送了一批政治合格的新教师，基本解决了师资匮乏的问题。此外，为解决教材短缺问题，英占区设立了教材编制专门委员会，美占区成立了负责教材出版的“教科书和课程中心”，法占区则直接从法国、瑞士等国引进教材。总的看来，盟国在这一阶段主要将“再教育”的重心放在了充实师资队伍、恢复教学活动、完善教学设施上。

---

① Kurt Jurgensen, “The Concept and Practice of ‘Re-education’ in Germany 1945 - 1950,” in Nicholas Pronay and Keith Wilson eds., *The Political Re-education of Germany and Her Allies after World War Two*, London: Croom Helm, 1985.

在迅速恢复学校教学秩序之外，占领当局还积极借助大众媒介等开展宣传教育工作。在占领初期，鉴于“第三帝国的任何官方言论或出版物都带有法西斯主义的毒素”①，盟国封停了德国原有的一切电台、报刊、影院、出版社等媒体部门，并以盟国控制下的临时宣传服务机构取而代之。经过一段时间的全面整肃和资格审查后，德国人才被允许重新涉足新闻宣传领域。

在这一阶段，报纸是开展“再教育”的最重要载体。占领当局一方面鼓励德国人办报（当然会受到严格监督），另一方面也通过自办的报纸进行宣传报道。美国人主办的《新报》有针对性地向德国人介绍世界尤其是美国的相关新闻与知识。英国人主办的《世界报》则侧重从英国的视角报道新闻。这两份报纸在西占区受欢迎程度很高，它们不仅有助于德国人获取客观真实的新闻时事，也有助于消除其对外部世界的无知、偏见和误解。

盟国通过举办、组织各种学习、文化交流活动来推动“再教育”。比如，英国占领当局创建了一种名为“桥”的综合性“新闻中心”，提供图书馆、阅览室、演讲放映厅、展览厅等设施，供德国人进行阅读、会议和文化交流。美占区和法占区也设立了类似的机构，为德国人打开了一扇“面向西方的窗口”。

在“再教育”的第二阶段，盟国的主要任务包括：在教育领域进一步深入进行民主化改革，在大众宣传领域完善舆论监管、资格认证制度；在文化交流上，拓展范围，扩大规模。

由美国主导制定的《德国教育民主化的基本原则》（盟国管制委员会第五十四号法令）颁布后，“再教育”进入了更高的层次。该法令规定了西占区德国教育体制改革的十项具体目标，主要包括：人人享有平等的受教育权利；对6~15岁的青少年儿童实行全日制义务教育；鼓励德国人学习外语以增进对世界其他国家人民的了解；让德国民众参与教育事业的改革等。

这份法令在三个占领区的实施情况有所不同。美国占领当局在初始阶

① 〔英〕迈克尔·鲍尔弗、约翰·梅尔：《四国对德国和奥地利的管制（1945—1946年）》，安徽大学外语系译，上海译文出版社，1980，第144页。

段决定“不实行新型学校，也不把新的教育理论或哲学强加于德国的教育制度”。[①] 但到1948年美国教育协会访德后，其教育政策开始转向于“打破贯穿于德国教育制度的等级制”，并开始试图将美国的教育制度全盘复制到美占区。与美国人相比，英国人似乎更注重改革“内在的教育”，即教学内容和教学方式问题。法国人则将教育改革的重心放在课程设置和教学考核上。

此外，盟国占领当局在大众传播领域的监管一如既往，但对德国人执业资格的审批权被逐步移交给西占区德国地方政府。1949年，以《新闻法》的出台为标志，盟国结束了对德国新闻宣传系统的管制。

需要指出的是，第二阶段的“再教育”出现了一些新的特点。1947年以后，由于西方盟国与苏联之间的“冷战”大幕被拉开，反共产主义开始成为西占区德国宣传教育的一个重要主题，英美占领区内由共产党人主办的报刊也开始受到打压。在冷战带来的新国际格局下，“再教育”开始逐渐退出历史舞台。

三　“再教育”运动的影响

西方盟国“再教育”政策的实施，有值得肯定的地方。它既在思想观念上对西占区德国民众进行了西方民主文化上的启蒙，也为1949年联邦德国建国后实施的“西方民主政治教育”打下了基础。

第一，“再教育”运动推动了战后西部德国教育体制的民主化改革。尽管面临巨大的困难，盟国占领当局仍尽最大努力对西占区教育工作进行了改革。包括在最短的时间内促使西占区各级各类学校复课，迅速恢复了基本教学秩序；通过建立一批师范院校，在短时间内培养了大量急需的新型教师；出版发行了全新的体现西方民主价值的各类教科书、出版物等。当然，“再教育”的最重要功绩，是对纳粹时期德国的教育体制进行了较大程度上的改革。尽管改革进程中的一些做法没有很好地尊重德国的教育传统，没有很好地考虑德国人的文化心理而遭到一些批评，但改革确实为联邦德国建国后构建新的教育体系打下了基础。

---

① 〔联邦德国〕卡尔·迪特利希·埃尔德曼：《德意志史》第4卷，商务印书馆，1986，第275页。

第二，“再教育”运动推动了西占区德国媒体机构和宣传自由制度的建立。盟国在占领时期对德国人自办的媒体实行严格监管，以防止一切认同、同情纳粹主义思想言论的再度传播。但在其他方面则尽可能给予它们新闻报道的自由权利，即便是针对盟国及其政策的批评、反对也得到允许和保护，这很好地帮助了西部德国的新闻传媒行业树立公正、客观、独立的从业素养。美占区军事长官罗伯特·沃尔夫对此指出：“我们的新闻政策就是要使西德的媒体发展成为如同其他地区，包括美国在内的那种有责任感的和自由的媒体。”① 有历史学家、新闻传播学家认为，再教育“对于形成迄今为止的新闻的长期模式，具有决定性的意义”。②

第三，“再教育”运动初步培养了德国人的西方式民主思想，对德国之后的政治建设和发展具有深远影响。为把西占区德国按照西方模式改造成一个资产阶级民主国家，美、英、法占领国当局极力向德国人宣扬西方标榜的自由民主观念，试图重构西部德国与西方国家的关系，并使之彻底融入西方文明体系。在这一过程中，德国人与西方人之间的文化交流与互访活动，发挥了重要作用。这既有助于打破长期的“政治隔离”造成的德国人对世界其他民族文化的无知与误解，也有利于世界其他民族更加深入地认识和了解德意志民族。这对战后各国彼此化解仇恨、修复关系意义重大。另外，人员交流活动还帮助一部分西德人走出了国门，这些人中的相当一部分日后成为西德政治舞台上颇具影响力的人物。

第二节　开端：联邦政治教育中心建立

联邦政治教育中心，是当代联邦德国民主政治教育的决策、组织和实施机构，在其资产阶级民主政治教育体系中居于核心地位。它的建立（1952年成立时名为联邦乡土服务中心，1963年更名为联邦政治教育中心）在很大程度上标志着独立自主的、系统的、有组织的政治教育工作在联邦

① Thomas A. Schwartz, “Reeducation and Democracy: The Policies of the United States High Commission in Germany,” in Micheal Ermarth ed., *American and the Shaping of Germany Society 1945-1955*, Oxford, 1993.

② Erica Carter, “Culture, History and National Identity,” in Mary Fulbrook ed., *German History Since 1800*, London: Arnold, 1997.

德国正式启动。

一 联邦政治教育中心建立的背景

1949年10月联邦德国成立之后，根据《占领法规》(Besatzungsstatut)，西方盟国不再拥有对联邦德国政治事务的主导权。但在现实中，盟国仍然对西德政府在反纳粹、舆论宣传及宪法实施等方面缺乏信任。美国政府在法兰克福建立了一个“公众事务促进研究所”(Institut zur Förderung öffentlicher Angelegenheiten)，它在名义上负责美、德文化交流工作，更隐蔽的目的是调查了解西德民众的政治思想状况并试图对西德民众进行政治教育。对此，西德政府反应强烈，在总理阿登纳和内政部的敦促与支持下，政府在3年后的1952年建立了一个叫作“联邦乡土服务中心”的机构，并行使政治教育的职责。虽然占领时期的“再教育”运动对于战后德国的西方式民主化改革意义重大，并且联邦德国政府通过建立民主政治教育机构来使“再教育”在建国后持续进行，但此举还是明确表达了一种摆脱盟国控制的文化自立心态。

根据《占领法规》，联邦德国并不拥有全部国家主权，美、英、法三国在联邦德国建立后仍然对其外交和安全事务负责，并有权对西德议会进行监督。在这一背景下，独立自主的强烈愿望与西方盟国的持续监管，是西德建国之初在政治上面临的基本矛盾。这一矛盾又因其处在政治、经济、社会重建的关键期，而体现得更为错综复杂。对外，占领以来被激发的民族自尊心，在精神上要求联邦德国坚决捍卫自我教育的权利；在内，各利益集团和政治势力积极争夺、控制政治资源。国际国内因素的多重作用，对“联邦乡土服务中心”的建立进程产生了重要影响。

二 围绕联邦政治教育中心建立的争论

联邦德国在20世纪50年代初期面临着复杂的国际国内形势。以美国为首的联合国军在朝鲜战场上节节败退，给西德的领导人及普通民众造成了巨大的心理冲击。因为德国与朝鲜的情形颇为相似，都是在东西方两大阵营的支持下分裂成截然对立的两个国家。在苏联的支持下，民主德国领导人不断向西部释放“解放”意图。外部安全问题也因此成为处在东西方冷战最前沿的西部德国人最为关心的话题。在国内，阿登纳政府初掌政权，在政治上立足未稳，外交上仰人鼻息，经济上百废待兴，各种反对势力力量强大，这些都严重影响了西德国内局势的安全稳定。

1950 年 10 月，在复杂的国际国内背景下，联邦议会在历史上首次就政治教育议题进行了讨论。议会特别讨论了联邦内政部国务秘书汉斯·里特·冯·莱克斯（Hans Ritter von Lex）提交的《有关在宪法保护下联邦和各州合作的法律草案的初步建议》。作为“联邦乡土服务中心”的核心创建者之一的莱克斯，提出了一个所谓“宪法保护”（Verfassungsschutz）的国家任务。他认为，在联邦德国面临内外危机的情势下，对宪法的捍卫是保卫国家的前提条件。除了一般的用国家暴力机器捍卫宪法外，莱克斯提出了另一种途径——“培养民众尤其是青年人对国家民主宪法的尊重”。[①] 他指出，虽然民主体制自身的有效运转会比任何宣传教育更有效，“但是不幸的是，反民主力量具有腐蚀性的宣传如今正在增加，因此，对大众进行有关民主本质及其工作原理的客观教育比以往任何时候都更有必要”。[②]

接着，莱克斯提出联邦议会中的所有党派都可以参与此项计划，但该计划在实施过程中必须始终遵循“超党派性”原则。原因在于：“这一任务体现了所有真正的民主党派提出的款项，均不能用于宣传各党派的政治主张和政策方针，它仅能用于保护宪法，用于增强人民的民主意识。”[③] 对此，议会党团绝大多数表示赞同，并最终达成如下共识：“将政治教育作为保护宪法和反极端主义的最前线，让所有真正的民主政党都参与进来并由此划清与政府宣传之间的界限，由联邦内政部承担政治教育工作，并且由汉斯·里特·冯·莱克斯具体负责此事。”[④] 1951 年 6 月 13 日，联邦议会讨论了“联邦乡土服务中心”的建立问题。1951 年底，联邦内政部部长罗伯特·莱尔（Robert Lehr）在一份名为“内外保护”的部门公报中宣布了建立“联邦乡土服务中心”的消息，“必须给我们的民众提供判断的工具和材料，由此在思想方面把他们引向正确的方向、普遍的任务和利益。我们不仅想要大家理解认识我们年轻的民主，而且还要大家铭记在心，尤其是正

① Stenographische Berichte des Deutscher Bundestag. 1. WP, 65. Sitz, am 10. 6. 1950, S2387C.

② Stenographische Berichte des Deutscher Bundestag. 1. WP, 65. Sitz, am 10. 6. 1950, S2387D.

③ Stenographische Berichte des Deutscher Bundestag. 1. WP, 65. Sitz, am 10. 6. 1950, S2388A.

④ Benedikt Widmaier, Die Bundeszentrale für politische Bildung: Ein Beitrag zur Geschichte Staatlicher Politischer Bildung in der Bundesrepublik Deutschland. Frankfurt am Main, 1987. S. 28.

在成长中的年青一代。所以，在联邦内政部新建立的机构中也存在一个作为魏玛时期帝国乡土服务中心延续的联邦乡土服务中心”。[①]

在“联邦乡土服务中心”的筹建时期，有关它的行政归属问题产生了激烈争论。美国“公众事务促进研究所”担心它延续魏玛时期的模式，保持国家宣传机构的性质，因而主张应当复制“美国模式”，在各州建立分支，联邦中心仅负责联合、协调各州工作的开展。鉴于纳粹政权对宣传教育机构的控制及其导致的危害，“公众事务促进研究所”负责人施特尔策严肃指出：“鼓动宣传已经在德国失去民心，带有鼓动字眼的稿件会被编辑丢入废纸篓。”[②] 他担心政治教育国家机构的安全性，进而主张“联邦乡土服务中心”应与联邦总理府新闻信息处保持距离。而联邦总理府新闻信息处则希望能够与“联邦乡土服务中心”合并，共同隶属于总理府。新闻信息处反对由内政部来领导政治教育工作，因为“联邦乡土服务中心并入联邦政府内政部后将成为政府机构并会带来部门之间的权力之争”。[③] 可见，围绕国家政治教育机构这一重要政治资源，联邦政府部门之间进行了激烈的争夺。这也表明，尽管第三帝国统治时期的政治宣传模式已被彻底打破，但其思维模式似乎被保留了下来。这在联邦总理府新闻信息处那里表现得尤为明显。

尽管存在明显的阻力，莱克斯的意见还是受到了重视，“联邦乡土服务中心”被划归内政部，它不像魏玛时期的“帝国乡土服务中心”一样受总理直接领导。莱克斯对此解释道：“由于总理阿登纳工作的特殊政治意义，宪法保护部门应由联邦总理领导。但由于必须要尽可能地减轻他的工作负担，应该通过立法来授予总理在最大范围内将他在部门领导中的权限委托给联邦内政部，但是在任何时候都可以撤销。”[④] 显然，这实际上赋予了阿登纳对“联邦乡土服务中心”的最终决策权，只不过一般性的工作只需由联邦内政部部长负责。

---

① Bulletin vom 11. 12. 1951，Nr. 19，S. 137.

② Gudrun Hentge，Heimatdienst，In：Blätter für Deutsche und Internationale Politik，11/2002. S. 1319.

③ Gudrun Hentge，Heimatdienst，In：Blätter für Deutsche und Internationale Politik，11/2002. S. 1320.

④ Stenographische Berichte des Deutscher Bundestag. 1. WP，65. Sitz，am 10. 6. 1950，S. 2388C.

三 战后德国资产阶级民主政治教育重启

1952年11月25日“联邦乡土服务中心”成立时，正值联邦德国建国的第三个年头，国内外形势错综复杂。分裂的德国处在东西方两大军事集团对抗的最前沿。在冷战的夹缝中寻求生存和发展，解决国家面临的内外安全问题，捍卫以《基本法》为基石的新生共和国，是阿登纳政府的当务之急。正是在这一背景下，“联邦乡土服务中心”作为一个“积极的宪法保护”机构得以建立。

“联邦乡土服务中心”的建立，标志着联邦德国政府正式将“民主政治教育”作为一项重要的政府职能，也意味着其构建政治教育体系的开始。这既体现了联邦德国政治教育对传统的继承，又反映出其政治教育不同于更为传统的西方国家的独特个性。尽管联邦德国的民主政体及其政治教育，深受西方盟国的影响，但它在很大程度上也是对魏玛民主试验的失败和纳粹暴政的深刻反思的必然结果。“十二年独裁宣传和1945年的全面崩溃后，必须唤醒民众对民主国家的基本兴趣。经过纳粹政权的漫长时代，遭压迫的人民应重新被唤醒并增强对真正的国家价值和公民责任的认识。”① 正是在这种背景下，“联邦乡土服务中心”肩负着德意志民族的重大历史使命诞生了。时任汉堡政治教育中心管理委员会主任的沃尔特·托尔明（Walter Tormin）博士对此有这样的评述：“民主对于德国并不是不言而喻的。对于别的幸运的有着连贯的民主历史和民主文化的民族而言，似乎已经足够将这个传统发扬光大，无须为此建立专门的机构。但是在德国却需要特别地努力，以拉近公民与他们国家间的距离，使他们将国家看作自己的国家而不是他们的上级政府。”② 可见，这一时期，“将公民引向自己的国家”是“联邦乡土服务中心”政治教育工作的起点，以此重新唤醒德国民众对民主国家的基本兴趣，增强对西方民主价值和公民责任的认识理解，完成“积极的宪法保护”的任务，并在此基础上进一步持续、广泛宣扬民主思想。因为，“一些民主赖以生存的力量和价值观还没有在我们身上完全建立起来。对话的能力、宽容不是建立在冷漠的基础上的，而是建立在个人牢固

① Das Parlament vom 19. 6. 1963, Nr. 25, S. 23.

② Das Parlament vom 19. 6. 1963, Nr. 25, S. 23.

的世界观以及对公众事务广泛的兴趣之上的。这不是转瞬即逝、偶然短暂的热情，而是持久决心，我们不接受任何违背民主的行为，但首先要做好参与公共事务和政治事务的准备，即使这要花费时间和精力”。[①]

第三节　交锋：围绕战后初期政治教育的思想争论

第二次世界大战后初期，美、英、法、苏对德国实行分区占领，直到1949年，由美国主导的美、英、法占领区合并，成立了德意志联邦共和国，并根据《波茨坦协定》对联邦德国的教育实施改造。这一阶段的教育改造集中在清剿纳粹分子、废除极端偏激的学科、去纳粹化宣传教育等。然而，对于饱受战争痛苦的新生国家而言，教育改造并不是第一位的，首要的任务是恢复国家经济、维持政治与社会稳定，加之建国初期经济奇迹的不断涌现，教育改革反而显得没那么紧迫了。但是，不可否认的是，在第二次世界大战后的前五年时间里，由美、英、法主导的去纳粹化教育运动影响巨大，在一定程度上推动了联邦德国的民主化进程。

1949年5月23日，联邦德国《基本法》正式签署生效，法制的、邦联的、民主的社会福利国家终于有了法律依托。以阿登纳为首的大联合政府在处理外交、经济、社会秩序的同时，不得不面对一项艰巨的政治任务，也就是如何抚平纳粹主义以及战争带给人民的心理创伤。随后的1952年，“联邦乡土服务中心”建立，其目的是建立联邦德国独立自主的民主政治教育体系，但这条道路注定是坎坷的、长期而又艰巨的。

在此期间，围绕政治教育的转变，“臣服型”政治文化向“参与型”政治文化的转型以及政治教育如何适应西方议会民主制国家的发展等问题，联邦德国的政治教育学界展开了激烈的争论，也涌现出了一大批知名的政治教育学者。但理论与现实往往存在一定的差距，立国之初的联邦德国将教育改革的首要任务集中在建立全国规范统一的教育体系上。这从一份战后初期评估联邦德国教育改革情况的《美国赴德国教育团报告》中可以看出端倪。该报告指出，显然，德国将教育改革的重点放在了彻底消除纳粹

① Das Parlament vom 19. 6. 1963, Nr. 25, S. 23.

余毒影响、逐步恢复人民政治自信、建立民主和平的价值体系上。[①] 但这显然是一个长期的博弈过程，建国初期的联邦德国社会各阶层仍然充斥着纳粹时期的社会精英，他们对恢复魏玛时期的教育体系充满信心，保守和传统的教育政策仍大行其道，这无疑给联邦德国民主政治教育体系的创建增添了难度。

一 战后初期政治教育思想争论的缘起

1. 战后初期德国人对政治的消极与逃避态度

战争结束初期，生存和改善生活状况是德国民众最为关心的问题。对新政府缺乏信心和认同感，政治冷漠和对他人的不信任是大多数人的心理状态。

关于这种普遍的心态及其产生的原因，很多历史书籍都有涉及，当然对其产生的原因有不同的认识。玛丽·弗尔布鲁克在其著作《德国史：1918—2008》中指出："在占领时期和 50 年代的联邦德国，类似于民主德国的那种政治逃避现象是可以观察得到的，其部分原因是第三帝国的残存影响；部分原因与对政府的不信任有关。因为这个政府在当时看来很有可能是暂时的政治存在。如果政治上表现得过于积极，一旦江山易主，下一个政权可能会报复自己。随着新的一代人的逐渐成长，以及对德国的暂时分裂越来越趋向于长期化的认识，这种远离政治，躲进私人空间的现象也就慢慢地消失于无形之中。"[②] 玛丽·弗尔布鲁克认为，德国人产生政治消极态度的主要原因在于人们对新政府的不信任，害怕它又是一个短命的政权，因而对它态度冷漠。关于过去历史的惨痛记忆，在这个时期是非常深刻的。

当然，也有学者指出，造成德国民众"疏离型"政治参与抑或秉持消极态度的原因在于德国由来已久的传统观念：国家作为公民的管理和监护者，拥有至高无上的权力。在这种传统观念的干预下，中央政府的管辖权不再仅仅停留在国家层面，地方以及地方的管理、社会与经济活动，甚至非政治领域的活动都在国家的控制之下。这种国家权力的极致化表现在社

① "Report of the United States Education Mission to Germany," George F. Zook, Chairman; Submitted to Lieutenant General Lucius D. Clay, 1946.

② 〔英〕玛丽·弗尔布鲁克：《德国史：1918—2008》，卿文辉译，上海人民出版社，2011，第 272 页。

会、经济、民生等各个领域，地方及地方各级政府在其中扮演着“命令执行者”的角色，国家公民在其中扮演着“被主宰、被监护者”的角色，自身需求的表达以及自我利益的实现变成了“天方夜谭”。在这种政治体制下，德国民众的政治冷漠逐渐加深，自觉保持着对政治的疏离。

这种消极和冷漠的态度，对于资产阶级民主政治的有效运行是大为不利的。而且，魏玛共和国的教训也表明，如果人们对新兴的联邦共和国都抱以这种态度的话，那么，在联邦德国的民主制度遭遇危机的时候，就不会有来自社会的力量去支撑它，很有可能导致如魏玛共和国那样在政治上的彻底失败，其后果不堪设想。

有鉴于此，怎样改变民众这种消极和冷漠的政治态度，就成为联邦德国建国之初摆在政治教育面前的一个迫切需要解决的理论与实践问题。

2. 战后初期德国政治教育的思想资源

战后初期，西部德国政治教育活动所依赖的思想资源是较为贫乏的。联邦德国政府希望在恢复魏玛时期政治教育传统的基础上重建政治教育体系。魏玛时期的政治教育理论家及其理论也再一次受到重视，成为这一时期政治教育的重要思想资源。

这一时期的代表人物当数文化教育学派的李特和斯普朗格，他们的“陶冶”思想、“现实主义”教育思想早在魏玛共和国时期就有着深刻而广泛的影响，战后的相当长一段时期内，其教育思想、政治教育思想仍占据联邦德国教育学界的主导地位，直到20世纪60年代中期以后才逐渐被经验教育学所取代。

李特较早地将哲学与公民教育（政治教育）辩证地联系起来，他认为两者间的关系是“一般”与“特殊”的关系，也就是说“政治的一般问题（如国家政权、民主等）具体到教育学问题上，就是特殊的政治教育问题”。[①] 在论及国家权威时，李特指出，“国家是在社会权力和社会力量的对比中，占绝对优势地位的组织形式以及对外关系的创造者”[②]，并且“受教育个体理解进而认同国家，愿意为国家分担责任，履行义务，是符合道德

① Wolfgang Klafki，Die pädagogik Theodor Ltts-eine Kritische Vergegenwärtigung. Königstein：Scriptor，1982. S. 48.

② Wolfgang Klafki，Die pädagogik Theodor Ltts-eine Kritische Vergegenwärtigung. Königstein：Scriptor，1982. S. 48.

的行为，也是一种超个体价值的奉献精神”。[①] 因此，“政治教育的中心任务应该是受教育个体的行为和道德的发展”[②]，而达成这项任务的唯一途径、永恒的真理就是“为国家服务”。斯普朗格非常认同李特“为国家服务”的教育思想，他在《公民政治教育的问题》一书中指出，魏玛共和国要想实现民主，就必须将政治教育和其他“意志教育”（Willenbildung）摆在同一高度来实施。斯普朗格同时敏锐地意识到政党在政治教育中的作用，“一旦政党的出现受到了国家层面的政党思想的影响，或是政党的建立仅仅为了反对现行的国家政权，那么，国家将不复存在，我们只能在记载宪法的纸张上看到它，这也使得政治失去了教育的必要”。[③] 因此，“对于受教育个体而言，只有为国家服务的精神深入其骨髓中，政治层面的‘共同决定’（Mit-entscheidung）才有可能达成”。[④]

在战后以及建国初期，联邦德国要想从百废待兴的颓态中走出来，政治教育的首要任务理应是国家权威的树立、政治体系和社会秩序的维护，公民对国家、社会的责任和义务被提到了首位，李特和斯普朗格的思想在当时具有一定的现实意义，被官方采纳进而大行其道就显得顺理成章了。但这种教育思想并不能扭转德国民众的政治冷漠和消极心态，也正是在这种境况下，联邦德国教育学术界、理论界出现了有关“合作教育”理论的探讨，相关组织借此指导了一些联邦州的政治教育教学实践。

二 争论的导火索：“合作教育理论”的提出及讨论

1. “合作教育”理论的提出

1953年，吸取了纳粹时期极权教育思想统治教训的弗雷德里希·欧廷格出版了《政治教育的转折点——作为教育任务的合作关系》一书，此书也是战后联邦德国第一本引起关注和讨论的政治教育专著，却不承想成为

---

① Eduard Spranger, Probleme der politischen Volkserziehung. In: Zehn Jahre Reichsheimatdienst, hg. v. d. Reichs-zentrale für Heimatdienst. Berlin, 1928. S. 158.

② Eduard Spranger, Probleme der politischen Volkserziehung. In: Zehn Jahre Reichsheimatdienst, hg. v. d. Reichs-zentrale für Heimatdienst. Berlin, 1928. S. 56.

③ Eduard Spranger, Probleme der politischen Volkserziehung. In: Zehn Jahre Reichsheimatdienst, hg. v. d. Reichs-zentrale für Heimatdienst. Berlin, 1928. S. 198.

④ Eduard Spranger, Probleme der politischen Volkserziehung. In: Zehn Jahre Reichsheimatdienst, hg. v. d. Reichs-zentrale für Heimatdienst. Berlin, 1928. S. 198.

20世纪五六十年代德国政治教育界大争论的导火索。在书中，欧廷格吸收了“再教育之父”约翰·杜威的实用主义公民教育思想，针对此时联邦德国民众普遍存在的政治冷漠和消极心态，提出用“伙伴关系”、“合作精神”、“社会责任”和“集体意识”来教育引导民众，以期为联邦德国社会、政治、经济的重建提供精神力量，这也是“合作”政治教育思想及理论的核心要义。

战后及建国初期，联邦德国经济上的迅速崛起掩盖了教育改革的必要性，政治教育的目标在于尽快恢复魏玛共和国时期的国民教育体系，民众并没有深刻反思教育的意识。亲身经历甚至参与纳粹教育思想宣传的欧廷格，鉴于第三帝国的教训指出，政治教育不应由国家意志决定，而是取决于人民的主动性。“从政治概念上看，人类合作应取代强调服从的国家政权而居于主导地位，友好合作理应成为社会主流工作观念。”[①] 欧廷格进一步指出，政治教育最核心的任务，应该是建立国家、政党、协会与学校、家庭的合作关系，这种关系不仅应随着社会、政治、经济环境而不断变化，而且作为政治教育的重要途径应成为政治团体追求的目标。国家开展教育的前提是：“通过各方面的合作而进行合作教育。”[②] 这里的合作应该被理解为“和平协调”，合作教育应该被理解为“和平维护教育”。[③]

在欧廷格看来，德国传统教育理念是滋生纳粹意识形态的罪魁祸首，而这种“国家至上”“为国家服务”的理念正是李特、斯普朗格的教育观点。欧廷格毫不避讳地指出了战后联邦德国政治教育的问题所在：重要的不是从表面的纳粹罪行去反思纳粹历史，而是要认清并纠正传统政治教育的错误。按照李特、斯普朗格传统“国家至上”的政治教育观念，国家的地位居于任何个体之上，公民必须无条件地服从国家、服务国家。欧廷格认为，这种政治教育是一种单向度的输出，忽略了国家、社会和公民相互沟通的可能性，根本没有涉及受教育个体的自主意识和政治参与，其目的

① Friedrich Oetinger, Partnerschaft. Die Aufgabe der politischen Erziehung. Stuttgart: Cotta-Klett, 1953. S. 95.

② Friedrich Oetinger, Partnerschaft. Die Aufgabe der politischen Erziehung. Stuttgart: CottaKlett, 1953. S. 166.

③ Friedrich Oetinger, Partnerschaft. Die Aufgabe der politischen Erziehung. Stuttgart: CottaKlett, 1953. S. 184.

是使公民服从、服务国家，很容易沦为思想控制和政治宣传的工具。显而易见，欧廷格提出的从传统教育理念出发反思纳粹历史的观点，在当时是超前而富有远见的。针对民众对政治的冷漠、厌倦及逃避情绪，欧廷格也给出了一种宏观上的解决思路：“对政治教育而言，国家权力、公民义务并不是最重要的，相互合作才是关键所在，而政治教育就是引导这种合作的途径。政治教育的目标应该是建立一种‘合作伙伴关系’，而这种关系是政治社会中公民道德成长的肥沃土壤。反对这种关系的个体或组织，将无法在政治社会中生存。”①

2. 合作政治教育理论的主要观点

欧廷格对“合作”政治教育的阐述，汲取了约翰·杜威的实用主义公民教育思想。占领时期西占区的“再教育”由美国主导，在此过程中，杜威的实用主义公民教育思想产生了广泛的影响。作为战后初期所产生的政治教育思想，“合作教育”理论不能不受到这种实用主义公民教育思想的影响。考察“合作教育”理论与杜威的教育思想，不难发现二者之间的关联。

杜威曾在《民主主义与教育》一文中阐明：“在教育方面，我们首先注意到，由于民主社会实现了一种各种利益相互渗透并特别注意不断进步或不断调整的生活方式，使得民主社会比其他各种社会更加关心审慎的和有系统的教育。”② 他进一步指出，产生这种情况的原因有两个。表层的原因是：一个奠定在普遍选举权基础上的民主政府，要求其公民必须受过系统教育。民主政府的一大特点是否定外部权威，这就意味着它接纳自愿服从政府倾向和兴趣的公民，而这种自愿的倾向和兴趣只有通过教育才能形成。③ 深层的原因是：民主不仅停留在政府层面，它还是一种共同生活、共同交流和分享经验的方式。在这种方式下，参与特定活动的个体越来越多地将自我行动与他人行动联系起来，结合活动的目的，尽可能地使自我行动有方向、有意义。随着这一类个体或组织的增加以及影响空间的扩大，他们不断明晰自我行动的意义，冲破国家、阶级和种族之间的屏障。在这

① Friedrich Oetinger, Wendepunkt der politischen Erziehung. Stuttgart: Cotta-Klett, 1951. S. 95.

② 〔美〕约翰·杜威：《民主主义与教育》，载《民主·经验·教育》，彭正梅译，上海人民出版社，2009，第 80 页。

③ 〔美〕约翰·杜威：《民主主义与教育》，载《民主·经验·教育》，彭正梅译，上海人民出版社，2009，第 80 页。

一过程中，数量更大、种类更多的个体之间的接触和互动刺激了行动的多样性，保证了个体对多样刺激的反应，也进一步解放了个体的能力，使其得到自由发展。[①] 也就是说，政治教育所追求的民主政治目标，本质是“一种共同生活、共同交流和分享经验的方式”，这种方式要求“参与特定活动的个体越来越多地将自我行动与他人行动联系起来”，并尽可能地“冲破国家、阶级和种族之间的屏障”。这一系列论述的前提是参与特定活动的个体或组织之间的“合作”，这正是“合作教育”的理论基础。

上文提及，传统的德国政治教育秉持“国家至上”的理念，国家的地位居于任何个体之上，公民必须无条件地服从国家、服务国家。欧廷格认为，这种政治教育是一种单向度的输出，忽略了国家、社会和公民相互沟通的可能性，根本没有涉及受教育个体的自主意识和政治参与。为了打破这种将国家绝对权威化的传统，欧廷格在书中重新界定了国家的角色：国家应该作为公民共同生活的政治机构，国家、社会、公民间应该具有双向的政治联系，国家政治教育的目的应该是推动公民政治参与。[②]

吸收杜威的《民主主义与教育》中的思想要义后，欧廷格认为：“政治教育的目标应该是建立一种‘合作伙伴关系’，而这种关系是政治社会中公民道德成长的肥沃土壤。反对这种关系的个体或组织，将无法在政治社会中生存。”[③] 欧廷格进一步区分了合作政治教育与民族主义政治教育的不同，他认为合作政治教育的目的是寻求一种经验和信念，也就是通过“合作”这种媒介，解决政治教育可能出现的冲突。在这一过程中，联邦德国此时政治教育的目标和任务应该是，建立国家、社会、个体之间的合作关系，构建“合作”“和谐”的社会局面，逐渐摆脱战争带来的阴影，促进国家的全面复兴。

在政治教育的内容上，合作政治教育理论更加强调社会层面的教育，主张将“合作精神”“集体意识”“社会信任”“责任感”等作为政治教育的主要内容。在政治教育的方法上，合作教育理论强调一种体验式的政治教育方法。欧廷格明确指出，政治教育的目标就是合作，即促使人们树立

---

① 〔美〕约翰·杜威：《民主主义与教育》，载《民主·经验·教育》，彭正梅译，上海人民出版社，2009，第 81 页。

② Giesecke Hermann，Didaktik der poltischen Bildung. NeueAusgabe. München：Juventa，1972. S. 24.

③ Friedrich Oetinger，Wendepunkt der politischen Erziehung，Stuttgart，1951. S. 95.

一种合作态度，此种态度应理解为“精神和肉体是由经验组织起来的，通过与个体有关的对象对其产生影响”。[①]“在生活中，没有任何力量能通过说教得到发展，而是要通过行动：爱要通过爱，信仰通过信仰，思考通过思考。教育总要联系到现实，这样它才能被唤醒。所有教育都是第二位的，而且只有当教育与真正的生活、经历联系起来时其才有意义，在经验基础上建立的教化才有意义。”[②] 这种“体验式”政治教育理论，对于扎根于德国社会传统的道德说教和政治教化，具有颠覆性的现实意义，也深刻影响了后来的政治教育理论与实践。

3. 对“合作教育”理论的批判与反驳

合作政治教育理论针对的主要是德国传统的政治教育理论的弊端，这必然引起那些致力于维护文化传统的学者们的批评和反驳。其中，战后处于主导地位的文化教育学派对合作政治教育理论的批评尤为尖锐。

1961 年，文化教育学派代表人物李特专门出版《德意志民族的政治自我教育》一书，对欧廷格的合作政治教育理论提出了批判与反驳。李特指出，欧廷格对传统德国教育，乃至政治教育的分析停留在理论层面，“忽视了社会、政治、经济之间的深层次关系”。[③] 李特反驳道：“政治不可避免地与斗争联系在一起，为了达成和谐，采取合作的原则而忽视既定存在的政治斗争，只能使民主成为口头上的民主，否定政治斗争也就是从根本上否定了国家和民主。”[④] 李特对合作政治教育理论的批评，另一层面的原因在于他一贯主张“国家至上”“为国家服务”的政治教育理念，他强调国家权威的教育思想与欧廷格强调的非政治化的合作教育理论是格格不入的。另外，虽然李特对合作政治教育理论进行了毫不留情的批判，但是他和欧廷格都强调联邦德国政治教育的“民主性”，不过在这种“民主性”实现的方式上，两人却恰恰相反。这种针锋相对的辩论，在当时的联邦德国政治教

① Hans-Werner Kuhn, politische Bildung in Deutschland: Entwicklung-Stand-Perspektiven. Opladen, 1993. S. 158.

② Hans-Werner Kuhn, politische Bildung in Deutschland: Entwicklung-Stand-Perspektiven. Opladen, 1993. S. 158.

③ Theodor Litt, Die politische Selbsterziehung des Deutschen VolkeS. Bonn: Bundeszentrale für Heimatdienst, 1961. S. 15.

④ Theodor Litt, Die politische Selbsterziehung des Deutschen VolkeS. Bonn: Bundeszentrale für Heimatdienst, 1961. S. 16.

育学术界引起了极大震动。这不仅在于他们以著书立传进行回应的形式，还在于李特作为联邦政治教育中心学术权威的特殊身份。他们之间的争论，无疑会让学术界联想到官方对政治教育走向的定位，也自此开始，联邦德国政府进一步重视政治教育对新生的政治体系和国家的意义。

可以看出，欧廷格和李特的争论，表面上是实用主义的“合作”政治教育理论与文化教育学派的“国家至上”政治教育理论的争论，而在本质上是以“公民权利、公民参与”为价值取向的政治教育思想与以“国家意志、社会责任、公民义务”为价值取向的政治教育思想的争论。也可以这样说，争论的目的是要明确政治教育的目标，到底是要努力创设和营造社会合作氛围下的“政治参与”，还是要一如既往地强调国家权威，侧重政治传播和政治启蒙。但是，联邦德国建国初期的政治文化仍然是保守的，政府层面仍由代表保守主义的社会精英主导，他们一方面承认新的民主体制，另一方面却不愿摒弃德意志传统的国家观念，反对政治多元化，“臣服型”政治文化不能得到有效改造，民众普遍保持对政治的疏离和冷漠态度。在政治文化和政治教育的关系范畴中，政治文化是政治教育发展的土壤，且往往起到主导作用，政治教育不能脱离政治文化。这也决定了此次争论的结果，李特强调国家权威的政治教育思想在政府层面占据了主导地位，并一直被采纳沿用到20世纪60年代大学生运动前。从另一个角度来看，建国初期的民主政治教育体系尚在筹建中，民众普遍缺乏现代公民意识，民主知识尚未得到普及，更不用谈民主政治参与的能力了。在这种政治氛围下，欧廷格的反传统政治教育思想不被政府、社会、政治教育组织或机构采纳实属难免。

三　争论的扩大化：联邦德国政治教育大讨论

联邦德国建国初期的社会市场经济经历十年的“经济奇迹”后，开始出现周期性衰退，经济危机的影响越来越大、越来越广。进入20世纪60年代，联邦德国经济形势持续恶化，工业产值严重缩水，国民生产总值连年下降，社会失业人员大幅增加。经济的衰退带来的直接后果是政局的动荡，出于对经济形势连年恶化的不满，众多选民开始支持极右翼政党德国国家民主党（NPD），反对派势力“议会外反对派”（APO）的影响力也在不断扩大，加之其他极左派政党在社会、政坛上的活跃，西德政体受到极大的震动，国际舆论一致表达了不看好倾向，甚至有媒体人评论，联邦德国将迎来再一次的动荡。更危险的信号是，极端主义和纳粹主义有“死灰复燃”的趋势，20 世纪 50 年代末联邦德国出现了极右翼组织破坏、亵渎犹太人墓地的反犹主义浪潮，到了 60 年代这种浪潮持续不断，各大中城市出现了涂画纳粹党徽的事件。经济、政治、社会领域的危机，不可避免地促成政治教育学术界关于公民“如何对待历史”和“如何参与政治”的大讨论。此次大讨论以“欧廷格与李特之争”为导火索，随之扩大到整个政治教育学术界。从本质上来看，此次大讨论实际上是“欧廷格与李特之争”的延续，但讨论的范围、焦点更具体化，不局限于政治教育的目标和内容，还包括政治教育的概念、对象和方法等。这场大讨论以及接下来爆发的大学生运动，为联邦德国政治教育由传统模式向西方民主政治教育转型铺设了道路。

学术界的争论，必定引起联邦德国政府层面的注意。由于各联邦州政府拥有教育自治权，20 世纪 60 年代各联邦州的政治教育呈现多样化态势。整体趋势上，各联邦州政府、学术界、学者、政治教育组织或机构大致分成了两个阵营：以推动国家、社会、公民关系的融合，使三者之间相互合作，推进公民政治参与为目的的市民教育论；以强调国家权威，维持政治、社会秩序，强化公民责任培育对国家、民族认同为目的的国家公民教育论。争论的焦点之多、范围之大前所未见，加之反犹太主义、纳粹主义的死灰复燃，政府不得不加快了政治教育改革的步伐，这也在一定程度上推动了联邦德国完善政治教育体系的进程。

1962 年，各联邦州政府为了尽快明晰政治教育的目标，一致通过建立一门新学科——历史社会学，其是一门独立学科，其任务是向学生传授德国的历史、社会、地理、经济以及法律知识。历史社会学表面上是涉及历史的社会学，但其目的是要求教师在结合历史的前提下为学生提供良好的政治教育和社会锻炼机会。当时，各联邦州学校的历史社会学的教学模式如下。①

进入小学阶段的儿童，以“历史社会学”为依托进行 3 年德国传统历史和文化的学习。课业完成以后，有将近 80%的学生获得 3 年学徒学习的机

① Donald Mattheisen，“History and Political Education in West Germany，” *The History Teacher*，Vol. 1，No. 3，1968，p. 44.

会。其间，学生除开展正规的学校学习外，每周还有固定时间去参与社会实践，例如修理管道、美发学习、兼职超市出纳等。在社会实践中表现优秀的约10%的学生，可以进入中学继续学习历史社会学。中学的历史社会学传授的知识与技能更加务实，例如政府和工商业需要的簿记与各类维修知识，这些中学生学成毕业后，便可参加大学入学的综合性考试。

实践证明，这项改革的力度是远远不够的，因为它仅仅影响到10%的中学生。当时的学校、学术界也倡导将这门学科的教育覆盖面扩大。"民主秩序的构建是公民通过行使选举权产生的，这离不开公民的教育，特别是政治教育。如果教育的改革是出于政治层面的需要，那么，在逻辑上应该兼顾所有的学校，囊括拥有教育权的所有公民，而不仅仅是在智力上占优势的社会精英。"① 联邦德国当时的学校甚至发出了呼吁，"我们必须让国家的主人受到教育"，社会上要求政府推出更普遍适用的政治教育方针的呼声也越来越高。

学术界关于到底应确立何种政治教育方针的探索依旧没有停止。1964年，德国当代教育学者乔治·皮希特（Georg Picht）出版了《德国教育的灾难》（Die Deutsche Bildungskatastrophe）一书，在书中，皮希特以大量事实和充分的论证对联邦德国教育的现状、弊病做了陈述和深入分析，在当时的政府主管部门、教育界产生了巨大反响。皮希特以大量的一手数据为例证，清晰地阐明了联邦德国的教育在国际领域的地位及劣势，发出了突破"教育困境及经济困境"② 的呼吁，引发了联邦德国政府对教育改革方向的反省，也强化了其推进教育改革的决心。然而，争论的扩大化并没有促成学术界或各联邦州政府层面达成一致意见，此时联邦德国的政治教育方针依旧不甚明确，有效的政治教育体系尚未建立起来。即便如此，这一阶段的争论仍为当代德国政治教育学者思想的萌发、碰撞、形成提供了重要的机遇和舞台。

四　争论的延续："政治教育冲突理论"的产生

从20世纪50年代的欧廷格与李特之争，到60年代的政治教育大讨论，

---

① Donald Mattheisen, "History and Political Education in West Germany," *The History Teacher*, Vol. 1, No. 3, 1968, pp. 44-45.

② Georg Picht, Die Deutsche Bildungskatastrophe. Analyse und Dokumentation. Freiburg, 1964. S. 106.

其本质上都是关于“德国政治教育该如何适应并大力促进西方议会制民主国家的建立和民主政治文化发展”的争论。出生于 1932 年的赫尔曼·基泽克也意识到了这个问题。赫尔曼·基泽克大学毕业进入联邦德国青年学院劳教所工作后，就开始关注青年学生的诉求、厌恶社会的缘由以及对政治的态度，这一经历使得基泽克能够深入了解 20 世纪五六十年代青年一代的政治诉求、心理趋向，为他接下来的研究提供了坚实的素材和实践基础。1963~1967 年，基泽克在基尔大学教育学院学习，并担任欧廷格的助理，1964 年获得教育哲学史（涵盖教育学、历史学、哲学）博士学位，毕业论文题目为《校外青少年政治教育工作研究》。这时的基泽克已经构建了初步的政治教育教学法体系，倡导将政治教育的实施主体由学校扩大到社会机构，并谋求将其导师欧廷格的观点落实到课程与教学实践中。

基泽克认真回顾了欧廷格与李特的争论。他认为，欧廷格试图突破德国传统的政治思想和教育理论来反思政治教育，提出的“政治教育不应由国家意志决定，而是由人类的主动性决定；人与人、人与社会的政治互信与合作关系的建构与维系，是政治教育的首要任务，政治教育应该为调动公民政治主动性、形成和发展参与型政治文化服务，而不是为巩固权威型政治文化服务”等观点，在传统的教育观念根深蒂固以及西方占领国主导的教育改革背景下，显得不合时宜。[①] 加之当时有着联邦政府背景的“联邦乡土服务中心”认同“国家权威”的教育理念，李特的政治教育思想被政府采纳是再自然不过的事情。[②] 此外，在联邦德国重建时期，纳粹时代的许多社会精英仍然处在体制内部，甚至占据了主导地位。虽然他们声称已经与“纳粹”划清了界限，并在道义上承认新的民主政治制度，但他们真正秉持的政治和文化态度却是专制的。更为重要的是，当时的民主政治仅仅停留在会议的投票权上，这就能解释为什么战后的教育机构依然带有权威、专制色彩[③]，也能从社会现实的角度反映出欧廷格的“合作理论”不被采纳的缘由。

考虑到这些历史、政治、社会现实因素后，基泽克设想能不能从政治

① Hermann Giesecke，Didaktik der politischen Bildung. München：Juventa，1965. S. 12.

② Hermann Giesecke，Mein Leben ist Lernen. München：Juventa，2000. S. 159.

③ Hermann Giesecke，Didaktik der Poltischen Bildung. NeueAusgabe. München：Juventa，1972. S. 32.

教育教学法角度找到“突破口”。于是，他将达伦多夫（Ralf G. Dahrendorf）在社会学领域提出的“冲突”概念引入到政治教育领域，结合自身开展青年政治教育工作的实践经验，摸索出一套学生感兴趣的教学方法。他在教学中采取“以前做什么——应该做什么——以后怎么做”[1] 的教学套路，并将政治教育“应该解决的问题”作为教学内容。1965 年，基泽克修订其博士学位论文，出版了《政治教育教学法》。他在书中开门见山地提到，德国“政治教育要创新教学法，并应将政治冲突的分析作为出发点”。[2] 基泽克指出，“即便未来的政治发展趋势很难判断或预见，但抱有不同愿望、目标和利益的个体或群体必定生活在政治冲突中。导致这些冲突的根本原因是个体在政治生活中的不同特性，而不能简单归咎于人类道德的缺失”。[3] 同时，政治冲突本质是一种利益冲突，参与政治冲突的双方或多方都是为了追求不同的利益。因此，“要想使政治生活中的公民承担相应的政治责任，必须首先让他们认知自我的物质、文化和社会利益”。[4]

1. 政治教育冲突教学法的理论及现实依据

基泽克建构政治教育冲突理论，是从阐述他的政治观开始的。他认为“政治，是一个社会争议……政治不存在如同文学或宗教那样的单独领域，而是一个受各个领域影响的综合体。政治问题不是一个本体论的对象可以解决的，它是涉及大众生活的各个领域的复杂争议问题”。[5] 因此，基泽克认为“政治”争议是一种重要的文化，在某种程度上可以说，“政治争议在生命中总是无处不在的，它尽可能地表达了政治上的分歧和冲突”。[6]

德国社会学家卡尔·曼海姆（Karl Mannheim，1893～1947 年）建议将政治事实拆分为理性和非理性两部分进行分析，基泽克接受了这一观点，并将这种社会学方法应用到政治教育领域。基泽克指出，人们一方面可以将政治学的事实和理由呈现出来，另一方面可以据此做出具有说服力的科学决策。但需要注意的是，政治决策和科学的解释不同，这是因为政治是

---

① Hermann Giesecke，Didaktik der poltischen Bildung. NeueAusgabe. München：Juventa，1972. S. 32.

② Hermann Giesecke，Didaktik der poltischen Bildung. NeueAusgabe. München：Juventa，1972. S. 119.

③ Hermann Giesecke，Didaktik der poltischen Bildung. NeueAusgabe. München：Juventa，1972. S. 120.

④ Hermann Giesecke，Didaktik der politischen Bildung. München：Juventa，1965. S. 121.

⑤ Hermann Giesecke，Didaktik der politischen Bildung. München：Juventa，1965. S. 100.

⑥ Hermann Giesecke，Didaktik der politischen Bildung. München：Juventa，1965. S. 100.

知识和社会背景的综合体。[①] 基泽克认为，在 20 世纪五六十年代，政治课程同社会学、社区学等科目类似，传授的大多是系统的科学知识，很少联系社会现实。政治教育在引入课程时总要改用其他名称，如社会科学、历史社会学等。鉴于此，基泽克指出："如果政治课仅处理系统的政治知识，完全不关心政治事实，那施政方针就会被简化为科学的解释，忽视了这些知识的政治背景，就会将存在争议、冲突的政治生活描绘为社会和谐的假象。"[②] 因此，基泽克认为应打破社会和谐的假象，他强调"开放的政治生活"，政治课应从冲突出发。但这并不意味着抛弃原有的知识，应根据不同的专业知识将目前的社会冲突串联起来分析。"我们显然需要一个教学方法，从一开始就要对必需的知识和各方面影响进行综合考虑，用以分析政治冲突的发展趋势，而这种教学方法也需要不断地修改和完善。在这种教学模式下，各种知识的汇集和课堂上有关现实政治问题的探讨，能够引起年轻人的兴趣，激励他们去实践政治参与。"[③]

在此之前，联邦德国学校的政治课以讲授系统的知识为主，对问题进行师生互动式的深入探讨并不是课堂的主流。随着对冲突分析的深入、课堂知识与政策方针的结合，政治课的教学主题就与政治现实越来越接近，基泽克以此表达政治课教学结合社会现实的重要性，他将社会科学领域的分析方法引入到政治教育中，以对社会冲突的分析来切入和贯通政治教育教学过程，创立了一种新的教学法理论——政治教育冲突理论。基泽克试图将之推广实施到整个教育领域，这意味着"这种科学的政治教育教学方法，使我们能够认清问题的本质和政治影响。换句话说，这种政治教育教学法，创建了一种科学普及政治教育，反思和监管执政当局施政行为的途径，这种教学法虽然来自抽象的理论，但应用到政治和社会层面便填补了这一空白，政治教育冲突理论的诞生是教育学中具有里程碑意义的时刻。[④]

2. 政治教育冲突理论的主要内容

（1）教学目标

在书中，基泽克并没有把获取知识或学习能力作为教学目标，而是将

① Hermann Giesecke，Didaktik der politischen Bildung. München：Juventa，1965. S. 21.

② Hermann Giesecke，Didaktik der politischen Bildung. München：Juventa，1965. S. 24.

③ Hermann Giesecke，Didaktik der politischen Bildung. München：Juventa，1965. S. 28.

④ Hermann Giesecke，politische Bildung in der Jugendarbeit. München：Juventa，1966. S. 175.

"政治参与"作为最高目标。他认为，一味强调获取知识和学习能力容易把学生个体与社会隔离开来。此外，"责任"这一被某些保守组织或群体用来抑制"公民权利"的概念，也没有被基泽克采纳，他担心这些保守组织或群体会假借"责任"这一概念来表达他们带有特定意识形态倾向的诉求。要找到一个在联邦德国宪法下被普遍接受的术语，基泽克认为将"政治参与"作为教学目标最为合适，"因为政治参与是宪法赋予每个公民的权利，它可以使公民在政治纠纷上达成一致。如果有人对此有争议或否认针对此权利开展的不可缺少的教育和指导工作，那他便违反了宪法精神"。①

基泽克进一步指出："青少年到成人转变的过程中，社会环境往往会改变他。但如果我们知道预期的政治和社会变化，使青少年参与到可能的社会和政治主题中，那么，青少年通过政治参与达成社会角色的转变也是可以预见的。"② 同时，培养成熟社会公民是国家一般而又具体的期望，"它是一般的，因为其可以适用于任何完全负责任而不用考虑其他社会地位的公民；它是具体的，因为他们（公民）的决定对当今世界政治和可以预见的发展趋势有较大影响"。③ 因此，基泽克认定"政治参与"是最高的学习目标，是在民主社会发展过程中，培养成熟公民必要的政治教育任务。

（2）主要内容

基泽克借用了来自社会学的"课程内容具有不定性"的见解，认为教师和学生都必须在模糊的教学课程中明确想要什么样的内容或学习需求。他设定了一种检查教学科研工作的具体方法，即把政治教育教学的具体内容划分为四个相互依存、关联递进的层面：教育知识层面、导向知识层面、政治行为层面以及行动知识层面。

①教育知识。基泽克认为，知识的范畴必须是囊括思想和经验的，"包含了从标准、选择到演示内容的知识可以一遍又一遍地传授，但每一个二手传授过程都必须要求严格"。④ 因此，教育对传授知识起到直接的作用。基泽克认为，教育知识是为学生政治意识的形成而储备的政治知识，学生应该可以从中吸取社会、生活、政治、文化等各方面的经验。教育知识不

① Hermann Giesecke, Didaktik der politischen Bildung. München: Juventa, 1965. S. 66.

② Hermann Giesecke, Didaktik der politischen Bildung. München: Juventa, 1965. S. 177.

③ Hermann Giesecke, Didaktik der politischen Bildung. München: Juventa, 1965. S. 177.

④ Hermann Giesecke, Didaktik der politischen Bildung. München: Juventa, 1965. S. 78.

仅应包含政治知识，而且应包含哲学、人类学、社会学、文学以及古典理论等领域中的政治理念。因此，在基泽克倡导的政治课堂上，学生能学习到的不仅是政治存在，还可以是直接联系到相关领域的政治问题，这也是为了让学生获取更多的政治知识。

②导向知识。教育知识仅限于教育总体任务的特定部分，这也提醒人们注意导向知识的重要性。导向知识是指能够帮助个体掌握与整体社会系统相关联的教育内容，用基泽克的话说是“社会研究的财富”。然而，每个人都或多或少地宣称自己掌握了完整的政治理念，但是否结合了背景知识，是否了解它们，能否将其作为一个整体来考虑当前的政治局势，从而使个人不确定的政治思想整合成一个或多个模型，没有人敢给予肯定的回答。基泽克将导向知识定位于四个相关系统[①]：生产和市场系统、管理系统、政治治理系统和国际治理系统。相较于教育知识，导向知识往往是基础性的、材料性的、价值中立的，它甚至可以被认为是一种“教材学习”或“机器学习”。

③政治行为。基泽克提出，政治行为是主观方面的政治价值取向，它是知识教学无法预测的后果，必须经过明确学习和实践才能体现。当学习者处理客观的政治经济世界与自我利益需求的关系时，他们需要学习复杂的政治行为作为处理这种关系的前提条件。基泽克指出了学习者面对的三种社会关系[②]：人事关系，包括家人和朋友；社会关系，包括周边或国际的人际关系；政治关系，其是最明显的功能化人际关系，考量的是个体在保持一定自由权利下的忠诚度。对于这三个层次关系的处理也有它们的共同点，即非特异性处理[③]：不存在利益冲突的关系可以适用于任何形式，例如公平、合作能力、礼貌、客观性、助人为乐等。

④行动知识。行动知识的意义是在教育知识、导向知识和政治行为基础上，为采取政治行动而学习的知识，也被称为动员行动知识，因为它是知识和行为之间的中介。在符合法律形式的前提下，“导向知识”信息仅提供专业知识，而不提供判断，它的“用处”是将传统辩证抽象的知识与政治现实结合起来。如果没有将它融入到当前的政治、经济和社会中，那么

---

① Hermann Giesecke, Didaktik der politischen Bildung. München: Juventa, 1965. S. 86-91.

② Hermann Giesecke, Didaktik der politischen Bildung. München: Juventa, 1965. S. 93-96.

③ Hermann Giesecke, Didaktik der politischen Bildung. München: Juventa, 1965. S. 97.

它的作用就会减弱。因此，教育必须结合知识取向来开展。但是，仅包括“教育知识”和“导向知识”还不足以引导政治问题中的冲突，还需要进一步学习“行动知识”，它起着中介作用。它可以调节知识和政治行为之间的矛盾，以便正确处理个人和社会层面的政治问题。因此，教学内容的四个层次都是必不可少的。

（3）基本范畴

为了不至于使行动知识被误用，基泽克归纳出10个政治范畴作为客观的政治关联，包括：冲突、具体性、利益、共同参与/决定、团结一致、意识形态、历史性、法律、人性尊严、功能的关联性。学生对个人和社会冲突的讨论不能脱离这些范畴。①

基泽克从客观的政治关联的角度，解释了这10个政治范畴的意义和运用条件：在政治舞台上彼此争论的人，即便不能确定自己的道德与宪法之间的矛盾，也要确定自我尊严（冲突）；应能理解并分析政敌的政治主见或敌意，因为这属于政敌的自我刻画（具体性），同时这也构成了他们独特的个人意愿和政治执行意愿（利益）；每一个在政治和社会领域生活的公民，在《基本法》框架下，都有实现愿望的权利（共同参与/决定），公民个人的愿望只有在与追求相同利益的其他人合作的基础上才可能实现，这是由高度多元化的社会决定的，也是一个社会的伦理基础（团结一致），也就是说政治人的思维是与自己的希望、愿望和利益密切相连的，他声称自己有合理的依据，并在理性思维基础上处理人道方面的问题（意识形态）；政治人所决定的事实都有关系上的连续性，并能吸取过往经验，以此减少错误的决定（历史性）；法律方面规定了公正和平，如果执政者存在个别不公正，应该修订既定的规则（法律）；无论执政者的合法性是通过何种形式的权力取得的，他们都有责任维持社会秩序，致力于改善人类的基本关系，使每个人尽可能地在道德和生活上实现个人民主权利（人性尊严）；政治、社会和文化现象是相互联系的，最高层执法群体的利益、权力的行使应受到其他人的监督（功能的关联性）。

（4）教学法

在基泽克看来，政治教育课的教学案例或素材应该是“政治冲突”。同

① Hermann Giesecke, Didaktik der politischen Bildung. München: Juventa, 1965. S. 102-113.

时，为了防止将政治概念无限扩大化，影响个体对政治事件的主观判断，“政治冲突”是需要学生亲身体验的，单纯的根据教材施教不能引导这种判断。这就需要一种教学法，既可以让学生体验“政治冲突”，又不至于忽略政治理论知识。

在授课准备阶段，基泽克指出了在具体教学前需要考虑的“前提条件”：①教学是以目标为导向的，学生的自主、参与决定及团结一致的能力应得到发展；②教学是在特定情境中师生互动的过程，应不断检验师生的判断力和行动力；③课堂的学习对学生应是一种发现或再发现的过程，对冲突案例或事件的学习、认知和参与都涵括在这个过程中；④学校层面的教学设计应更多听取学生的意见，通过学生的共同参与来制订教学计划；⑤课堂教学也可以是社会教育的场所，应充分利用这一平台融入民主社会教育的内容；⑥教学目标应产生于其他教学组成要素之前，如果教学目标不能确定，整个教学过程就无法推进；⑦课堂教学内容不能脱离学生生活经历和经验，冲突案例或主题的选取应与学生的认知条件相关联；⑧每一个冲突主题都已经包含了冲突教学法的因素，教师要根据不同情境调整冲突教学法的步骤；⑨冲突案例或主题的选取应根据不同的教学功能来决定；⑩教学的整个过程充满冲突和矛盾，一系列的问题和困难会成为教学互动中的普遍现象，教师应做好充分的教学设计和规划。

这一教学法要求，在教学准备阶段，教师应对学生的社会化程度和自我认知进行鉴定：①大部分学生已有与群体相处的经验；②大部分学生生活在小家庭内，在大家庭或邻里生活圈中生活的学生只是个别的；③教师的社会经验和专业技能并不是总能在新的环境中起到帮助学生的作用；④教师应知晓，自己与学生并非来自同一社会阶层，教师不能照搬自己未成年时期的社会和专业经验作为教育学生的前提。除此之外，教师应考虑到不同时期的社会条件和影响学生行为变化的因素。

在认真完成上述考量之后，教师应重点关注冲突事例的选取：①必须经常（在大脑中）呈现冲突过程并对冲突情境进行加工；②不能局限于小组成员间的矛盾，冲突事例必须具有足够的可重复性或验证性；③要对学生及其家庭进行观察和调查，以使选取的社会冲突具有典型性、范例性；④应让学生尽可能多地参与到冲突事例选取的过程中，以调动学生的自主性；⑤为了有助于形成不依赖权威的独立行动，对自我认知、行为的转变和控制应最大限度地由学生自己完成。

关于教学的互动阶段的组织，基泽克提出了如下实施步骤[①]：①为了使学生认知政治事件的复杂性，课程应从对某个政治冲突事件的争论开始，让学生自动参与到这种探讨或争论中；②以此政治冲突事件为案例或主题，收集学生自由探讨或争论所得出的关于政治冲突的不同思维意识和行动意识，并将持不同观点的学生划分成若干小组；③引导学生在不同情境中对冲突事件进行分析，情境可划分为家庭、小组、学校、社会；④学生从不同的引导性问题中获得见解，描述政治行为意识和态度意识的变化；⑤针对学生获得的见解进行引导，使其加深对见解的理解或获得新的见解；⑥针对不同小组的讨论结果总结基本观点，梳理引导性问题；⑦利用引导性问题和知识对小组观点及学生阅历进行评价；⑧对比引导性问题与小组讨论结果；⑨基于对政治事件的充分了解，引导学生做出自我成熟判断。

在反思和总结阶段，教师作为政治教育课程教学的专业人员，不能对学生提出明确要求，而应采取对争论、分歧的宽容策略。教师应充分利用一切可能性，引导学生在所处情境中解决冲突。在整个学习过程中，只要学生接触到不同的冲突事件，教师就应向学生表明：人们有许多机会处在这种情境中，我们应尽可能经历并解决它。小组讨论后，教师应把学生重新召集到全班大组中进行总结，这也是学生参与教学设计的一种行为方式。

政治教育冲突教学法是基泽克将其理论付诸实践的具体操作方式，相较于传统单一固化的“教师讲授，学生接纳”模式，这种教学法将政治教育课程的教学过程阶段化并将“授课准备、教学准备、教学互动、反思总结”作为一整套教学流程来操作，更加强调教师的综合素质和学生的主体地位。

3. 政治教育冲突理论的本质及影响

基泽克属于亲身经历过第二次世界大战并在战后成长的一代，在他内心深处，强烈渴望看到一个资产阶级民主体制下的政治教育体系，而且他认为将“扩大政治参与”作为这个体系的目标能够解决政治教育的危机。在这种意识的指导下，基泽克设计并推出了通过冲突分析，结合系统知识和技能训练促进学生政治参与的政治教育教学法。这种教学法倡导的是直

① Hermann Giesecke, Didaktik der politischen Bildung. München: Juventa, 1965. S. 127.

面冲突的积极态度，不再渲染社会和文化的假和谐，而要通过培养青年学生的政治主体意识、政治参与能力，为化解当前和未来德国的政治文化危机和社会危机打下基础。这实际上隐含了基泽克"批判"的思维意识，也即意图通过扩大公民的政治参与，追求公民的合法权利，解构权威型政治体系。政治教育冲突理论本质上是基泽克对新生国家的一种期盼，是对完善西方民主政治教育体系的一种回应和建议。

20 世纪 60 年代，西方社会冲突理论对结构功能主义进行了全面的批判和修正，在这种大的政治背景下，基泽克吸取了前人政治教育思想的经验，融入传统政治教育理论知识，结合自身实践和联邦德国的教育实际，在政治教育领域引入冲突思想，这无疑是德国政治教育史上的一次重大理论创新。

由于联邦德国社会民主化进程才启动不久，加之 1966 年基民/基社联盟与社民党选后组成的"大联合政府"忙于全力应对战后的首次经济危机，因此，政府主张社会的秩序、团结以及竭力避免冲突。在这种保守的社会政治氛围和政治文化语境下，基泽克以冲突为导向、带有批判意识的政治教育观点未能受到广泛的关注。这种状况持续到 1967 年，学生运动的爆发撼动了当时保守的政治思想，社会批判思想同基泽克的政治教育冲突理论才受到政府和学界的广泛重视。

20 世纪 60 年代末，随着冲突理论的引入和发展，联邦德国的政治教育被赋予了新的历史使命，也即帮助青少年正确地认知、判断乃至处理现实生活中的冲突问题，成为对国家、社会、个人负责任的成熟的公民。政治教育冲突理论的影响还体现在 1968 年的一份联邦德国政府政治教育工作的报告中，"民主规划的政治教育往往是和谐的、明确的，它强调社会理解、人类合作的价值。但是，对于政治本质的认识而言，不引入冲突、利益这些概念无疑是危险的"。① 自此，政治教育冲突理论也上升为联邦德国政府在政治教育领域的主流理论，体现了政府主导的联邦德国政治教育的发展趋势。在政府的推动下，进入 20 世纪 70 年代，以冲突分析为出发点开展政治教育的教学，已经被纳入联邦德国中小学的政治教育课程教学设计中。20

① Hans-Werner Kuhn, politische Bildung in Deutschland: Entwicklung-Stand-Perspektiven. Opladen, 1993. S. 288.

世纪 80 年代后，政治教育冲突教学法仍是联邦德国政治教育课程教学的四大主要教学法（冲突教学法、批判—建构教学法、开放教学法、跨学科教学法）之一，并一直被沿用至今。

第四节 思想争论的影响——战后德国政治教育价值取向的第一次转换

第二次世界大战后至 20 世纪 50 年代初，德国政治教育面临的最紧迫任务，是解决由战败造成的民众普遍的政治冷漠及社会隔阂问题，维护尚未获得广泛认同的新宪法和政治秩序。学术界此时已存在“政治教育应为调动公民主动性、形成并发展参与型政治文化服务，还是应该培养忠诚于国家的公民，为巩固权威型政治文化服务”的激烈争论。以 20 世纪 50 年代“欧廷格与李特之争”为导火索，至 20 世纪 50 年代末 60 年代初，随着联邦德国资产阶级民主政治的发展，以欧廷格为代表的“合作教育”理论流派逐步受到学术界和联邦当局的重视。欧廷格是较早对纳粹及魏玛时期政治教育进行深入反思的学者，他认为在传统的国家至上观念指导下的政治教育对公民及社会存在极大的忽略，其目的仅仅在于培养为国家服务的公民，完全忽视公民意识和政治参与。当然，受实用主义哲学影响和出于现实政治的需要，“合作教育”理论所提倡的公民参与，主要是一种“合作式”的参与，强调建立公民与公民、公民与社会、公民与政府之间的团结协作关系。受其影响，一些联邦州学校的政治教育实践以“社会合作”“社会责任”为核心内容。“联邦政治教育中心”也明确要求通过教育“唤起和维护值得向往的公民特性，如集体精神、宽容、正直等”。① 民意调查显示，1952~1967 年，虽然对政治感兴趣的公民的比例从 27%上升到 39%，但在对公民权利和责任的认识中，只有 31%的人认为“选举”是最重要的公民责任，仅有 4%的人认为“参与公众和政治事件，表达观点，需要时批评政府”是重要的公民责任，“守法”占 23%，“爱国”占 21%，“准备参军”

① Benedikt Widmaire, Die Bundeszentrale für politische Bildung: Ein Beitrag zur Geschichte Staatlicher Politischer Bildung in der Bundesrepublik Deutschland. Frankfurt am Main: Verlag Peter Lang GmbH, 1987. S. 65.

占 12%。而选择“好好地工作，正确地教育孩子，在个人生活中乐于助人，具有责任意识”的比例则与选择“选举”的比例相同，一起占据公民责任的首位。[①] 可以看到，“合作教育”对 20 世纪 60 年代初期联邦德国政治文化的发展产生了一定影响。

在 20 世纪五六十年代，尽管以欧廷格为代表的“合作政治教育”理论流派和以李特为代表的“国家公民教育”理论流派，对政治教育的目标、内容等存在较大分歧，但是，双方在政治教育的价值取向上的态度大体是保持一致的，那就是引导民众认同《基本法》及其确定的政治制度。可以说，到 60 年代，联邦德国政治教育实现了第一次价值转换，即从纳粹统治时期“种族纯洁与对外侵略扩张的工具”转向“捍卫联邦德国宪法的途径和手段”。以“捍卫联邦德国宪法”为核心价值的政治教育，虽然在某种程度上忽视了公民意识的觉醒与公民参政能力的提升，但它对巩固新生政权及其制度发挥了重要作用，基本与当时的国情社情民情和政治文化状况相适应，是德国政治文化及政治教育发展的必经过程。

1965 年，基泽克出版了政治教育冲突理论的奠基之作《政治教育教学法》，这预示着一场深刻的思想理论变革已经在政治教育思想家那里酝酿，《政治教育教学法》一书的出版成为这场思想理论变革的前奏，也因此奠定了基泽克在 20 世纪 60 年代之后德国政治教育学界的重要地位。随着冲突理论的引入和发展，联邦德国的政治教育开始被赋予新的历史使命，也即帮助青少年正确地认知、参与、判断乃至处理现实生活中的冲突问题，定位政治角色，成为对国家、社会、个人负责任的成熟的公民。

① Peter Reichel, politische Kultur der Budesrepublik. Opladen: Leske und Budrich, 1981. S. 134.

第四章　当代德国政治教育理论的变革（1968~1980年）

第一节　政治教育“再定位”

20世纪60年代末，联邦德国爆发了一场声势浩大的学生运动。这场社会运动对德国从第二次世界大战及其结束初期的“臣民型”“权威型”政治文化，向70年代末期“西方式参与型”政治文化的变迁，起到了不可忽视的推动作用。许多政治家和学者都将其视为推进战后联邦德国资产阶级政治民主化与现代化的重要因素之一。同样，这场社会运动对于德国政治教育的价值取向、思想理论及实践策略的发展变革都具有重大意义。

一　学生运动与20世纪60年代末政治文化危机

20世纪60年代中后期，联邦德国在经历了近20年高速发展的经济“奇迹”后，出现了资本主义经济固有的周期性衰退现象，建国以来稳定的政治力量对比关系也开始发生松动和变化。以青年学生为先锋的“议会外反对派”（APO）在全国各地很快成立起来，其活动也由初期的演讲、辩论，发展成为愈演愈烈的游行、示威，运动的矛头由最初指向教育制度逐渐转向资本主义的政治、经济、社会体制。青年学生们要求对纳粹历史进行深刻反思，结束美国对越战争，并期望更多的社会自由和民主。学生运动在20世纪60年代中后期达到高潮：1967年夏天，在柏林学生反对伊朗国王访问德国的示威游行过程中，一名学生被警察枪杀，官方竭力掩盖事实真相并且将凶手无罪释放，引发全国学生抗议运动。1968年，一名学生领袖遭到暴徒袭击，再次引发全国性的抗议行动，约30万人走上街头游行和集会。

学生运动是联邦德国政治、文化与经济发展的不平衡，特别是资本主义政治体制与政治文化发展失衡的标志性事件。这一时期，“战后西方国家高速发展的经济，要求与之相适应的社会文化和观念，是运动产生的根本原因”。[①] 在经历了 20 世纪 50 年代政治保守、经济飞速发展之后，联邦德国在 60 年代进入了政治两极化的 10 年，“心满意足的保守派和崛起中的理想主义的新左派之间的敌对不断升级”。[②] 这种对抗突出表现为代际的冲突，经历了第三帝国的老一代，抱有对现状妥协的人生观和对历史记忆压制的世界观，而在资本主义民主制度中已经成长起来的年青一代则对此极为不满，他们试图挑战父辈的世界观、价值观和行为模式。

第二次世界大战之后，德国的政治现代化与社会转型进程面临一个重大的历史课题，即外力下的政治体制建构与内在的政治文化建构的落差及其协调发展。西方盟国在西占区强制推行的“民主化”改造，为 1949 年联邦德国资产阶级民主政体的建立奠定了制度基础，使之在成立伊始就能按照外部植入的政治模式运转。但西方盟国对西占区政治文化的改造则要复杂、困难得多。这与德国臣服型政治文化的“丰厚”遗产有着不可分割的关系。从帝制时代受德国古典主义与浪漫主义影响而形成的“政治冷漠与疏离”，经魏玛共和国政治乱象中的“去共和精神化”，再到纳粹统治下被推向极致的“政治狂热”，直至战争惨败后回归政治冷漠的“悲悼无能”，这些构成了阿尔蒙德所说的“臣服型政治文化”这一德国传统政治文化的历史基础。

二　政治教育价值取向的反思与重新定位

20 世纪 60 年代末在联邦德国历史上被称为“变革时期”（Umbruchsphase），一个主要的观点认为，“正是参与机会的缺乏导致了新一代大学生在意见与利益表达上的非传统性”。[③] 这种观点抨击的矛头直指联邦德国建国以来的政治教育理论和实践。批评者将学生运动中的非理性政治行动，

① 许平：《20 世纪 60 年代西方学生运动解读》，《探索与争鸣》2008 年第 12 期，第 19~23 页。

② 〔英〕玛丽·弗尔布鲁克：《德国史：1918—2008》，卿文辉译，上海人民出版社，2011，第 175 页。

③ Gerhard Bause, Die Studentenbewegung der Sechziger Jahre in der Bundesrepublik und Westberlin. Köln：Pahl-Rugenstein Verlag，1977. S. 75.

归咎为政治教育过度专注于维护保守的政治文化，忽视对民众政治理性和政治参与能力的培养；有批判者甚至认为，50年代以来的政治教育，传达的不是关于“对自由民主原则的认可”，而仅仅是关于“对政治上已经获得的成果的认可”。

在政治教育理论界，围绕如何引导民众尤其是年青一代合法有序、理性地表达利益诉求和进行政治参与，学者们从不同的视角进行了探索，并形成了以赫尔曼·基泽克为代表的“政治教育批判理论”、以罗尔夫·施密德尔（Rolf Schmiederer）为代表的“解放教育理论”和以伯纳德·苏特为代表的“理性教育理论”等具有较大影响力的政治教育理论流派。这些流派虽然在政治教育的理论革新上有各自主张，但其在对政治教育价值取向的反思上却殊途同归。这些学者认为，20世纪50年代以社会合作、社会责任为价值取向和主要内容的政治教育，虽然在医治战争创伤、消除社会隔阂、重振民族精神等方面具有很强的现实针对性，为这一时期急需的“合作型”政治文化的形成起到了重要作用，但也有其明显的历史局限性。“政治性”或理性政治认知的缺乏使之在很大程度上忽视了对青少年学生政治认知能力、民主政治意识以及合法地参与社会政治的技能的培养，这是引发60年代后期大规模激进学生抗议运动的一个重要原因。

1968年11月15日，在理论界对政治教育的反思、批判日趋激烈的背景下，联邦议院举行了以政治教育“再定位”（Neuorientierung）为主题的辩论会。基民盟议员兰伯特·休斯（Lambert Huys）在这次辩论会上表达了政治家们的困惑：“政治义务一直是政治教育最高的目标。而恰恰是诸如‘维护国家安全’之类的政治义务，成为大学生们抨击的对象。”[①]兰伯特·休斯指出，在民主制度下成长起来的新一代更重视的是他们所享有的政治权利及其实现问题，而不再只是对基于《基本法》建立的政治制度的认同。作为政治教育的一个目标，“国家意识被理解成对德国《基本法》确立的权利、要求、机构和程序的一种信仰，也就是说，这不关乎《基本法》本身，而在于确立那些政治价值观和政治自由的途径，它决定并保障了《基本法》

① Benedikt Widmaier, Die Bundeszentrale für politische Bildung: Ein Beitrag zur Geschichte Staatlicher Politischer Bildung in der Bundesrepublik Deutschland. Frankfurt am Main: Verlag Peter Lang GmbH, 1987. S. 99.

的实施”。[①] 这就产生了关于政治自我意识与国家意识之间的矛盾问题。如果说“政治教育必须增强人们的能力，使他们能够在已有的条件下具体负责地进行政治活动，那么，教授和传播民主的行为法则和所要求的个体的政治自我意识就是自相矛盾的”。[②]

尽管国家意识与公民自我意识之间似乎处于一种两难的境地，但使二者产生良性互动并“适时地同步发展”已成为基本共识。这一时期的民意调查表明，联邦德国民众普遍认为他们除了选举很少有其他机会能对政治事件施加影响。自民党议员卡尔·默尔施（Karl Moersch）就此指出，如果不承认民众政治参与机会的真正缺乏，那就不会存在解决之道。社民党议员汉斯·马特霍夫（Hans Matthöfer）的观点在这次辩论会中具有代表性，他指出，“直到现在，我们在大多数时候都是抱着操纵的企图来思考和规划政治教育的，已有的政治资源或者政治价值取向都被认为应该能有效地传授给教育对象，这种观点深刻地影响了政府的决策”。[③] 但是，他接着指出，“在一个民主制度中，政治教育工作必须从具体的个人出发才能帮助他们分析处理自己的经历、经验和观念，才能帮助他们把个人存在作为社会关系的表达形式来理解，才能帮助他们将民主观念与经历过的现实生活相比较，并帮助他们以政治实践来实现政治权利”。[④] 同样来自社民党的约阿希姆·拉费特（Joachim Raffert）的观点能够为这次辩论会的成果做出注解：“许多能使个体受益并使社会得到发展的改革是可行的。”[⑤] 政治家们的主张间接表明，政治教育是不能替代政治的，政治的任务是给人们参与政治的强烈愿望提供适当的机会，而政治教育的任务是为人们参与政治做准备。最终，

① Benedikt Widmaier, Die Bundeszentrale für politische Bildung: Ein Beitrag zur Geschichte Staatlicher Politischer Bildung in der Bundesrepublik Deutschland. Frankfurt am Main: Verlag Peter Lang GmbH, 1987. S. 107.

② Benedikt Widmaier, Die Bundeszentrale für politische Bildung: Ein Beitrag zur Geschichte Staatlicher Politischer Bildung in der Bundesrepublik Deutschland. Frankfurt am Main: Verlag Peter Lang GmbH, 1987. S. 108.

③ Hans-werner Kuhn, politische Bildung in Deutschland: Entwicklung-Stand-Perspektiven. Opladen: Leske Budrich, 1993. S. 345.

④ Hans-werner Kuhn, politische Bildung in Deutschland: Entwicklung-Stand-Perspektiven. Opladen: Leske Budrich, 1993. S. 389.

⑤ Walter Jacobsen, Gedanken zur Bundestagsdebatte über politische Bildung am 15. November 1968. Aus Politik und Zeitgeschichte, 1969. S. 27.

1968年联邦议会讨论确立了新的历史条件下政治教育的目标原则："培养人们在政治上了解情况的意识、做出政治判断的能力和采取政治行动的能力。"这一政治教育目标原则的确立，也表达了政治体系和政治权力对德国民主社会中公民政治素质的诉求，即具有积极参与现实政治的意识和能力，以及对德国民主政治改革的诉求——给公民参与政治提供更多的机会。

联邦总理勃兰特在1969年10月28日的政府声明中提出："在我们即将进行的改革中，教育和培训、科学和研究将位于改革的最前沿。"① 这份声明还提出了改革时期的著名口号："我们敢有更多的民主！"此时，社会民主党和自由民主党组成的执政联盟把教育政策作为改变全社会结构的措施，期望通过教育为联邦德国社会带来更多的平等、民主和解放。勃兰特政府教育政策的最高目标是建立一种教育体系，该体系满足每个公民从学前教育到个人发展、职业和政治方面学习和深造的需要。政治教育也因这一目标的确立而被包含其中，成为公共教育体系中的重要方面。

在联邦政府全面改革的推动下，政治教育工作的主管机构"联邦政治教育中心"于1974年重新确立了它所承担的政治教育职责："通过在德国公民中实施政治教育来促进其对政治真相的理解，巩固他们的民主意识并加强政治参与。"② 总的来说，联邦政府对政治教育的重新定位，显然是为了适应20世纪60年代联邦德国发生的各种变化。在政治家和学者的深刻反思与积极推动下，将政治教育的重心调整到发展青少年政治认知上来，培养他们的政治理性，促进他们的政治判断和政治参与能力的发展，这成为政治教育的主流观念。

三 政治教育实践策略的调整

在1968年政治教育"再定位"之后，联邦德国政治教育的目标也调整为"帮助德国人民尤其是青年人，发展他们的政治自我意识并形成政治判

---

① Klaus V. Beyme, Die Großen Regierungserklärungen der Deutschen Bundeskanzler vom Adenauer bis Schmidt. München: Carl Hanser Verlag, 1979. S. 252.

② Bundeszentrale für politische Bildung-Jahresbericht 2000/2001. Bonn: Bundeszentrale für politische Bildung, 2002. S. 15.

断能力”。[①] 为了在政治教育实践中贯彻这一新的目标任务，联邦政府特别制定了《联邦政治教育中心专业工作指导方针》（以下简称《指导方针》），作为国家政治教育工作的根据和制度化基础。

《指导方针》将政治教育的总体任务确立为，“通过政治教育的方式促进德国民众对政治事实的理解，巩固民主意识并为民众参与政治合作做好准备”。并据此确立了政治教育工作的五大具体任务，分别是：“①提供全面的和尽可能客观的有关政治进程的要素及其关联作用的信息，借此唤醒并增进公民的政治判断力；②帮助每一个公民认识自身在国家和社会中的位置；③引导公民认同由《基本法》确立的自由民主秩序和社会法治国家；④帮助公民认识民主制度的重要性并践行民主；⑤发展政治行为的能力。”[②] 可以清晰地看到，这些任务建构了一个“发展政治认知——培养政治认同——形成政治辨析能力——采取理性、合法的政治行动”的完整的政治教育逻辑结构和培养体系。

《指导方针》还提出了政治教育的重点内容：“①促进对民主国家秩序和社会发展及变革的理解；②阐释议会法治国家的民主，特别是它在解决政治、经济和文化问题及矛盾中的作用和途径；③与自由法治国家民主的敌人和活动做精神与政治上的斗争，特别是当它以极左和极右主义的形式出现时；④克服偏见和歧视，反对民族主义者和种族主义者；⑤对德国历史教育持客观的、批判的态度；⑥介绍国际政治关系和其他国家与民族的生活方式与政治利益；⑦促进对欧洲一体化，国际合作，政治、社会和军事和平保证的必要性的理解；⑧做好对未来国家和社会承担义务的准备，特别是唤醒并加强对经济、技术和社会发展过程的理解以及与第三世界国家的关系。”[③] 这些重点内容极大地拓宽了政治教育的知识体系，使之既涵盖了包括政治、经济、历史、社会、文化在内的诸多学科领域，又鲜明地提出了反极端主义、反种族主义、反纳粹等价值观念。

---

① Bundeszentrale für politische Bildung-ahresbericht 2000/2001. Bonn：Bundeszentrale für politische Bildung，2002. S. 16.

② Leitlinien für die Sacharbeit der Bundeszentrale für politische Bildung vom 8. 7. 1977. Bonn：Bundeszentrale für politische Bildung，1978. S. 41.

③ Leitlinien für die Sacharbeit der Bundeszentrale für politische Bildung vom 8. 7. 1977. Bonn：Bundeszentrale für politische Bildung，1978. S. 45.

《指导方针》还规定了政治教育工作的主要手段，如运用视听教学媒体如电影、广播及电视节目；支持政治教育工作范围内以及所有大众传媒界的职业教育和进修教育；组织政治教育研讨班和专业会议；开展政治教育教学法研究，积极推动能够提升政治教育效果的社会科学的、教育学的和类似的研究；出版、宣传以政治教育为目的的出版物；支持社会组织开展政治教育活动等。

《指导方针》的出台，在联邦德国政治教育发展史上意义重大，它不仅是“联邦政治教育中心”及其所代表的国家政治教育制度化、科学化、专业化和社会化的重要标志，而且也是联邦德国政治教育在20世纪六七十年代实现历史性变革的重要体现。

第二节　赫尔曼·基泽克的政治教育批判理论

20世纪60年代的联邦德国学生运动同时引发了对学校及教师权威的批判，在当时引起了社会的广泛共鸣，强化了教育学者们的反思意识，“解放”一词逐渐在教育学界扩散开来。这时的批判教育学者关注的焦点也发生了改变，他们在探索如何利用教育手段达成社会的解放和个体解放，如何使学生摆脱权威的主宰和支配。而几乎同一时间，赫尔曼·基泽克任职哥廷根大学教育学、社会教育学教授。受学生运动的影响，基泽克此时认为德国的“教育永远是当权者的教育”①，他当时提出需要通过学生运动来改革传统的政治教育。

一　政治教育批判理论的思想来源

1972年，基泽克政治教育批判理论的代表作《政治教育教学法》（第二版）出版。基泽克从政治教育冲突理论到政治教育批判理论的转变，并不仅仅是学生运动影响的结果，还有一定的思想来源。其中，达伦多夫、哈贝马斯、莫勒豪尔、克拉夫基、布兰克茨（Herwig Blankertz）的相关思想对他的影响颇大。

达伦多夫是德国社会学家、思想家，自由派社会/国家理论的代表之

① Gerd Stein，Ansätze und Perspektiven Kritischer Erziehungswissenschaft. Stuttgart：Klett，1980. S. 14.

一，是冲突理论的主要代表人物之一。他认为现代阶级冲突的根源不是占有和不占有生产资料之间的矛盾，而是权威的分享和排斥之间的矛盾。其主要著作有《社会冲突理论探讨》《工业社会中的阶级与阶级冲突》《社会人》《阶级后的冲突》等。其思想深刻影响了第二次世界大战后的德国社会学研究。早在19世纪40年代，马克思就指出，在人类历史发展的阶段中，阶级斗争是不可避免的，其是推动社会发展的直接动力。[①] 达伦多夫接受了马克思关于阶级和阶级斗争的观点，同样认为阶级斗争必然引起社会变迁。同时，他继承了马克斯·韦伯将"社会冲突的根源归结于社会权威结构"[②]的观点，用"权威关系"取代了生产资料的占有关系。达伦多夫认为，阶级划分的关键因素不是是否占有生产资料，而是是否拥有生产资料的支配权。因此，只有把人类社会看作为权利和权威而不断进行斗争的竞技场才能充分理解社会。他把权利和权威比作稀缺资源，社会成员个体和群体则为获得这些资源的分配而陷入永无止境的斗争中。"冲突"是任何社会的常态，某些人的利益和另一些人的利益总是对抗着的。这些利益不仅是经济方面的，还包括权力分配的竞争。冲突决不会被根除，因为每一种解决权利冲突的具体方法都会产生新的利益集团，从而必然导致新的冲突。他进一步指出，"尽管人们可以把冲突加以引导，使之制度化，或是消除激烈的冲突形式，但是冲突在人类社会中是永远不可能被消除的。由于权力和权威必然引起竞争、社会冲突、社会变迁，所以它们便成为解释人类一切事物的关键点"。[③]

当基泽克在20世纪60年代读到达伦多夫的著作时，立即对"社会冲突"的概念产生共鸣。他将达伦多夫"冲突"概念引入政治教育领域，并积极推进政治教育的实践改革。在1965年出版的《政治教育教学法》一书中，基泽克开门见山地提到，德国"政治教育的教学要创新教学法，并且应该将政治冲突的分析作为出发点"[④]，"即便未来的政治发展趋势很难判断或预见，但抱有不同愿望、目标和利益的个体或群体必定生活在政治冲突

① 《马克思恩格斯选集》第1卷，人民出版社，1995，第281页。

② Max Weber, Politik als Beruf. Vortrag, 1919. S. 6.

③ Ralf Dahrendorf, Soziale Klassen und Klassenkonflikt in der Industriellen Gesellschaft. Stuttgart, 1957. S. 179.

④ Hermann Giesecke, Didaktik der politischen Bildung. München: Juventa, 1970. S. 119.

中。导致这些冲突的本质原因是个体在政治生活中的不同特性，而不能简单归咎于人类道德的缺失”。[①] 同时，基泽克认为，政治冲突实则是一种利益冲突，因为参与政治冲突的双方或多方都是为了追求不同的利益。因此，“要想使政治生活中的公民承担相应的政治责任，必须首先让他们认知自我的物质、文化和社会利益”。[②] 可以看出，基泽克在政治教育领域应用的“冲突”概念和达伦多夫在社会学领域应用的“冲突”概念，在内涵上是一致的。

同样，出生于1929年的哈贝马斯在接触到理性批判、自我反省、意识形态、阶级、历史和物化等概念时，他坚定了把社会科学领域的批判理论引入到人文科学的信念。基泽克和哈贝马斯是同一时代的人，他们都经历了第三帝国的诞生和终结。当然，他们对于自己所处时代的争论也都有独到的政治观。在《政治与舆论的科学化》一文中，哈贝马斯指出，“舆论的科学化是指政治统治或领导阶层变得不如以往重要，社会公共官员需要确保工业和科学的技术理性，以便其价值导向能够指导政府制定相关政策”。[③] 与此同时，“先于政治组织机构而生成的公民社会，通过对多方利益的沟通和调和，拓展了社会的利益表达空间，尤其是各方利益间凝聚的范围。重要的是，社会上非主流、难以组织化或被边缘化的各种利益，能从公民社会中取得公开的发展空间”。[④] 哈贝马斯指出，各方利益的代表者应该通过政治参与，对当权派及既得利益者进行监督和批判，以此表达自身的利益需求，进而影响政治运作。哈贝马斯这种承继法兰克福学派，主张对社会、政治进行批判以促成社会改革的观点，同基泽克不谋而合。20世纪70年代，基泽克将哈贝马斯社会批判思想运用到政治教育学领域，主张师生进行政治参与、政治实践以达到促进社会变革的目的，甚至其80年代提出的“追求个人的成熟和解放”的教育观，与哈贝马斯提出的“以人类解放为导向的社会批判理论”都不无关系。

---

① Hermann Giesecke, Didaktik der politischen Bildung. München: Juventa, 1970. S. 120.

② Hermann Giesecke, Didaktik der politischen Bildung. München: Juventa, 1970. S. 121.

③ Jürgen Habermas, Wissenschaftliche politischen und Öffentliche Meinung. Frankfurt am Main, 1969. S. 64.

④ Jürgen Habermas, Citizenship and National Identity: Some Reflections of the Future of Europe, in: Theorizing Citizenship, ed. Ronald Beiner, 1970. S. 260.

按照德国当代教育学家迪特尔·伦岑（Dieter Lenzen）的观点，德国批判教育学的代表人物主要有三位：莫勒豪尔、克拉夫基、布兰克茨。他判定的标准在于：这些学者一方面曾授业于文化教育学派学者维尼格尔（Erich Weniger）；另一方面在 20 世纪 60 年代以后，他们开始强调受教育者的“解放”在教育中的重要性。[①] 当德国自 60 年代开始对纳粹政权与传统政治文化的关联性进行反思时，这些学者发现批判教育学具有对教育现实进行批判的功能，并能对教育情境中所存在的意识形态加以揭露。因此，这三位学者试图从批判理论出发，对教育活动进行反省及批判，揭示其存在的问题。换句话说，批判教育学着重对教育与社会间的关联性进行探讨，强调如何通过教育防止类似极权政治的再现，同时反省教育情境中对受教育者支配的现象，并加以去除。受此影响，基泽克考虑将批判观引入到原有的政治教育冲突教学法中。

二　政治教育批判理论的主要观点

联邦德国的宪法精神是争取在政治的基础上实现思想解放和民主化。基泽克因此提出了其政治教育教学理论的总精神——党派性，即“为弱势的受压迫者尽可能地争取在《基本法》中所应享有的权利”。[②] 他认为，政治教育应当是有党派性的，“为了学徒的利益，为了劳工的利益，为了社会中的弱势者、青少年的利益，因此反对师傅的利益、公司老板的利益，反对社会当局、学校当局。也就是说，政治教育是为了每一个弱势者、贫穷者、受压迫者的利益及需要而存在的”。[③] 也因此，基泽克调整了以冲突为导向的教学法，他指出，对于政治课程的目标而言，最高的、普遍的学习目标必须源自《基本法》，因为在联邦德国民主化的历史进程中，《基本法》体现并确保了迄今为止的民主化成果。在此意义下，最高的学习目标是“共同决定”，也就是让学生参与到动态的、不断发展的社会民主化过程中。

① Dieter Lenzen, Erziehungswissenschaft-Pädagogik. in: Erziehungswissenschaft. Ein GrundkurS Hamburg: Rowohlt Taschenbuch, 1994. S. 26.

② Dieter Lenzen, Erziehungswissenschaft-Pädagogik. in: Erziehungswissenschaft. Ein GrundkurS Hamburg: Rowohlt Taschenbuch, 1994. S. 26.

③ Hermann Giesecke, Didaktik der politischen Bildung. NeueAusgabe. München: Juventa, 1972. S. 126.

在“共同决定”这一最高的学习目标引导下，基泽克又提出五个次目标。[①]

1. 当前冲突的分析

在政治教育冲突理论建构中，基泽克尝试用冲突的概念来联结教育的解放与政治的解放，在设计新的政治课程教学法时，他也采用相同的路径，将客观的冲突和主观的冲突联结在一起。个人的冲突被基泽克诠释为一种普遍的、客观的社会矛盾在个人身上的具体展现。青少年应该学习用这种方式将其自身的冲突客观化，并且从个人利益的视角加以分析。要注意的是，虽然主观的冲突经验可以找出客观依据，但是每个冲突事件都是独一无二的，不能只以客观诠释将之简化，如资本主义的剥削、反犹太主义等，这些复杂的政治冲突必定与社会、国家甚至世界的政治系统有关联。

2. 系统的整体社会训练

对“当前冲突的分析”必须通过“系统的整体社会训练”加以补充，即应当将具体的政治事实纳入系统的关联性中加以分析。系统的关联脉络如下：1）在高度工业化社会中的生产和分配系统；2）西德和东德的政治系统；3）行政系统，特别是对学生和家庭有意义的行政机构，如财政局、职业咨询处、教育咨询机构等；4）不同族群的沟通方式系统；5）国际政治系统。

3. 历史意识

“系统的整体社会训练”尚缺乏对历史的关注，政治冲突的分析必须在历史根源中探究整体社会的意识。只有这样才能清楚民主化过程能带来何种成果和困难，民主化进程又应如何继续发展。对政治课程而言，以民主化为中心的主题探讨，应审视 1945 年到现在的重大事件对民主化有哪些正面及负面的影响。为了在诠释上体现整体性，所有事件要在现代工业社会这个整体架构下进行批判和反思。

4. 自主的资讯处理及传播技术的训练

在日益发达的资讯社会，学生应当具备相应的资讯运用与处理能力，包括：1）能够按照自己的目标使用字典和参考书籍；2）能够使用公共的资讯服务，例如咨询机构、新闻机构、工会及社团等；3）有计划地练习对

① Hermann Giesecke, Didaktik der politischen Bildung. NeueAusgabe. München: Juventa, 1972. S. 139–158.

新闻及大众传媒所传播的资讯进行整理和调查的能力；4）在课堂上获得评价资讯的基本知识。

5. 实际的行动训练

以上四项目标也仅仅与间接的政治行动相关，只能作为政治行动的知识储备。为了达成有效的政治参与，还应开展以下训练行动，以提高公民的政治行为能力。

1）能够处理基本的法律文件，以便必要时能在实际允许的范围内察觉自己的利益。2）能够开展结构化讨论，并且引导讨论，将结论记录下来。3）能够为了自己的目标而找寻志同道合的伙伴，共同实现目标。4）能够区分敌友，为了自己的利益及兴趣，将对手减少到最少。5）能够有效地将个人的政治判断及诉求用口头报告或传单的方式陈述。

为了达成“共同决定”，每一个冲突情境必须作为中心点，使政治参与或自我决定不只停留在理论上，而能转化为政治行动。也就是说，所有的知识和能力应该被调动起来解释、分析当前的冲突，使学生能针对每个情境采取政治行动。相较于政治教育冲突理论强调教育知识、导向知识、政治行为、行动知识四个层面知识的学习，政治教育批判理论更注重将知识的学习和行动的能力综合起来进行训练，以此增强学生采取政治行动达成“共同决定”的能力。

在反权威的学生运动中，基泽克也意识到冲突导向的政治教育有可能被误用，因为主体对个人冲突单向的强调，容易使个人强烈地偏执在自己的问题上不能自拔。[①] 为了解决这个问题，基泽克建议对个人冲突的分析和审视必须在政治的客观联系中进行，对此他以 10 个政治领域来限制对主观冲突的分析，以使得在政治课上对冲突的讨论不会固定在特定的私人问题上。这 10 个范畴在 1965 年第一版《政治教育教学法》中分别是冲突、具体性、法律、功能的关联性、利益、共同参与/决定、团结一致、意识形态、历史性、人性尊严，而在 1972 年的版本中，他特别强调必须以《基本法》作为这些分析范畴的规范和价值引导，同时也体现他要为弱势者争取权益的思想。

综上所述，基泽克 1972 年版《政治教育教学法》的新理念可以概括

① Hermann Giesecke，Didaktik der politischen Bildung. NeueAusgabe. München：Juventa，1972. S. 185.

为：政治的一切问题都要服从于《基本法》，它提供了一个对未来生活机会的承诺，并且按照其要求可以逐步实施。随着民主社会发展方向的逐步清晰，基泽克积极为社会弱势阶层策划一种新的政治教育教学模式。基泽克认为最高的学习目标应该从《基本法》中派生出来，他将之界定为"共同决定"，并给出了五个次目标，将对社会冲突的分析限定在10个政治领域内，防止教师和学生对冲突的分析仅仅停留在对个人利益问题的关注上。不难看出，基泽克政治教育教学观念的焦点是"核心的政治意识应作为一个整体的社会历史问题，政治课程的开展应结合具体的政治行动"，"在教育工作方面，具体的政治行动应使社会能够朝着思想解放的方向改变"。换句话说，"政治教育应该努力协助社会的政治变革"。[①] 虽然基泽克构思了政治教育课程的主目标以及次目标，但需注意的是，基泽克并不提供一套由目标所指引的固定内容或是所谓有效的教学技术。他提供的只是设计和处理教学过程的程序，从而使学生利用自我的生活经验或兴趣找到一条通向正确的政治意识的道路。

三　政治教育批判理论的影响

在联邦德国政治文化转型的前20年内，基泽克的政治教育思想也是动态的，他经历了从学生时代到从事政治教育工作，再到大学任教研究的过程。20世纪50年代"欧廷格与李特"之争给他留下了深刻的印象，从60年代起，受导师欧廷格的影响，基泽克开始关注民众的"政治参与"。与欧廷格不同的是，基泽克思考的是如何将这种政治诉求在青少年的学习时代达成。政治教育冲突理论及其教学法旨在培养学生对冲突情境的理性分析、掌握采取政治行动的系统知识以及对政治事实进行自我判断的能力。

20世纪60年代末到70年代的学生运动，使基泽克越发感觉到社会变革的必要性，于是他在原有理论基础上加入了政治批判和反思意识，主张对社会和政治进行批判，训练学生自我认知、自我判断以及采取政治行动追求利益的能力，以此推动社会和政治的解放，促进社会民主化进程。这种融合批判、解放和反思意识的政治主张符合联邦德国政治文化转型的理论需求，结合冲突分析、批判—解放教育学思想的政治教育批判理论才被

① Hermann Giesecke, Didaktik der politischen Bildung. NeueAusgabe. München: Juventa, 1972. S. 159.

政府和政治教育机构重视，他的政治理论教学法也才得以推广和大范围实践。基泽克的教育思想和教学实践，也引起了学术界的广泛关注和探讨，虽然也有反对的声音，但其在学术上毕竟引领了一种教育思潮，且著作不断再版，如1972年版的《政治教育教学法》先后再版6次、《教育学概论》先后再版5次，时至今日依然被政治教育学术界视为经典，他创立的冲突分析教学法仍被广泛运用。

基泽克的教育思想，由20世纪60年代的政治教育冲突理论发展为更成熟的70年代的政治教育批判理论，这种发展变化实则是对联邦德国政治现实、政治文化变迁的有力思想回应。这一学术历程，始于基泽克的恩师欧廷格与李特的那场在政治教育理论界产生了持久影响的思想交锋，历时近20年，这也恰恰是战后德国政治文化与政治教育曲折变迁交织剧烈变革的20年。这种有力的思想回应源自基泽克作为资产阶级的思想精英对德意志国家和民族命运的高度关注，并以极大的热情投身于文化教育变革的责任感；源自基泽克从社会现象和政治冲突的表象，从民众的政治心理和行为表现，深刻把握了社会思想形态和政治文化变迁的实质；源自其对政治教育面临的形势任务和困境挑战所做出的客观深刻的分析，并力图揭示政治文化变迁和政治教育的规律，发现并提出政治教育的主题和途径方法。在做出思想回应的过程中，基泽克也升华了他的教育思想，完善了自成一派的教学法，推动了德国政治教育的发展变革，其也成为当代德国有重要影响的政治教育学家。

第三节　阿多尔诺“奥斯威辛之后的教育”思想

德国是20世纪两次世界大战的策源地。纳粹德国挑起的第二次世界大战给欧洲人民带来巨大灾难，也给德国人民带来无尽的痛苦回忆。为了不让灾难再度发生，联邦德国人民在第二次世界大战后逐步开展了集体反思。这种反思一方面来自民众内心自发的悔恨情绪和负罪感，另一方面得益于联邦德国政府长期坚持不懈推进的第二次世界大战历史教育。德国政治家认识到，对重大的历史问题，如反犹主义及其种族屠杀、国家社会主义等，整个民族必须要有一个明确统一的认识，否则，在特定的环境条件下，其余毒有可能演变成为新的社会思潮和社会运动，威胁民主政治体系，造成国家内部动荡。另外，从更积极的意义上说，为了从根本上促进德国民众对资产阶级政治思想、政治权力和政治体制的“集体认同”，就必须彻底铲除德意志民族灵魂深处长久以来残存的对军国主义、极权主义、极端民族主义的认同感，消除德意志民族传统的“臣服型”政治文化，形成并发展出“参与型”的民主政治文化。因此，第二次世界大战历史教育是联邦德国政治教育的重要组成部分，构成了战后联邦德国政治教育理论与实践发展演进的主线，也是德意志民族战后反思历史罪责、走上西方民主化道路的重要推动力量。

但是，德国的第二次世界大战历史教育的实施并非一帆风顺，在20世纪50年代到60年代中期曾经历过曲折甚至倒退，一度陷入“逃避罪责、掩饰罪行的历史教育”的泥潭。作为法兰克福学派的代表人物，特奥多·阿多尔诺在1949年结束流亡返回德国后，十分关注第二次世界大战中发生的惨绝人寰的大屠杀并对其背后隐藏的大众文化进行了严厉的批判，正如他的名言：“奥斯威辛之后写诗是野蛮的。”① 他把对大众文化的悲观论断带进了教育领域，发表了以“奥斯威辛之后的教育”为代表的系列演说，对20世纪60年代之后的德国第二次世界大战历史教育产生了深远影响。

一　阿多尔诺“奥斯威辛之后的教育”思想产生的历史背景

1945~1949年，美、英、法作为战胜国在西德地区进行了大规模的“非纳粹化”和“民主化”改造，但这种强制性改造并未从根本上清除德意志民族根深蒂固的军国主义、种族主义思想。1949年8月联邦德国刚刚成立的时候，一项民意调查显示，23%的西德人仍保持排犹主义立场②；仍有超过25%的民众认同希特勒是“为德国做出了最大最多成就的人”；20世纪50年代初，有36%的被询问者把由战胜国推进的“非纳粹化”看作德国民主化的直接障碍。20世纪五六十年代中后期，虽然联邦德国政府坚持对纳粹政权进行批判，但此时的第二次世界大战历史教育却倾向于用各种借口掩盖历史真相、掩饰德意志民族的罪行，回避德国应负的罪责。历史教育的导向性错误导致这一时期联邦德国在纳粹历史问题上陷入了严重的社会纠葛。

① Theodor Adorno, Kulturkritik und Gesellschaft II. Suhrkamp, 1977. S. 49.

② Klaus Ahlheim, Aktualität eines Klassikers, von Tribüne: Zeitschrift zum Verständnis des Judentums, Frankfurt am Main, Heft 197, 2011. S. 162.

20世纪五六十年代的冷战形势和国际政治格局的变化，对联邦德国的第二次世界大战历史教育产生了十分消极的影响。战后西德很快成为美国在欧洲同苏联对峙的前沿阵地。随着冷战铁幕的落下，美国国内麦卡锡主义大行其道，反共、排外浪潮迭起。在欧洲，美国积极扶持联邦德国重整军备、加入北约，将其打造成对抗社会主义阵营和华约的排头兵。联邦德国阿登纳政府从国家安全和内政外交考虑，全面倒向以美国为首的西方阵营，在美国怂恿下奉行复仇主义和反共政策，并为了重整军备而起用了大批纳粹残余分子。此时，西德的历史教科书也把西德描述成反苏反共的阵地、东西方对垒的前沿，对第二次世界大战历史的描述受此影响也被篡改了。例如，希特勒在1939年之前的一系列阴谋被写成“防御布尔什维克的正当演习”，纳粹第三帝国是和苏联一样的“极权主义”政权，德国的战败是因为“背弃了上帝”（Abfall von Gott）。[①] 1939年的战争爆发是“偶然事件”，“德国永远不能放弃对东方地区的权利要求”。[②] 左派人士将其归因为“军国主义”（Militarismus）和“资本主义”（Kapitalismus）。通过宣扬这种空洞的理由，一大批纳粹时期在政界和管理岗位任职的战争罪犯及其追随者掩盖和逃脱了罪责。

在50年代的联邦德国历史课堂上，“纳粹历史”属于必须讲述的内容，但相较于其他更久远的历史，“纳粹历史”却被过度边缘化了。一些教师在讲述第二次世界大战和纳粹问题时缺乏勇气与理智，只重点讲解魏玛共和国的崩溃、希特勒夺取政权、“极权主义”（影射苏联）的罪行等。虽然课程要求批判希特勒等纳粹头目的邪恶，但对若干重要历史问题的描述却被歪曲了。许多教师哀叹“德国文化的衰落”，并将其归因于希特勒驱逐了大量作家、艺术家和诺贝尔奖得主，而不从政治和文化的根源上寻找原因。

除了政府层面的肆意歪曲，这一时期的历史教育还受制于西德民众面对纳粹历史时悲悼无能、麻木逃避的政治心态。经历过战争痛苦的德国人希望“强制忘却”第二次世界大战历史，不愿意反省共同背负的战争罪责，将罪责归于邪恶的希特勒本人和纳粹政权。因此，关于希特勒的人格特质

① Annegret Ehmann，Nationalsozialismus und Holocaust in der Historisch politischen Bildung，Brinkmann，Annette（Hrsg.）：Lernen aus der Geschichte，Bonn，2000. S. 11.

② 王洪娟、刘传德：《德国的历史教学》，《史学史研究》1998年第2期，第73页。

和“天才般”政治鼓动能力的研究成为许多领域研究的热点，潜在的动机是努力为自己和大众在战争中的行为辩解开脱，根本不愿承认自己充当了纳粹政权的“行刑者”。所有提醒人们联想到过去的东西都被砸烂或移到别处，集中营也被夷为平地或封闭起来。成年人甚至在家里故意向孩子传递错误的历史知识，歪曲历史真相，以掩盖自己及其同代人过去对纳粹的支持或追随。而此时的历史教师都是经历过第二次世界大战的一代人，他们对于讲述纳粹历史怀有本能的恐惧和阻抗，对触及历史真相极其担心和焦虑，只想以最便捷的方式完成规定的教学任务，甚至有教师在私下里对纳粹抱有同情和好感，眷恋过往的历史。中学历史教学还遇到了来自学生家长的阻力，因为老一辈人不希望他们的孩子了解关于纳粹的事实，学生因此对于犹太人大屠杀之类的事实真相知之甚少。

这种政府及社会大众对历史罪责的集体无视和淡漠，最终导致 1959 年联邦德国境内发生大规模反犹事件。1959 年圣诞节前夜，反犹分子在科隆市犹太教堂外的墙壁上涂抹纳粹“卐”字标志和反动标语，诸如“德国觉醒”“希特勒德国永存”“犹太人滚出去”等[①]，并且毁坏了犹太人墓地。其他反犹分子在各地群起效仿，到 1960 年 2 月共引发约 500 起骚乱。这些事件造成了恶劣的国际影响，对德国纳粹死灰复燃的质疑铺天盖地而来。联邦政府随后追究责任时，虽一再强调这种行为抹黑了德国的形象，但其在揭露德国人的反犹倾向背后更加深刻的社会政治心理和文化根源方面依然显得小心谨慎。

迫于国内外的巨大压力，一些清醒的政治家认识到教育改革的必要性。1960 年 2 月 8 日，西德内政部部长格哈德·施罗德（Gerhard Schröder）在联邦议会发表讲话时，指出数百起骚乱反映了德国民众对待历史的态度，其原因在于缺乏“启发全民责任心的教育典范和恰当的德国历史教育”，导致整个联邦德国的教育事业陷入危险的境地。[②] 西德文化部长联席会议（Kultusministerkonferenz）随后发出通知，要求各地中学历史课堂对最近发生的反犹事件进行讨论，并首次将“纳粹主义”（Nationalsozialismus）作为

---

① Klaus Ahlheim, Adorno Revisited: Erziehung nach Auschwitz und Erziehung zur Mündigkeit heute. Hannover, 2010. S. 17.

② Peter Steinbach, Holocaust und Schulunterricht, http://www.tribuene-verlag.de/TRI_Steinbach.pdf.

一个重要主题引入政治历史课堂教学。1962 年 7 月，西德文化部长联席会议发出通知，要求各州在近现代史教科书的编写工作中遵循“批判极权主义的路线”。

作为法兰克福学派的代表人物，阿多尔诺对这一时期的德国政治和社会现状感到深深失望，并且敏感地意识到了危机。此时的德国教育家都致力于批判纳粹政权的罪恶，唯恐自己在纳粹时代不光彩的过去被揭露出来，而阿多尔诺则屡次在公开演讲中探讨德国的人性与社会。进入 60 年代，面对大规模反犹事件，阿多尔诺对大众文化的悲观情绪越发强烈。1965 年，法兰克福刑事法庭对 20 名党卫军罪犯进行了著名的“奥斯威辛审判”（Auschwitz Prozess），这是联邦德国第一次向全世界传达纳粹迫害犹太人的真实情况。在此次审判期间，阿多尔诺在他的“形而上学”哲学课上说，“我们过去经历过的那些事情，没有亲身经历过的人在今天也依然能感受得到：曾经导致了奥斯威辛惨剧发生的那个世界，到今天并没有多大改善”。[①] 1966 年，他在自己最重要的学术成果——《否定的辩证法》一书中，对这一时期的德国文化做了最犀利的点评：“奥斯威辛之后的一切文化，包括对它的迫切的批判都是垃圾。”[②]

二　阿多尔诺针对教育领域的社会批判思想与教育主张

特奥多·阿多尔诺，德国哲学家、社会学家、音乐理论家，法兰克福学派第一代的主要代表人物，社会批判理论的理论奠基者。

1921 年阿多尔诺进入黑森州美因河畔的法兰克福大学（Johann Wolfgang Goethe-Universität Frankfurt am Main）学习哲学、心理学、社会学和音乐。1924 年获得哲学博士学位，1931 年被聘为法兰克福大学讲师。1934 年当纳粹德国开始崛起时，他愤然离开德国移居英国，执教于牛津大学。1938 年又侨居美国，先后受聘于纽约社会研究所、普林斯顿·拉杜克社会研究所和加利福尼亚大学伯克利分校，主要从事社会研究。1949 年，阿多尔诺返回法兰克福，协助霍克海默重建社会研究所，并任法兰克福大学哲学与社

① Theodor Adorno, Metaphysik, Begriff und Probleme (1965), Rolf Tiedemann Verlag, Frankfurt am Main, 1998. S. 162.

② Theodor Adorno, Gesammelte Schriften 6: Negative Dialektik, Rolf Tiedemann Verlag, Darmstadt, 1998. S. 359.

会学教授。1950 年 8 月，阿多尔诺任社会研究所副所长。1958 年，他接替霍克海默任所长。在学术研究方面阿多尔诺涉猎广泛，一生著述甚丰，代表作有《启蒙辩证法》(1947)、《新音乐哲学》(1949)、《权威主义人格》(上、中、下卷，1950)、《多棱镜：文化批判与社会》、《否定的辩证法》(1966) 等。在法兰克福大学，阿多尔诺主要讲授哲学和社会学。在哲学领域，阿多尔诺富有批判精神和正义感，坚决反对各种形式的“社会压迫”“社会歧视”，不仅是法西斯主义、资本主义的社会压迫，而且包括过于严格和专制的教育与社会文化。

从 1955 年开始，阿多尔诺在黑森州广播电台发表了一系列关于“走向成熟的教育”(Erziehung zur Mündigkeit) 的演说，其中以 1966 年 4 月 18 日题为“奥斯威辛之后的教育”演说最为轰动。他指出：“今天的一切教育都是奥斯威辛之后的教育”，“教育的第一目标就是不再出现第二个奥斯威辛，‘奥斯威辛之后的教育’主要指向两个领域：一是对孩童的教育；二是启发大众产生一种精神、文化和社会思潮，禁止残暴的行为再度发生”。[①] 阿多尔诺从社会学和心理学角度对导致奥斯威辛灾难的德国大众文化进行了剖析和抨击，强调教育对于避免奥斯威辛灾难重演的重要意义，并在此基础上提出了一系列政治历史教育的理论和方法。此次演说促使西德教育界对政治历史教育进行大量研究，其影响一直延续到今天。自此次演说后，联邦德国第二次世界大战历史教育就被称作“大屠杀教育”。20 世纪 60 年代后期，以马克斯·霍克海默和阿多尔诺为首的“法兰克福学派”提出的社会批判理论得到官方认可，开始在中学政治和历史课堂上付诸运用，历史教育逐步确立了方向和目标。

总结阿多尔诺在 20 世纪五六十年代的系列演说，其针对教育领域的社会批判思想和教育主张主要包括以下几方面。

1. 教育的任务和德国社会潜藏的危机

阿多尔诺在“奥斯威辛之后的教育”演说一开始就提出，“教育的第一任务是阻止奥斯威辛的灾难重演”。[②] 针对当时德国的大众文化和社会心理

① Th. W. Adorno, Education after Auschwitz. Hamburg: Kraemer, 1997. S. 13.

② Theodor Adorno, Erziehung zur Mündigkeit, Vorträge und Gespräche mit Hellmuth Becker 1959-1969, Gerd Kadelbach, Frankfurt am Main, 1970. S. 92.

状态，阿多尔诺指出 20 世纪 60 年代的德国社会结构及其成员，相比纳粹时代并没有多大改变。认知缺失或非理性行为导致暴行再度发生的可能性仍然存在，奥斯威辛屠杀中隐藏的那种阴暗性格并没有远离德国人。他认为战争结束以后关于教育方式的讨论都难以阻止奥斯威辛灾难的重演，真正应该关注的是“野蛮”（Barbarei）。按照弗洛伊德的理论，人类文明本身会衍生出反文明的黑暗一面并不断被强化，如果文明自身播种了野蛮，反抗就显得绝望。阿多尔诺认为，野蛮扎根于大众文化之中，奥斯威辛集中营的存在本身就是人类倒退到野蛮状态的象征。只要大众文化没有改变，野蛮就不会消亡，社会发生倒退的可能性就持续存在。例如，人类社会自 19 世纪末虽取得了巨大进步，但随之而来的是极端民族主义情绪在全世界的蔓延。从一战期间土耳其军队屠杀亚美尼亚人开始，民族主义情绪导致的种族屠杀现象愈演愈烈。科技的进步又带来了原子弹，它一次就能夺走几十万人的生命，这也是一种变相的种族屠杀。人类不断地在进步和野蛮之间徘徊，这就是世界历史的本质。战胜野蛮、实现“去野蛮化”（Entbarbarisierung）的唯一希望就是教育。

阿多尔诺认为，教育工作者应该研究促使纳粹时代的德国人集体犯罪的潜在机制，研究这种机制是怎样产生和如何发挥作用的，以防止它再次激起人们某种负面的集体情绪。正是这种“机制”（Mechanismen）让德国人在非理性状态下将仇恨和怒火发泄到受害者身上，并且深陷其中无法进行自发性的反思。打破这种机制必须发挥启蒙（Aufklärung）和教育（Erziehung）的作用，教育的所有意义都在于引领人们进行批判性的自我反思。“奥斯威辛之后的教育”应该分为两个部分：一是儿童教育，特别是儿童早期教育；二是对大众的启蒙，努力创造一种阻止奥斯威辛灾难重演的思想、文化和社会氛围。[①]

2. 儿童教育和对大众的启蒙

阿多尔诺认为，儿童早期教育是“奥斯威辛之后的教育”中最重要的部分。那些穷凶极恶的罪犯，往往在 5~8 岁时就形成了暴戾的性格，因此教育应着眼于儿童早期。阿多尔诺调查发现，具有反犹主义倾向的孩子大部分来自工人和小市民家庭，因为他们的父母在第三帝国时期大多是纳粹

① Theodor Adorno, Erziehung zur Mündigkeit, S. 95.

党的积极追随者。“父母是大众文化的产物，同大众文化一样野蛮。”[①] 这些父母成了历史教育的强大阻力，他们在家里为种族主义辩护，结果孩子也受到影响。为了同这些负面影响相对抗，启蒙和教育工作应该从幼儿园就开始。家庭是儿童教育的第一场所，学校只是儿童教育的辅助机构，因此应该高度关注家庭教育。教师应该拿出勇气，甚至直接和学生父母相对抗，要让学生知道，他们的父母也可能是错的。同时还应该培养儿童友爱互助的精神。如果一个孩子感觉在学校被孤立的话，他也会不愿与他人交往，如此就形成并传播了“冷漠”，而冷漠正是反犹主义产生的温床。

弗洛伊德曾在其《文明及其不满》一书中描述了个体具有以自我为中心、追求自由的本能，而社会则会对个体的这种本能加以约束和控制，文明正是在个体与社会的对立和冲突中不断演进的。阿多尔诺认为，弗洛伊德没有预见到社会对个体的压力会引发大规模的暴行。在一个高度系统化、体制化的社会中，个体会有一种被监禁的感觉，阿多尔诺称其为“幽闭恐惧症”（Klaustrophobie）。社会对人的控制越严密，人就越想冲破社会的牢笼。对禁锢的不断反抗衍生出非理性和暴力，人们需要寻找目标发泄愤怒。而历史已经证明了，这种愤怒总是指向弱者，特别是那些社会地位低下却被认为谋取了不当利益的群体，例如纳粹时代的犹太人、吉卜赛人和同性恋者。当代的社会发展同样存在这种趋势。在文明有序的表面下，占统治地位的多数人会对少数群体或职业形成压迫，即使不是犹太人，也会有别的群体成为牺牲品。如果这时强权者恶意引导，压迫就会演变成大规模的暴行。平常最忠厚老实的人都可能在这场大潮中失去自我克制的能力，被诱惑参与对少数群体的迫害。阿多尔诺认为，只有通过启蒙公众、构建一种宽容理性的社会氛围和大众文化，才能消解社会发展带来的压迫。启蒙的关键在于，通过教育把人从恐惧中解放出来，让人重新认识自己在社会中扮演的角色，强调人的“主体性”而非“集体性”，每个成熟的公民都不应该在社会浪潮中随波逐流。

3. “冷漠”（Kälte）与“坚强”（Härte）

对“否定的辩证法”的系统阐述，是阿多尔诺终其一生最重要的学术成就，其最大的贡献就是从理论上为法兰克福学派的激进批评理论奠定了

---

① Theodor Adorno，Kritik，Kleine Schriften zur Gesellschaft，Suhrkamp 2. Aufgabe，1973. S. 122.

基础。同时，对阿多尔诺来说，建立“否定的辩证法”的现实意义在于对资本主义社会进行深刻的批判，对现代资本主义文化理论，特别是关于“文化工业”的本质特征与其社会功能的揭露，从而揭示资本主义国家文化堕落的根本原因。阿多尔诺认为，数千年来人类社会形态的基础并不是亚里士多德描述的“人与人之间的吸引力”，而是个人为了自身利益对他人的损害，并由此产生了人类学的基本特征——冷漠。到了现代资本主义社会，复杂的利益关系导致人与人之间的冷漠程度大大加深了。阿多尔诺在《否定的辩证法》中评价说，冷漠已成为资产阶级主观性的基本原则。[①] 奥斯威辛这样的灾难能在现代文明中发生，其心理学基础即是冷漠。冷漠造就了数量庞大的强权“跟随者”（Mitläufer）：人们在强权统治中发现了某些有利于自己的地方，然后就选择沉默，以免说话不慎危害到自身的利益。这种暴政下的沉默也意味着漠视受害者的遭遇。纳粹领导人深谙此道，因此敢于肆无忌惮地实施暴行。整个纳粹统治期间，德国抵抗纳粹的人数寥寥，1944年刺杀希特勒的行动也不过集结了两千人，而纳粹德国人口有七千多万。阿多尔诺进一步指出，冷漠并没有因为战争结束而有所减少。消解冷漠需要人们互相传递“温暖”（Wärme）和“爱”（Liebe），“今天人们无一例外都感觉不到来自别人的爱，因为每个人都不愿意去爱”。[②] 因此，不能指望那些经历过“野蛮时代”的父母能教会孩子如何去爱，他们只能把冷漠传递给下一代。教育是改善这种状况的重要途径，关键在于要让人们认识到自己为什么会变得冷漠，要从自身做起学会关爱他人。

受军国主义思想的长期影响，德国人常常自诩为“坚强的民族”并将坚强视为一项美好的品质，希特勒也曾号召德国青年“如克虏伯的钢铁一样坚强”。阿多尔诺认为，这种备受推崇并成为教育方向的“坚强观”（Hart-Sein）根本就是在漠视痛苦。“坚强”鼓舞的是一种所谓男子汉气概，要求人们面对痛苦时表现出最大限度的忍耐力，先漠视自身的痛苦，然后再漠视他人的痛苦。因为人们在痛苦时不能表现出来，往往就把怒火转移发泄到无辜的弱者身上。因此，教育不应当鼓励所谓的“坚强”，应当允许

① Theodor Adorno，Gesammelte Schriften 6：Negative Dialektik，Rolf Tiedemann Verlag. Darmstadt，1998. S. 363.

② Theodor Adorno，Erziehung zur Mündigkeit，S. 106.

人们把恐惧和痛苦都表现出来，那么伪装坚强导致的灾难后果也许就会消失。

4. 在“集体性”（Kollektiv）中的迷失

阿多尔诺认为，奥斯威辛集中展现了法西斯主义者以“集体性”为幌子对大众的操纵，以及大众在“集体性”中的迷失。① 在纳粹时代，对于集体力量的幻想填满了德国人的大脑②，人们主动将自己融入集体，从个人对社会的屈服中获得快感。领袖和“德国”变得至高无上，个人理想也转变成对“元首”的无限崇拜和依赖。希特勒通过制造集体狂热来消解工业社会中人们低落的情绪，每个人都被打造成国家机器的一个“齿轮”，放弃或者丧失了自我判断的能力。在此，德国的传统教育难辞其咎，因为其理念是要求个人无条件服从国家的需要，整个民族都要按照某个设定的方向共同前进。个体追求作为集体成员的强烈存在感，愿意为此忍受肉体的痛苦，而无视以集体名义犯下的暴行。

阿多尔诺认为，从过去的经验可以看出，个体走向群体的过程，也是一个心理与行为退化的过程。战后的德国社会依然在强调个人对国家、集体的义务、责任和忠诚，各行业中集体利益至上的思想仍然存在，大众并未从“集体性”中清醒过来。为了摧毁大众在心理上对集体观念的认同和陶醉，教育应该充分借鉴弗洛伊德等心理学家的理论，揭露法西斯分子暗示、催眠大众的心理机制，培养学生自我决断的意识和能力——阿多尔诺称其为“自律性”（Autonomie）。抵抗奥斯威辛定律的唯一力量就是“自律性”，用康德的方式描述就是——反省（Introspektion）、自主（Selbstbestimmung）、不参与（Nicht mitmachen）。③

5. “权威人格”（Autoritären Charakter）与“物化”（Verdinglichung）

“权威人格”是阿多尔诺在1950年提出的一种人格特征，复杂刻板又难以捉摸，主要表现为盲目服从、个人崇拜、政治保守、种族偏见等反民主的情感与意志。权威人格在德国有着悠长的历史，构成了法西斯政权的社会心理基础。当1918年第二帝国崩溃、魏玛共和国匆匆建立的时候，德

① Theodor Adorno, Stichworte. Kritische Modelle 2, Suhrkamp, 1969. S. 92.

② Theodor Adorno, Was Bedeutet: Aufarbeitung der Vergangenheit, in: Gesammelte Schriften, Bd. 10. 2, Frankfurt am Main, 1977. S. 563.

③ Theodor Adorno, Erziehung zur Mündigkeit. Frankfurt am Main: Suhrkamp, 1971. S. 97.

国人并没有做好心理准备去独立思考并参与国家的政治生活。面对不费功夫就得来的自由，大众惊慌失措而非喜悦。整个 20 世纪二三十年代，德国人都在不断寻找理想的“权威人物”施行统治，先后用选票把兴登堡和希特勒送上独裁者的宝座。他们向暴君拱手相让自己所有政治权力时表现得甚为迫切，另外却仇视、欺凌比自己弱小的个体，靠外表的强硬来掩饰内心的虚弱。这种扭曲的人格是导致奥斯威辛灾难的重要原因之一。

阿多尔诺认为，权威人格的形成与德国的传统家庭教育和学校教育有密切关系。在西方各国中，德国的父母以对孩子的严厉管教和约束而著称。这种专制的家庭气氛强调父母的绝对权威和孩子的绝对顺从，只有孩子完全按照父母的意志行事才会得到关心与奖赏，孩子的叛逆行为只会受到严厉的惩罚。在德国传统的中小学课堂上，教师处于绝对的支配地位，教学过程机械化，学生必须无条件服从教师的指挥。人们长期服从权威变成了心理上对权威的依赖，权威扮演着“父亲”的角色。另外，经历过长期压抑教育的孩子长大后，会寻求从非权威向权威角色的转变，对其他更弱小的个体形成压迫。因此，必须打破长期统治德国教育界的这种反个人主义的权威思想，当代教育家应该努力探寻平等的教育理念，在中小学阶段实现对权威人格的弱化乃至消解。①

阿多尔诺曾在 1938 年《论音乐中的拜物特性与听觉退化》一文中提出，资本主义经济具有的拜物教本质导致了“物化”现象——人与人之间的关系被转变成物与物之间的关系，人被物驱使导致彼此间越来越孤立。②在 20 世纪 60 年代针对奥斯威辛的批判中，阿多尔诺进一步指出，现代技术作为文化工业的帮凶，让人的“物化”程度大大加深了。在德国这样一个沉迷于技术的国家，技术被过度地神化了。技术沦为不同族类的人群自我防卫的工具，以至于人们忽视了技术的本来目的——让人有尊严地生活。沉迷于技术的人不懂得怎样去爱别人，因为他们的爱已经被各种物质、器械占据了。“物化”在纳粹时代发展到顶峰，德国的工程师挖空心思设计出一个复杂的运输体系，能够以最快的速度和最高的效率把全欧洲的犹太人

① Theodor Adorno，Erziehung zur Mündigkeit. Frankfurt am Main：Suhrkamp，1971. S. 123.

② Theodor Adorno，Über den Fetischcharakter in der Musik und die Regression des Hörens，In：Zeitschrift für Sozialforschung VII，1938. S. 322.

运往奥斯威辛集中营，却丝毫不考虑这些犹太人会在奥斯威辛迎接什么命运。绝对的极权带来绝对的“物化”，整个社会都在其中迷失了方向，“一个社会的极权程度越高，精神的物化就越严重，任何依靠自身努力逃离物化的尝试看起来都自相矛盾”。[①] 制止“物化”的蔓延应该从儿童教育开始。那些经历过“野蛮”时代的父母，往往只会给予孩子一些物品来代替“温暖”和“爱”，那么孩子就会认为“爱”存在于物品中，而不是人与人之间。教育应该帮助儿童树立对“爱”的正确认识，指导他们与他人交往以取代对物质的迷恋。

三　20 世纪 60 年代联邦德国第二次世界大战历史教育的变革

阿多尔诺在“奥斯威辛之后的教育”系列演说中展示出对 20 世纪 60 年代德国大众文化和社会道德现状的绝望，延续了自 1944 年《启蒙的辩证法》以来其对文化和理性的批判。他的演说虽没有谈论具体的教育方式，却为今后的德国教育指明了发展方向。这一系列面向公众的电台演讲激起了德国青年一代对父辈历史的质疑和学术界讨论奥斯威辛的热潮，对 60 年代以后的德国第二次世界大战历史教育产生了深远影响。

1. 阿多尔诺的教育主张对学生运动的影响

1968 年席卷欧美的青年运动中，西德大学生运动集中展现了新老两代德国人之间观念与理想的激烈冲突，并以对父辈良知的拷问、对教育体制的抨击而独树一帜。西德学生运动以法兰克福学派的理论为指导思想，阿多尔诺对德国教育的批判和否定一切的社会批判理论更被大学生们视为经典（尽管阿多尔诺自身也在学生运动中受到了冲击）。战后出生和在议会民主制度社会中成长起来的“抗议的一代”（也称“68 一族”，68-Jähriger）发现，他们的父辈正是阿多尔诺口中把希特勒送上独裁者宝座的强权“追随者”，却在家中对自己当年姑息纵容纳粹政权的历史语焉不详。而现在老一代人又垄断着新的联邦共和国的所有权力，继续着充满压迫的“独裁统治”。青年人对老一代人逃避和掩饰自己在纳粹时代的行为的做法表现出极大的不满和愤慨。纳粹德国的历史及其在西德的残余分子成为联邦德国学生运动攻击的目标，老一代人的纳粹历史遭到年青一代的无情清算。针对

① Theodor Adorno, Kulturkritik und Gesellschaft II, Eingriffe. Stichworte. Anhang, S. 49.

50 年代德国人试图“强制忘却”第二次世界大战历史的倾向，“68 一族”大声疾呼“不可忘却”，要牢记他们的父辈想要忘记的历史。这种冲突扩展到政党、学校直至家庭内部，震撼了整个社会，甚至引发西德政局动荡。批判理论家利奥·洛文塔尔（Leo Löwenthal）就此评价说，学生们的父辈在道德上的冷漠使得他们无法继承任何价值系统，因此要反对父辈的权威。①愤怒的青年学生对父辈的黑暗历史进行了猛烈抨击，整个联邦德国都在学生运动中接受了一场关于良知的洗礼。

对反叛倾注极大热情的学生们还发现，由僵化的教学体制、陈旧的教学内容、教授对学生的家长式管理组成的西德高等教育体系，正是阿多尔诺口中培育“权威人格”和“物化”精神、传递“冷漠”的温床。大学生们叫喊着“学士服里藏着千年的腐朽”（Unter den Talaren-Muff von 1000 Jahren），要求高校改革、师生平等、废除校长和教授的专制权力，迫使西德高等教育在 20 世纪六七十年代践行民主精神，进行了大规模改革。

1968 年的大学生运动极大地震撼了德国社会，更重要的是，在这场运动中成长起来的“68 一族”后来成为德国社会的中坚力量。

2. 德国教育界的大讨论

阿多尔诺此番演说第一次将教育批判的矛头对准社会大众和人性，而不是此前历史教育中控诉的纳粹领导人及其罪恶，在西德教育学界起到了振聋发聩的作用，引发了 20 世纪六七十年代德国乃至整个西方学术界对“反独裁教育”（Antiautoritäte Erziehung）和“反种族主义教育”（Antirassistische Erziehung）的大讨论。阿多尔诺演说之后的历史表明，他所呼吁的“教育的第一任务是阻止奥斯威辛的灾难重演”成为德国历次教育改革无懈可击的理论依据之一。1966 年以后西德教育界在处理奥斯威辛问题时，阿多尔诺提出的教育理论逐渐成为他们的共识。对教育家们来说，阿多尔诺这一系列夹杂着道德映射和教育手段的演说，开启了以教育解决“奥斯威辛式”问题的前景，而且开创了一种新的教育模式：教育的思维和操作模式不应局限在某种专业性的讨论上，当它涉及对社会不良状况的诊断时，

① Leo Löwenthal，Unruhen－Professor Löwenthal über Berkeley，In：Diskus：Frankfurter Studentenzeitung，Okt，1966. S. 6.

就应该深入研究大众的意识来确定教育手段。[1] 它推动西德教育家在 20 世纪七八十年代围绕修订历史教科书、改进政治历史教育教学法方面进行了大量研究。

阿多尔诺的演说引发的讨论一直持续到德国统一之后。德国教育家弗朗茨·波格勒（Franz Pöggeler）在 1992 年点评说，阿多尔诺在“奥斯威辛之后的教育”演说中提出的若干要求，将是未来推动各种教育发展的基本准则，是避免人类自我毁灭的最后防线。[2] 阿多尔诺提出的“以教育阻止灾难”的思维模式，还被教育家和社会学家推广应对像核威胁之类的复杂问题。例如教育家君特·施赖纳（Günter Schreiner）就宣称，“教育的第一任务是阻止人类再度用原子弹互相屠杀”。[3]

3. 联邦德国历史教育的革新

法兰克福学派的社会批判理论在 20 世纪 60 年代逐渐得到联邦德国官方的认可，并被运用到中学政治历史教育的课堂上，阿多尔诺“奥斯威辛之后的教育”思想则在其中表现得尤为明显。联邦德国历史教育的革新主要表现在教育内容和教育方式两个方面。

阿多尔诺此番演说后，西德文化部长联席会议就把“犹太人大屠杀”设定为第二次世界大战历史教育的核心内容之一，此后联邦德国的第二次世界大战历史教育就被称作“大屠杀教育”，成为政治历史教育体系中的一个重要部分。在联邦政治教育中心的主导下，中学第二次世界大战历史教育的重心是关注普通人在纳粹时代遭受的苦难，其核心内容就是对以奥斯威辛为代表的种族迫害和屠杀的批判。相较于 20 世纪 50 年代逃避性的历史教育，1966 年之后的历史教育不再局限于抨击希特勒和纳粹政权，其指导思想是引导学生反思纳粹时代德国基层民众的软弱和冷漠、关注受害者的悲惨命运。除此之外，在各个学科的教科书中，再也见不到诸如“国家至上”“荣誉至上”“意志坚强”这种德国传统教育中鼓吹的口号，取而代之

---

① Bernd Fechler, “Erziehung nach Auschwitz” in der Multikulturellen Gesellschaft: Pädagogische und Soziologische Annäherungen, Juventa Verlag, München, 2000. S. 24.

② Franz Pöggeler, “Erziehung nach Auschwitz” als eine Perspektive der Erwachsenenbildung, In: Erwachsenenbildung in Österreich, Heft 4, 1992. S. 8.

③ Günter Schreiner, Indoktrinieren für Frieden und Abrüstung? In: J. Schweitzer. (Hrsg.): Bildung für eine Menschliche Zukunft. Weinheim und München, 1986. S. 244.

的是现代西方民主和法治的理念。

依照阿多尔诺的要求，教育应该宽容、平静、人道，致力于提高人的道德水平。1966 年后，一大批具有批判思想和清醒政治头脑的年轻教师主导了中学政治历史教学，并积极实践“师生平等”“平等竞争”“小组合作”等教育方式，以消解“权威人格”和“物化”。他们特别注重鼓励学生主动参与教学、主动考证历史，帮助学生培养独立思考和判断的能力。此外，20 世纪 70 年代之后，德国的小学历史课堂就已经开始组织第二次世界大战历史的主题讨论，并开始大规模建造纪念馆、纪念碑。随处可见的大屠杀纪念馆、纪念碑营造了一种浓厚的反思历史的氛围，这也回应了阿多尔诺对儿童教育和大众启蒙的呼吁。

在以阿多尔诺为首的社会学家的理论引导下，由大学生运动和教育界大讨论推动的联邦德国第二次世界大战历史教育在 20 世纪 60 年代中期以后走上了正轨，并得到联邦政府的鼎力支持。此后的冷战岁月风云变幻，但联邦德国历届政府在批判纳粹历史，尤其是反思屠杀犹太人的罪行方面从未动摇过，这保证了德国第二次世界大战历史教育一直保持着正确的方向和目标。

四　20 世纪 70 年代以后联邦德国第二次世界大战历史教育的发展

1969 年社民党领导人勃兰特当选联邦总理，新一届政府在第二次世界大战历史问题上采取了更加积极而严肃的立场。1971 年勃兰特在华沙犹太人纪念碑前的突然一跪，展示了德国人民反思历史的决心，令全世界为之动容。

进入 70 年代，一些城市当局和社会团体开始大规模纪念第二次世界大战中的受害者，西德树立起第一座受害者纪念碑。从事政治历史教育的教师和学生在西德各地建立了很多历史工作室，通过搜寻当地纳粹统治历史的痕迹，努力将这段历史保留在当地人民的记忆中。在政府方面，围绕阿多尔诺“奥斯威辛之后的教育”，联邦政府重新设计了历史教科书和历史课堂教学，一大批具有批判思想和清醒政治头脑的年轻教师主导了中学历史教学。

历史教育在 80 年代出现了教学方法的革新，由教师完全主导的历史教育转变为贴合学生个性的针对性历史教育。第二次世界大战历史教育开始走出课堂，其形式开始多样化，例如指导学生追寻本地在第二次世界大战中的历史、拜访历史见证人、组织参观纪念馆等，历史教科书已变得不那么重要。80年代初，联邦德国举行了以“纳粹时代的日常生活”（Alltag in Nationalsozialismus）为主题的中学生“联邦总统奖”历史知识竞赛，全国有18000名中学生参与。他们组成小组，独立调查纳粹时代的犹太人团体、被遗忘的集中营及遇难者。1988年11月9日至10日，联邦德国各地纪念馆、教堂、报刊、学校和青年团体纷纷纪念“水晶之夜”50周年。这是自第二次世界大战结束以来，德国境内第一次举国上下大规模纪念第二次世界大战受害者，活动并非官方组织，而是民众自发举行的。

1990年德国统一后的形势给第二次世界大战历史教育带来了新的挑战，促使德国政府积极探索新的第二次世界大战历史教育形式和手段，并赋予其更为鲜明的民主政治教育的任务，丰富拓展了历史教育的内涵，实现了历史教育从课堂到媒体、纪念馆的延伸，带动主流社会实现了“第二次世界大战史观”的彻底转变。

德国统一后，以“新纳粹”为代表的极端右翼势力沉渣泛起，他们在寻求扩大政治影响力的同时发动了多起针对外国人的暴力袭击。1991年秋，以年轻人为主的右翼团体在萨尔路易斯等地制造了针对外国人的骚乱和纵火事件，震惊德国朝野。更令民众惊骇的是各地青年右翼势力团体纷纷效仿，极右的小派别信徒剧增，这一年排外复仇暴力事件达1483起，1992年更是达到2584起。右翼分子的仇外行动和犯罪行为引起德国政府的高度关注和主流社会的强烈不满。在以法治国家的一切手段追究惩罚犯罪分子的同时，联邦政府和各州政府启动了一系列青年教育计划，开展了大规模的反对极端主义与仇外的宣传教育运动。联邦政府希望通过进一步普及深化历史教育，抨击极右主义、极端民族主义的暴政，来增强德国民众对民主政治、自由平等理念的共识，培养青少年基于西方民主政治思想的政治判断力，增强他们对民主社会的认同，更强调通过历史教育使学生具备对政治问题的独立思考能力，体现“人格教育”“公民教育”的诉求。

自20世纪90年代以来，除了在中学课堂上普及历史教育之外，联邦政府还注重通过各种媒介使反思教育深入到普通民众的日常生活中，让民众时刻对第二次世界大战罪行进行集体性反思，在潜移默化中接受心灵的洗礼。这种媒介主要表现为报刊、电影、电视的大力宣传，还有各种展览、企业员工教育等形式。在以前，清算纳粹历史的矛头主要对准前纳粹政权的重要人物与机构组织或者联邦德国政界的重要人物的纳粹历史。而现在，进入批判视野的是纳粹时期的普通人物。

进入21世纪，当代德国的10~20岁的青少年是战后出生的第四代德国人。在他们身上，上几代德国人严谨的作风被不断弱化，更追求自由和个性。在历史教育问题上，他们厌倦了几十年来“德国人集体有罪”的说教，对历史罪责常提出“什么时候才是尽头?”的质问，并因此产生种种叛逆举动。一位历史教师在课堂上播放电影《辛德勒的名单》，不料看过电影的学生却在校园大肆举起右臂行纳粹礼高喊“希特勒万岁!”，引发轰动。严峻的形势迫使德国教育机构在历史教育领域积极探索新的教学方法，并广泛开展历史试点教育，第二次世界大战历史教育实现了多样化发展。德国的教育家发现，20世纪八九十年代一度流行的组织学生参观集中营遗址、观看历史反思电影之类的教学方式已经有些过时了。这种单调的集体学习不为德国的孩子们所接受，影响了历史教育的效果。教育家开始尝试在一些地区和学校试点新的历史教育方法，让学生自己去认识历史，自己去调查、去现场思考。例如，美因茨中学的历史教师发起了“路石”调查活动。在学生上学走进教室的路上，教师错落地摆上石块，每一个石块都写着一位在第二次世界大战期间被纳粹分子杀害的犹太人的名字。学生需要选择一块路石，记下上面的名字，在课外去调查他的历史和被法西斯杀害的经过。学生可以从互联网上检索遇难者的档案记录。教师还带领学生到附近的犹太人居住区，考察犹太人过去的生活遗址，认识从古罗马时代以来犹太人世世代代为当地发展所做的贡献。①

进入信息时代后，媒体教育的意义日益凸显，德国媒体也在第二次世界大战历史教育中扮演了重要角色，报纸杂志中经常可见反思历史、抨击极权主义和“新纳粹”的文章，揭露第二次世界大战历史真相的德语书籍也极其丰富。一大批有关第二次世界大战历史的影视作品登上银幕，如《帝国的毁灭》《斯大林格勒战役》《铁皮鼓》等。这些作品更强调人性的关怀和对受害者的同情，在年轻人中反响热烈。近年来，德国各地都建立了记录第二次世界大战历史的纪念馆。以柏林为例，曾经饱受争议的柏林

① 范辉、王洛佳：《欧洲没有忘记第二次世界大战》，《新京报》2005年5月8日，第28版。

大屠杀纪念馆于2005年5月落成。纪念馆由2711块灰色混凝土石板拼接而成，象征着死于大屠杀的600万犹太人无助的情形。在纪念馆的地下信息中心，参观者可以聆听犹太受害者的悲惨故事。这座纪念馆是在德国政府全力推动下才完成的，它意在说明，最严重的罪行要通过最大的纪念馆作为象征，提醒人们永远铭记历史。在柏林还有很多小型纪念馆，它们使人们记住，纳粹统治和对犹太人的迫害对日常生活是一种痛苦折磨。柏林市民乘火车从格林瓦尔德车站出发时，会看到故意保留的废弃铁轨，这些铁轨提醒人们当年就是它承载的火车将犹太人从柏林驱逐到死亡集中营的。柏林的赫尔曼·埃勒斯广场上，一面镜墙记录了当时的人们将犹太同胞转运出去进行杀戮的悲剧，行人在镜子中看到了自己，它暗示“这与你也有关系”。这些纪念物无处不在，它无时无刻不在提醒，纳粹之所以能够犯下令人发指的罪行，只是因为一般的德国人在其日常生活中几乎没有表现出任何公民应当表现出的勇气。① 它给每个公民竖起了一面镜子。

得益于坚持不懈又不断创新的第二次世界大战历史教育，自20世纪70年代开始，德国民众在树立正确的“第二次世界大战史观”方面出现了积极的变化。在德国统一后的一次民意调查中，超过40%的德国人把“第二次世界大战”和“纳粹的罪行”视为20世纪德国历史教育中最应该保留的内容，这一比例远远超过了“1990年统一”“第一次世界大战”等历史事件。2006年，ALLBUS（“德国综合社会调查”）民意调查显示，对“德国人曾对犹太人犯下如此多罪行，我感到羞愧”，76%的德国人表示赞同，15.1%表示反对。在18~29岁的青年人中，71.1%表示赞同，18.3%表示反对。② 这些数据清楚地表明，德国社会已经普遍树立了正确的对纳粹的态度和“第二次世界大战史观”。

联邦德国第二次世界大战历史教育经历了曲折的发展过程，至今已进入了良性发展的轨道，不仅带动主流社会树立起对历史的正确认识，赢得了国际社会的广泛认可和尊重，而且极大地促进了民众对德国议会民主制度的认同。而阿多尔诺的社会批判理论和“奥斯威辛之后的教育”思想，对

① 〔德〕沃尔夫·勒佩尼斯：《德国历史中的文化诱惑》，刘春芳、高新华译，译林出版社，2010，第252页。

② Albert Scherr, Wir “und” die Juden: Gegenwärtiger Antisemitismus als Differenzkonstruktion. Berliner Debatte Initial 19, 2008. S. 1.

当今德国教育依然产生着重要的影响。2004年柏林市发布的《学校法》(Schulgesetz) 第1条指出，“教育的目的是培育健全的人格，坚决批判纳粹主义和所有为专制统治辩护的意识形态，将国家和社会活动建立在民主、和平、自由和人权的基础上”。① 可以说，阿多尔诺以他对德国大众文化丑陋面的犀利批判，帮助联邦德国半个多世纪来在现代资产阶级民主政治的道路上稳步向前，实现了他作为一个哲学家的最大社会价值。

第四节　罗尔夫·施密德尔的政治教育解放理论

在20世纪60年代末德国社会大变革的时代，以法兰克福学派为代表的思想界、学术界对工业社会和资本主义制度进行了全方位批判，深刻揭示了现代人的异化和现代社会的物化结构。激进的文化批判对60年代末席卷欧洲的青年学生运动产生了巨大影响。这场发轫于文化领域的思想革命，在政治教育领域也引发了围绕“解放”与“理性”的思想争论。受法兰克福学派的影响，激进派政治教育学者罗尔夫·施密德尔在其1971年出版的著作《政治教育批判》（*Zur Kritik der Politishcen Bildung*）中，将政治教育的目标定位成“民主与解放”。他认为政治教育的任务绝不只是对现行社会关系的维持，而应为人类的民主与解放做贡献。因此政治教育的首要任务是分析政治统治及其终结，而且民主化不能通过政治教育而只能通过实践来实现。他认为，作为“民主教育”的政治教育意味着教育对象要参与到对现存社会制度的斗争及转变中，必须反对极权、反对镇压。

一　政治教育解放理论的思想来源

“解放（的）”在德语中有两个对应的词：“Liberal”和“Emancipation”。“Liberal”有“自由的，解放的，不受局限的”蕴意，“Liberal Education”的字面含义是，把人从受局限、偏狭和蔽见中解放出来，使人获得自由的教育。“Emancipation”的拉丁文是“Emanciptio”，本是古罗马法中的一个专用词，指奴隶获得自由，或儿子成年后，从父亲家中解脱出来，独立成

① Schulgesetz für das Land Berlin, Herausgeber: Senatsverwaltung für Bildung, Wissenschaft und Forschung. Berlin, 2010. S. 9.

家立业。受法兰克福学派的社会哲学的影响，人和人类的解放，成了20世纪70年代德国各种批判教育学流派的共同主张和目标，也是西方所谓的批判教育理论、女权主义教育和后现代教育等流派的基本诉求。虽然他们对解放和达到解放的途径有不同的主张，但是致力于人和人类的解放及改善有利于人和人类解放的社会环境，却是这些流派共同的旨归。解放的教育（Liberal Education）源于古希腊并被以后的教育家所承继下来。解放的教育在德国批判教育学那儿被赋予了政治方面的含义——解放（Emancipation），这标志着解放的教育从个人本位向关注现实社会的转向。实际上，这种转向也与西方社会从自由资本主义向国家干预的资本主义发展的趋势暗合，解放的教育是理解西方教育发展史及当代教育现象的一条主线。

德语中的“Krise”（危机）和“Kritik”（批判）的词头都是“Kri”，意味着两者有一定的词源联系，即危机与批判是联系在一起的，批判的出现和展开往往是和危机的产生与蔓延分不开的，危机是批判的契机，批判是对危机的关注、分析、探讨和解答。施密德尔以“解放”为目标的政治教育解放理论主要关注两个层面，一是对危机进行分析、探讨、反思和批判，即启蒙；二是指出出路，即解放的途径和目标。

1. *作为启蒙的解放*

1944年，第二次世界大战即将结束时，在看到纳粹德国在战场上和集中营里的最后疯狂后。霍克海默和阿多尔诺指出：“我们真正地认识到了，为什么人类没有进入真正合乎人性的状态，而是堕落到一种新的野蛮状态。”① 在分析探讨这一人类社会现象及其原因的过程中，学者们提出的问题变得越来越尖锐和振聋发聩，个人的生活理想、社会机制和社会结构运行的方式全部受到怀疑，西方社会的基本范畴如启蒙、理性、个体、自我、现实的合理性和交往方式受到了质疑。另外，教育没有按照启蒙学者和新人文主义者的构想，成为倡导个体的所有能力全面发展和人的教育，却日益陷入一种尴尬之中，沦为社会中占统治地位的价值标准的工具，成为国家和政治集团的附庸，从而陷入与原初的动机相矛盾的境地。其自身的结构也越来越反映出现代社会的内在矛盾。

---

① 〔联邦德国〕马克斯·霍克海默、特奥多·阿多尔诺：《启蒙辩证法》，洪佩郁、蔺月峰译，重庆出版社，1990，第1页。

在德国，人们一方面批判文化教育学的保守性，指责它为现实辩护，另一方面又指责自我标榜为科学的经验主义教育学丧失了对价值问题和意义问题的关注，实际上充当了一个欺骗者的角色。在当代日益激化的各种矛盾中，特别是在 20 世纪 60 年代受法兰克福学派影响的学生运动及后来的各种社会运动的影响下，一些教育家如莫勒豪尔、布兰克茨、克拉夫基和沙勒等要求教育承担起批判和解放的功能，为实现培育理性的社会和理性的人的目标而奋斗。于是批判的教育学便应运而生了。

不过，这是一次新的启蒙，与 18 世纪的第一次启蒙不同。阿多尔诺在《启蒙辩证法》中总结了他获得的认识："由于工业社会正在逐步走向进步，正在努力战胜自己的贫困命运，它用来评判整个体系的观念，即把人作为一个人格，作为一个理性的载体的观念，便遭到了彻底破坏。启蒙辩证法在客观上转变成了虚妄。"① 理性通过统治堕落为自我确证的工具，由此引发了毁灭和自我毁灭。那些以本身为目的的专门科学和技术系统从根本上屈从社会现实，放弃了对现实的责任和变革现实的可能性。这场新的启蒙，是向我们说明人类的知识、人类的力量和人类的进步的界限和局限性，是对异化为工具理性的理性②自身的启蒙。因此，当代教育学必须以现代启蒙为特点并通过教育学实现现代启蒙，进行意识形态批判、社会批判和自身批判。

2. 作为批判的解放

批判教育学没有仅停留在对启蒙性和否定性的批判上，而是对人和人类的解放提出了自己的主张，这里只论及受哈贝马斯观点影响的合理性教育学的主张。哈贝马斯把人的兴趣分为三类：技术的兴趣、实践的兴趣和解放的兴趣。解放的兴趣就是人对摆脱束缚、获得解放的兴趣，其根本的方法是进行批判反思。由于启蒙运动以来的思想解放带来了工具理性的极端化，因此霍克海默和阿多尔诺倡导一种极端的否定哲学。马克思主义的解放是使人从异化的社会劳动和社会生产产生的不合理中解放出来，哈贝

---

① 〔德〕马克斯·霍克海默、西奥多·阿道尔诺：《启蒙辩证法——哲学断片》，渠敬东、曹卫东译，上海人民出版社，2006，第 189 页。

② 批判教育学所批判的"理性"，是工具理性，不是康德意义上具有超越性的理性，其所谓对理性的人和社会的追求，才是康德意义上的理性。参见尤西林《康德"理性"及其现代失落》，《陕西师大学报》（哲学社会科学版）1988 年第 3 期。

马斯抛弃了法兰克福学派的否定哲学，而认为马克思的观点有很大程度的合理性。

哈贝马斯与胡塞尔、海德格尔一样，把近代理性理解为工具理性。这种工具理性存在于人类对自然的行为中，并内化于人类能力的基本结构中。但是人的目的并不是物化和统治，解放的根本出路在于交往行为的合理化，即主体间无压抑的自由交往。哈贝马斯指出，普遍有效的交往是以真实性、正确性和真诚性为前提的。这种观点影响了德国一些批判教育学者。

同时，哈贝马斯不像马尔库塞和阿多尔诺那样拒斥实证主义与工具理性，其认为真正的问题不在于技术理性，而在于技术理性的普遍化。目的合理性和交往合理性各有属于自己的合法领域，在工具化行为方面，合理化意味着生产力的提高和技术控制的加强；相反，在社会交往领域，它却意味着不受控制的交往的扩大。他的这种态度影响了批判教育学对以实证主义为理论基础的经验教育学的看法。尼普科指出，批判教育理论的批判，不仅是对经验社会科学的新实证主义的科学概念的批判（因为它的宗旨是概念的明晰性、一致性、经验精确性、可证实性和价值中立），批判教育学同时还是一个确保经验科学的可能性并且又能促进批判性变革的理论。布伦塔洛（Von Brentano）就指出，实证主义和辩证法都认为自己具有批判理性，都是启蒙运动的继承者，其目的都是人和人类的解放。

二　政治教育解放理论的主要观点

施密德尔在 1964 年《教育学与合理性》一文中，开启了对德国传统教育学的批判。1966 年他发表了另一篇题为《什么是教育?》的短文，以社会学的观点对教育重新下了定义。首先，他认为传统的教育观面对不可忽视的社会改变必须调整。教育的思想必须因应社会的改变而改变：我们无法想象教育的观念和教育所服务的社会系统是互不相干的。教育理论和社会理论彼此互属，教育科学是社会科学，我们必须认识社会，以便能够查明，在社会中的教育是何物。[①]

施密德尔认为政治教育存在于社会之中，必须通过社会学的架构来理解政治教育；接着，他在此文中提出了他对政治教育解放理论的三个基本

① Rolf Schmiederer, Was ist Erziehung? Deutshe Jugend, 1966. S. 62.

理解。他首先提道："在政治教育的观念中包含了远多于事实的内涵。它含有一种理性的要求，在今天这叫作对解放的要求。"[①] 其次，要求解放对施密德尔而言并非只是一种规范性的要求，更不用说解放的要求建构了现代社会本身。成年的定义并非像原始社会中那样要求人的行为方式和意识完全与其社会阶级一致，而是除此之外，人作为主体必须要有一种改变社会阶级的能力。在这当中，他假设了批判是政治教育的重要概念之一，强调政治教育不只是融入既有的统治关系和秩序中，还要从这些关系中解放出来。最后，施密德尔指出，"政治教育的理论必须指向一个已经解放的政治教育（emanzipierter Erziehung），或是更准确地说，它必须是一个以解放为终极目标的政治教育理论。因而它在真实的不自由和可能的自由两者的矛盾中展开。……'更好的'（Besser）这个概念不是随便一个相对于社会现况友善的如愿望一般的想法，而是一种可掌握、可实现的事物。在某种程度上，如果民主在意识以及实践上是符合自由的，也就是说如果公民掌握了解放的意义，那么通过对现况的详细批判，'更好的'概念可以直接连接上民主的概念"。[②]

通俗地讲，施密德尔所关注的是社会对政治教育所赋予的含义。他认为政治教育的品质受到社会条件的影响，反过来说，政治教育也可以改变社会的现有条件。这个从社会科学而来，突破了传统精神科学的束缚，企图独立于政治社会之外的观点，贯穿于 20 世纪 60 年代末到 70 年代的批判政治教育学之中。

1971 年施密德尔出版的代表性著作《政治教育批判》，几乎将他从 1964~1970 年发表文章的核心概念和思想观点汇集其中。书中施密德尔系统阐释了 20 世纪 60 年代联邦德国的政治教育背景和他的政治教育主张，他也因为这本著作而被视为政治教育解放理论的代表人物。在书中，他对"解放"的内涵做了进一步的阐释：解放指的是对理性的条件进行交互主体性以及可检验的启蒙，让每个主体能从一些限制个人理性及社会行动的条件中释放出来。[③] 虽然他对解放的解释已经有哈贝马斯交往行为理论的意涵，

① Rolf Schmiederer, Was ist Erziehung? Deutshe Jugend, 1966. S. 62.

② Rolf Schmiederer, Was ist Erziehung? Deutshe Jugend, 1966. S. 164.

③ Rolf Schmiederer, Zur Kritik der politischen Bildung. Ein Beitrag zur Soziologie und Didaktik des politischen UnterrichtS Frankfurt am Main: EuroP Verl. -Anst, 1971. S. 14.

但是到底要如何将其社会理论更完整而有系统地融入政治教育学中，这样的企图一直到1972年其再版的《政治教育批判》一书中才完成。再版书籍对框架做了大幅调整，增添了许多新阐述，该书被视为施密德尔政治教育解放理论的奠基之作。温克勒（Winkler）将此书视为德国政治教育学理论建构的一本重要著作。[①]

在再版的《政治教育批判》一书的前言中，施密德尔明确指出该书的目的不在于概括评介政治教育科学中的不同典范以及方法论，而在于为政治教育科学引进一个互动主义的典范，并且尽可能地把众多政治教育问题整合进这一典范中。所以他用的也并非单数的理论，而是复数的“理论”(Theorien)。[②] 在该书所引用的理论中，其共通性在于把政治教育过程描述为一个互动事件，并将之连接到社会演进的脉络中来探讨。[③] 施密德尔在此书中先批评文化教育学派的根本缺失在于，“它主要以文化的概念来定义社会，也就是它容许对社会意识形态的系统及其本质以及演进的疏忽。因而文化太容易被视为社会，而非意识形态的化合物”。[④] 为了破除文化教育学派中将文化等同于社会的错误观点，施密德尔在书中尝试以社会科学的模式重新分析文化教育学派论述的重点——“政治教育关系”。

施密德尔首先言及政治教育脱离不了人际关系（Interpersonelle Beziehung），在政治教育过程中，学生应该被当作沟通的主体来看待。从这一观点出发，他认为政治教育的根本结构为沟通行为，而将政治教育行动描述为一种沟通行为，意味着沟通的目标来自参与者自身，参与者通过讨论，达成行动目标及意义的共识。儿童及青少年应该在政治教育过程中，被培育成一个有能力参与社会生活、提出问题，并且有能力达成新的共识和从事新的行动的主体。

把政治教育行动视为沟通行为的施密德尔，将沟通划分为两个层面：互动（Interaktion）和论辩（Diskurs）。前者指的是在具体的人际交往情境

---

① M. Winkler, Klaus Mollenhauer. Weinheim/Basel: Beltz, 2002. S. 56.

② Rolf Schmiederer, Zur Kritik der politischen Bildung. Ein Beitrag zur Soziologie und Didaktik des politischen UnterrichtS Frankfurt am Main: EuroP Verl. -Anst, 1972. S. 7.

③ Rolf Schmiederer, Zur Kritik der politischen Bildung. Ein Beitrag zur Soziologie und Didaktik des politischen UnterrichtS Frankfurt am Main: EuroP Verl. -Anst, 1972. S. 7.

④ Rolf Schmiederer, Zur Kritik der politischen Bildung. Ein Beitrag zur Soziologie und Didaktik des politischen UnterrichtS Frankfurt am Main: EuroP Verl. -Anst, 1972. S. 12.

中，所有参与沟通者如何察觉以及诠释对方的期待、学习并遵守规则、彼此确认并解决问题、理解彼此的语言，以及计划可能的行动等社交技巧的练习与养成；后者则意指参与沟通者所能达成的“对意义的理性理解”（rationale Sinnverständigung）。[①] 施密德尔尤其重视论辩在沟通中的意义，这足以表明施密德尔思想的核心内涵。在他提出的沟通理想模型中，核心形式为论辩，其作为元机制（Metainstitution）对“所有未经反省的社会规范进行批判”。[②] 在沟通情境中，双方交换意见及资讯，这属于互动的部分，若要进一步论辩，则双方彼此的论断和解释必须接受另一方深入的质问，以排除言语中含混不清之处，只有经过这样论辩的反省过程，才有可能达成施密德尔所言的“主体间性的理解”（Intersubjektive Sinnverständigung）。

施密德尔还进一步指出论辩可以实现的两个功能。

第一，从批判性的认识论角度来看，必须去审视何种情况会阻碍或是加重论辩进入沟通情境的困难，因而有必要在理论上对沟通行动或政治教育行动进行社会及历史条件批判理论的分析，也由此可以进一步导出“解放”在沟通情境中的必要性。

第二，论辩的目的在于建立沟通的渠道进而增加沟通的机会，或论辩是否可透过制度化的方式加以保障。施密德尔将这两个功能应用在政治教育科学上，引申出政治教育的目标在于建立一种沟通的结构，并在此结构中使学生获得论辩能力且得以实现论辩。由上可见，施密德尔在其论著中特别注重沟通行动与论辩，这既是以哈贝马斯沟通行动理论发展出来的政治教育观点，也是施密德尔政治教育解放理论的特色。

在 1975 年出版的《政治教育批判》（第三版）中，施密德尔承袭了 1972 年第二版中的观点，从内外两个层面来审视家庭系统。在外部层面，他提出了“哪种社会结构造就哪种家庭结构”的问题，与此同时，他又提出了政治教育学中一个最重要的问题——政治教育中的介入（Intervention）是有效的吗？他认为，从社会学的路径来看，人们所关切的不只是哪种政治教育手段适不适合的问题，而是政治教育效果如何被政治策略所决定。

---

① Rolf Schmiederer, Zur Kritik der politischen Bildung. Ein Beitrag zur Soziologie und Didaktik des politischen UnterrichtS Frankfurt am Main: EuroP Verl. -Anst, 1972. S. 61.

② Rolf Schmiederer, Zur Kritik der politischen Bildung. Ein Beitrag zur Soziologie und Didaktik des politischen UnterrichtS Frankfurt am Main: EuroP Verl. -Anst, 1972. S. 64.

在内部，施密德尔将家庭视为一个沟通系统，又将“改换观点”（Perspektivwechsel）视为有效沟通的起点。翌年，在韦伯所主编的《二十世纪的教育观与陶冶观》（Der Erziehungs und Bildungsbegriff im 20 Jahrhundert）一书中，施密德尔再次阐释了“何谓政治教育?”他继续沿用《政治教育批判》一书中对政治教育的界定，认为政治教育永远是超越现存者并指向未来的，所以政治教育的观念中隐含对解放的要求。

施密德尔作为德国政治教育解放理论的奠基者之一，他以哈贝马斯的思想为其理论基础，一方面批判了文化教育学派只重个体的主观理解而忽略政治教育的社会属性；另一方面又力图去除“权威型”的政治教育，追求个人和社会的解放，构建了德国 20 世纪六七十年代政治教育学新范式。但在当时批判政治教育学强烈企求解放的价值取向下，施密德尔的立场建立在全面否定迄今为止的社会现实之上，这导致其理论主旨只针对坏的事物，注重的不是去设计一个更好的政治教育，而是对现存的政治教育及其条件予以批判。如此一来，它否定并窄化了既有文化的价值。同时，政治教育的首要目标也成了了解社会存在的非理性以及社会的可改变性，而非在历史文化内涵中陶冶人格。这样的解放思想只是追求未来享有自我决定可能性的一种社会批判，并非政治教育上所要培育的成熟自主。有学者如科思提斯①与克瑞斯②认为，政治教育解放理论的解放观念只是一种消极层面上的自由，其忽视了探究自由的积极意义，也忽视了探究如何帮助孩童全面开展其人性中既有的或是有待创造的积极条件。对于解放所产生的质疑，基泽克认为，源自政治层面的解放一旦成为政治教育的主导观念，两者范畴的不同将导致意义的模糊，因为外在社会制度的解放并不等同于个人能成熟的自我决定。解放政治教育学的这个根本缺陷，造成 20 世纪 80 年代后许多德国批判政治教育学者对“解放”的冷落。③

---

① L. Kerstiens, Modelle Emanzipatorischer Erziehung: eine Zwischenbilanz; Voraussetzungen, Entwürfe, Kritik. Bad Heilbrunn/OBB.: Klinkhardt, 1974. S. 60.

② H. Kreis, Der Pädagogische Gedanke der Emanzipation in seinem Verhältnis zum Engagement. Untersuchungen zu den Erziehungswissenschaftlichen Konzeptionen Klausmollenhauers, Hermann Gieseckes und Klaus SchallerS Bad Heilbrunn/OBB: Julius Klinkhardt Verlag, 1978. S. 177.

③ E. König, & P. Zedler, Theorien der Erziehungswissenschaft. Einführung in Grundlagen, Methoden und Praktische Konsequenzen. Weinheim: Beltz, 1998. S. 136.

三　政治教育解放理论的影响

在政治教育解放理论的“解放转向”的影响之下，德国政治教育的目的曾一度被界定、理解为社会的民主和个人的解放。社会的民主意味着人们应参与现存社会变革的斗争，通过反对权威的社会结构，反对压制和操纵，克服政治冷漠意识、无政治意识和对于统治机器的无力感，认识和减少人对人的不必要的、非理性的控制形式，减少由社会秩序所引起的人身依赖，以变革现存社会关系。个人的解放首先意味着应认识到人的社会依赖，认识到决定人的命运、阻止其自主的权力关系，同时要认识到在现存社会不仅无法得到满足而且还被强烈压制的需要。[①]

受政治教育解放理论的影响，“解放”成了联邦德国 20 世纪 70 年代教育界的时髦词语，扩展到所有学校科目，甚至出现了“解放性的德语”、“批判性的英语”和“批判法学”等称谓。[②]“解放成为所有课程大纲合法性的依据。”[③] 这尤其体现在黑森州所制定的关于社会科和宗教课等课程大纲之中。黑森州的《社会科课程大纲》要求学生必须认识到：当前联邦德国社会是短暂的、可变化的；现存社会的规范和价值观，是非正义的资本主义社会所支撑的；资产阶级的价值观不过是支持和维护资产阶级利益的意识形态。《社会科课程大纲》还规定，社会科课程的目的不仅要传递知识，更要使学生能够在政治生活和社会生活中采取党派性的立场，并将自己的解放与取消不平等的生活机会联系起来。[④] 根据课程大纲，天主教的宗教教育的目的是帮助学生达到成年状态，也就是解放和自我实现。[⑤] 宗教教育不能进行灌输，而是要为学生提供选择和接受宗教信条的机会。基督教宗教教育的课程大纲则强调：宗教教育要围绕冲突和决策情景，既强调学

① Hans-Werner Kuhn und Peter Massing (Hrsg.), politische Bildung in Deutschland, Leske Budrich, Opladen, 1990. S. 280-283.

② Helmut Schelsky, Die Arbeit tun die anderen, Opladen, 1975. S. 402.

③ Hans-Jochen Gamm, Einfahrung in das Studium der Erziehungswissenschaft, Munchen, 1974. S. 137.

④ Hessen, RR Gesellschaftslehre, 1972. S. 7.

⑤ Kultusminister, Hessen, Rahmenrichtlinien, Sekundarstufe I, Katholische Religion. Frankfurt, 1977. S. 11.

生的自我决定，也强调对社会的整合。[①] 为了培养“自我决定”，大纲要求学生批判地质疑所有规则，批判地扩展自己的观念。甚至一年级的学生就被期望怀疑、质疑和批判共同接受的原则。

另外的影响体现在反权威的教育风格逐渐流行起来。尼尔的著作《夏山：儿童养育的激进方式》在1965年被以《夏山教育：一个自由学校的革命性的案例》的书名翻译到德国时，并没有得到公众的任何回应，但当这本书在1969年以《反权威教育的理论和实践》的书名再版时，受到公众极大追捧，发行量剧增。此时，反权威的教育已成为反对现存资本主义社会的一部分。按照反权威的教育理念，学生在进行社会批判和意识形态批判时，教师必须放弃自己的权威，保持中立；学生越是拥有更多的自由，就越会拥有更多的人性，因此也就拥有更多的道德。这样，德国的政治教育尽管落实了康德“勇于认知”的传统，但也逐渐走向了激进的批判主义之途。在当时的政治教育文献中，“解放”即拒绝现存社会的特征是比较明显的。一个遵从社会规范的人被认为还没有发展出理性的能力。绝对的服从、过分的秩序和礼貌、规矩和严格的宗教虔诚，被认为与解放的教育理念相悖。解放被理解为从限制自己人性发展的社会生活条件中分离开来。而且，很多教育者要求更加激进的变革。

这种激进的“拒绝一切”的理念，使解放教育逐渐走向吹毛求疵。例如，对农村家乡的依恋，被理解为反对社会流动；崇尚劳动被理解为为老板创造更多的利润；遵守秩序则被认为有利于现存资本主义社会。当自由被解释为任性时，就引发了新保守主义对平衡的要求。他们认为，解放的教育不仅对一个社会的存续不利，同时也违背了教育的本质。

第五节　伯纳德·苏特的理性政治教育理论

伯纳德·苏特，1930年生，当代德国著名教育家。他独立完成了20部著作，170余篇论文。他在人类学研究的基础上，把对资本主义民主制度的理性政治判断和批判性认同视为政治教育的最高目标，并在此基础上制定了一整套开展政治教育的方案。这既标志着理性政治教育理论的形成，也体现着政治教育学者对解放理论展开了反思与批判。苏特政治教育思想的

① Kultusministerium, Hessen, Rahmenrichtlinien Primarstufe Evangelische Religion, 1972. S. 11.

演进集中体现在以下三本代表作中。

在1971年他出版的《政治课程教学法》（Didaktik des politischen Unterrichts）中，苏特首次提出了他的政治教育方案，主要内容是系统论述了个体的性格特质、有效的政治认知、理性的政治判断、民主宪政国家的定位及其相互关系，并阐述了他的教学法原理。1973年该书再版，苏特在与反对者的辩论中提出了"解放的"（emanzipatorisch）政治教育理论。

在1976年出版的专著《基本法与政治教育》（Grundgesetz und politische Bildung）中，基于当时争论不休的政治教育教学法，苏特极力主张把《基本法》作为政治教育合法的、共同的基础。同时，他指出了《基本法》中体现的人的特质与他倡导的个体的性格特质之间的共同之处。

1984年苏特出版了《政治教育新基础》（Neue Grundlegung politischer Bildung）一书，其中包括第一卷《政治概念与政治人类学》（Politikbegriff und politische Anthropologie）、第二卷《政治课程的目标与领域》（Ziele und Aufgabenfelder des Politikunterrichts）。

一　理性政治教育理论提出的背景

1968年发生在联邦德国的大学生运动对德国社会的旧秩序、旧文化形成了猛烈冲击。批判理论家利奥·洛文塔尔就此评价说，学生们的父辈在道德上的冷漠使得他们无法继承任何价值系统，因此要反对父辈的权威。[①]在运动后期，大学生们过度的激情逐渐发展为政治狂热与骚乱行为，西德当局和社会开始呼唤一种"政治理性"来规范公民的行为。1969年联邦德国政局发生重大变革，社会民主党取代了已执政20年之久的基督教民主联盟。这种变化也带来了内政外交的相应变化。"新东方政策"作为和平共处政策的一部分，在德苏协议中表现为放弃与社会主义阵营的对立、对欧洲现存边界的承认，在华沙协议中表现为德国与波兰关系的正常化。勃兰特总理计划改革内政，追求一个机会平等、社会公正、人人能自由参与政治、内外关系稳定的人性社会。

20世纪60年代末70年代初的教育事业正处于德国经济陷入危机后的

① Leo Löwenthal, Unruhen - Professor Löwenthal über Berkeley, In: DiskuS Frankfurter Studentenzeitung, 1966. S. 6.

复苏时期。有人指出了德国教育的弊病：德国的精英教育导致毕业生相对较少，不能适应经济发展的需要；教育的机会也不是平等的，比如一个来自农村地区工人家庭的、信奉天主教的女孩会受到教育歧视。这些因素促使政界和教育界一致认为，教育事业必须进行改革。

在联邦德国议会中关于教育改革的争论也日趋激烈。左右党派的交锋往往围绕着政治—意识形态的区别、学校的政治教育任务、通过宪法构建一种新秩序等论题进行。基民盟和基社盟的保守议员反对学校进行“体系改革”，认为学校的职责在于顺从家长的权力及国家秩序，强调家庭、价值观、历史的重要性。而与此相对的是，黑森州和北莱茵-威斯特法伦州的教育大纲则宣传一种彻底的“对立意识”及批判思想，追求教育机会的平等。社会民主党认为主要分歧在于保守派总是固守传统。

1969 年联邦德国教育委员会确定了教育政策在内政中享有优先地位，教育与培训、科学与研究居于改革的首位。改革的目标是：每个公民能在民主、卓有成效的教育系统下得到全流程的教育；学校模式应是小学、初中、高中一体化；教育政策应是一个整体的国家任务，各州统一执行。并规定教育的内容、方法要以社会需求为导向，符合民主的原则。教育委员会在 1970 年制订了“教育事业结构计划”，其不仅包含学校机构还有财政方面的改革，这标志着一场声势浩大的教育改革运动拉开了序幕。

在 1970 年由库尔特·格哈德·费舍尔（Kurt Gerhard Fischer）等教育专家主导颁布的黑森州政治课指导方针——“黑森纲领”（Hessische Konzeption）中，其对社会科课程的表述颇具争议。该纲领认为，社会科的任务是让学生“有能力参与社会现实的设置”。苏特则认为，这种表述是自我矛盾的：学生的“能力”可以意味着对现存关系的服从，也可以是一种自我决策能力。按后一种理解，那么课程就不应仅限于对社会关系的分享上。政治教育课程不仅要客观地反映社会现实，还应该培养学生的民主政治决策能力。这样不管课程具体内容如何，它培养的能力都将是学生以后行为的前提、基础。“黑森纲领”的起草者从历史、地理、经济、政治、社会的各个角度出发，强调现实存在的社会冲突也应是教学材料。苏特也提出批评，认为这门课可能走向行为主义或纯粹的批判。

1973 年颁布的北莱茵-威斯特法伦州政治课指导方针，规定了政治课的学习目标是促使学生形成分析社会约束和政治关系的能力，不盲从于社会的约束及统治，形成认知社会化进程和统治关系的能力等。[①] 苏特批判了其中的若干概念问题，认为这一方针单纯地把意识内容、态度、行为方式的改变理解为政治学习，将认识社会理解为目标的实现，使政治教育的领域和手段变得狭隘。与此同时，苏特也对这一时期盛行的解放教育思潮及其教育方针进行了批判和思考，并在此基础上建构了他的“理性政治教育理论”。

二　理性政治教育理论的主要观点

1. 关于理性与政治教育的关系

苏特认为，“理性”概念包括目标理性和价值理性。一方面，政治判断存在于目标—手段的关系中，是关于目标的正确性及其实现方法的表述，因此衍生出目标理性。另一方面，这种判断在其结构上受价值引导，它不依据具体目标来评价客观事实，而是直接观察其已被接受的价值（是好的还是坏的；是否符合人的价值观），它更多的是关于价值的目的的引导，因此衍生出价值理性。理性的价值实现是建立在这样的基础上的：人们并非一定要制造一个完全的公正、自由、和平的社会，而是要打造在某种程度上公正、自由、和平的社会。

政治教育是产生理性、人道的政治行为的前提。政治教育与政治行为并不一致但却为政治行为的未来做了必要准备。也就是说，一个人接受的政治教育与其发生的政治行为绝不是也不应该是“刺激—反应”关系，但是政治教育会对受教育者未来的基于政治理性的政治行为产生重要影响；因此，从教育与无差别的行为产出这样的关系视角来规划和设计学校的政治教育，并希望学习者通过当下的社会政治行动来学习政治，既不符合教育本质，也超出了教育自身的功能；学校政治教育与社会政治行为完全一致的教育是不存在的，而且这种保持距离的能力也是一种教育理性行为。虽然学生在行为中也可获得学习的经验，但国家在学校开展的政治教育或学生在学校接受的政治教育，不应该包括真正的政治实践或社会政治斗争，改造社会的政治行动不属于学校政治教育的过程。学校政治教育与有针对性的政党教育是截然不同的。学校政治教育的前提就是与现实的政治行为保持一定的距离，把青少年拉入充满争斗的政治实践的“浑水”中是不人

---

① 傅安洲等：《德国政治教育研究》，人民出版社，2010，第121页。

道的，这与政治理性并不冲突。其原因在于："第一，自由（资本主义）政治制度的价值可与人们的具体需求相联系，而维护这种自由制度的论据是可以向学生传授的。这就意味着学校可以通过符合教育属性的方式，实现对学生政治理性和政治参与能力的培养。第二，在现代社会条件下，只有那种以自由民主的原则为导向的政治制度能保留这里提到的理性。理性作为政治教育的最高目标与感情价值并不冲突。"①

苏特在《基本法》的基础上发展建构了理性与政治教育间的联系。他强调秩序的重要性，如统治和社会阶层的建构等。他批评彻底的解放是自相矛盾的，因为社会不可能尽善尽美。苏特提出了他心目中政治教育的最高目标："是通过获取可能的信息、意愿（意见）的塑造及自我负责的决定来培养政治参与的能力。"② 简单地说，政治理性及建构其上的意愿的形成是政治教育的中心目标。从教学法及政治学的角度考虑，政治教育应使不同层次的人们发展出对政治的不同理解。

2. 关于政治的概念与政治教育的具体目标

苏特认为，开展政治教育的基础是首先把若干政治概念搞清楚。因为政治概念不仅数量众多，而且不少概念之间相互矛盾。苏特主张对德国民主制度认同的一致性，而非价值多元化。在这一点上，他回归到亚里士多德的实践哲学上。亚里士多德认为，实践（Praxis）就是人们以积极的生活方式参与社会关系的一切行为。共同的生活方式促使人们在目的或目标上达成某种一致。政治的目的就是寻求对公众有益的办法来解决公共问题。基于这种目的，政治需要促进公民之间的交流和沟通，同时建立一些公共机构来实现公益。

苏特将政治区分为广义政治和狭义政治。广义政治普遍存在于当共同事务中人与人之间出现矛盾，而又无法自行解决的过程中。此时，政治行为就成为一种化解矛盾、解决问题的必需手段。这种广义政治存在于一切社会领域：家庭、朋友圈、课堂、企业、政党等。所有参与者都试图把自己的观点和利益引入到规则中来。此时，潜在的权力和有策略的思考就起着重要作用。

---

① Bernhard Sutor, Grundgesetz und politische Bildung. Hannover, 1976, S. 113.

② Bernhard Sutor, Grundgesetz und politische Bildung. Hannover, 1976, S. 146.

狭义政治仅限于社会公共事务的各种规章。狭义政治是基于这样一种事实：促进社会中的不同团体、利益和信念的和睦相处是一个永恒的课题。解决这些课题需要稳定的机构和长期的努力。为了达到这一目的，特定区域的人们组成了政治的联合体，现在被称为“国家”。狭义政治有对内和对外两方面任务：对内要促进社会生活中自由与公正规则的建立，对外要处理与其他国家和国际组织的关系，努力实现和平的状态。

苏特认为，狭义政治的任务就是政治教育所要达到的目的。但对广义政治的主题化研究也是很有意义的，能够在学生生活的微观世界和社会的宏观世界之间架起一座桥梁。

至于政治教育的具体目标，苏特指出，在制定它们时应充分考虑四个因素。

第一，标准论题。政治教育的总体目标是培养人对社会、政治事件理性判断的能力。其特殊的目标在于培养人控制行为尺度的能力。它与民主自由的政治制度的原则是一致的。

第二，经验性论题。对目标的表述建立在一般人普遍经验的基础之上。

第三，政治惊惧。政治一向被青少年认为是个复杂的过程，人在其中是客体而非主体。人们在刚接触政治时自然会产生惊惧心理。对此视而不见或佯装不存在统治、权力现象的政治教育目标将阻碍人们理性地对待政治。

第四，政治判断。每个公民对社会政治事件都有自己的评价，并以自己的评价影响其他人。政治教育目标的制定也应从这一点出发，要求人们理性地去判断社会政治事件。

基于上述原则，苏特确立了理性政治教育理论在教学法层面要达到的三个目标：第一层目标是理性政治判断（rationale politische Urteilsbildung）；第二层目标是对政治辩证法（Dialektik der Politik）和政治范畴内各种知识的认知（Kenntnis der politischen Kategorien）以及将其付诸实践的能力；第三层目标是政治教育的主题性任务——对认知能力、交流能力、道德能力（kognitive，kommunikative und moralische Kompetenzen）的培养。

关于第一层的目标，苏特认为，理性政治判断是未来公民的一项核心使命。理性，即要求公民在不受他人干扰的情况下能通过有价值的观点来表达自己的决断。苏特把“理性政治判断教育”置于长远目标“引导政治参与”（Hinfuehrung zu Politischer Beteiligung）和现实目标“激发对政治的热情”（Weckung von Interesse an Politik）之间。苏特认为，培育学生的政治参与能力明显超出了学校的职责和能力范围，而激发政治热情也并非某一门课程所能完成。[①] 因而，他提倡一种所谓“认真的政治判断教育”（gewissenhaften politische Urteilsbildung），其作用在于确保政治判断是完全依据学生的真实想法而做出的审慎选择，同时政治判断不能忽视政治的道德性层面。而对自由、平等、公正、公益等价值的追求，组成了政治的价值性层面。苏特坚决反对将政治道德化——以自己的良心来解决每个政治问题而忽视其事实状况，这只能是一种信念判断（Gesinnungsurteile），而非负责任的政治判断。

在第二个目标层面，苏特很注重通过政治教育培育学生辩证地看待政治和社会问题的能力，这一思想显然是承袭了德国哲学中的辩证法传统。比如：关于权力和法律之间的对立关系，通过学习，学生应会阐述，没有权力的支撑，法律将会失效，而权力同时也是法律最大的威胁；关于利益（Interessen）与公益（Gemeinwohl）之间的对立，学生应会阐述，利益总是属于小众的利益，强大的利益集团也是为了追逐少数人的利益。无论利益是否从公益中获取，利益的存在总是对公益形成压力。而公益则向利益提出了依照社会伦理形成的更高标准，以达到双方之间的某种平衡。

关于第三个目标层面，苏特对认知能力、交流能力及道德能力给出了如下的判断或评价标准：能够区分事实陈述（Ist-Aussagen）和应然陈述（Soll-Aussagen），区分描述、解释、注解和评估的差别；必须体现对现象的多角度评价和概念的多义性；能够察觉信息流程中自身和外界的意图，判断来自自身和社会的影响因素；能够通过观念的转换设身处地地理解他人的判断；当下的判断应该同过去的判断撇清关系，应该关注它的正确性或合理性。[②]

三　理性政治教育理论的影响

大学生运动发展到20世纪70年代以后，越来越与它的初衷相背离，最

---

① Bernhard Sutor，om Gerechten Krieg zum Gerechten Frieden? Stationen und Chancen eines Geschichtlichen LernprozesseSWochenschau-Verlag. Schwalbach，2004. S. 53.

② Michael May，Klassiker der Politikdidaktik neu Gelesen：Originale und Kommentare. Wochenschau Verlag，2011. S. 147.

终走向了极端主义、恐怖主义的深渊。这是德国政界、教育界对联邦德国建国以来政治教育理论与实践进行批判反思的直接原因，也是苏特理性政治教育理论提出的重大背景。苏特倡导并构建的以“政治理性”为主要目标的政治教育理论，针对的正是大学生运动中表现出来的失范性、无序性及非理性特征，这无疑是该阶段德国政治教育界面临的重大理论问题。作为一名“主流”学者，苏特十分推崇德意志传统文化中的“秩序观”，认为颠覆一切秩序的、彻底的解放是绝无实现可能的，因为人类社会永不可能发展到尽善尽美。所以，相对于“解放”，人类更需要的是“理性”。相较于基泽克的政治教育批判理论和施密德尔的政治教育解放理论，苏特的理性政治教育理论，无疑更符合培养“能合法、有序、理性地参与政治的现代公民”这一德国政治教育新的目标取向。因而理性政治教育理论受到德国官方的高度认可，并逐渐在德国政治教育理论与实践体系中占据了重要位置。

作为“联邦政治教育中心”顾问委员会委员，苏特本人直接参与了许多重要政治教育文件的起草工作，其理性政治教育理论也对 20 世纪 70 年代之后的联邦德国政治教育具有重要影响，这在联邦政府、“联邦政治教育中心”、政治基金会等社会政治教育机构颁布的文件公告、工作目标及主题内容中都得到了充分体现。比如，1977 年颁布的《联邦政治教育中心专业工作指导方针》指出，政治教育工作的目标之一，就是“提供全面的和尽可能客观的有关政治进程的要素及其关联作用的信息，借此唤醒并增进政治判断力”。[①] 前文阐述已表明，“理性政治判断”正是苏特理性政治教育理论在教学法层面要求达到的三个层面目标中的第一层目标。

第六节　“博特斯巴赫共识”与德国政治教育价值取向的第二次转换

20 世纪 60 年代，包括联邦德国在内的整个西欧都处在经济转型和文化变革之中，大学生运动便是这一转型与变革中社会意识、政治文化剧烈冲突的产物。这场运动的初衷在于反对当时饱受各种“现代病”困扰的资本

① 阮一帆：《德国联邦政治教育中心发展历史研究》，人民出版社，2016，第 212 页。

主义体制，但在结果上却把西方资本主义推向了一个新的历史阶段。“经过对当代资本主义的社会和文化的激烈批判，资本主义在自我调节中，寻求一种新的发展模式，向着一种经济发展同社会公正相平衡和市场机制同个性自由相平衡方向转承。社会和文化变革激发了资本主义经济和社会发展的新活力，使西方国家进入了‘后现代社会’的新时期。”① 这对德国政治教育在20世纪六七十年代所发生的历史性变革提供了十分恰当的注解。经过理论界和统治集团的自我反思批判，政治教育无论在理论上还是在实践上都发生了重大变革，其价值取向也实现了从“培养国家公民”转向“追求人的自由和解放”的革命性转变。与这一过程相伴的，是联邦德国逐步完成了从纳粹时期“臣服型”政治文化到70年代西方式“民主参与型”政治文化的转型，实现了政治上的西方民主化和现代化。

战后德国政治教育价值取向的第二次转换，以“博特斯巴赫共识”为重要标志。1976年，在德国“联邦政治教育中心”的协调组织下，论争激烈的政治教育思想界、理论界达成所谓的“博特斯巴赫共识”，确立了政治教育教学三原则。（1）禁止灌输。不管用什么方法都不能妨害学生为了自己的兴趣去独立判断获得自我观点。（2）确保多元性。在科学和政治上有争论的一切问题，不可以通过学校和教育来加以决定，在教学中也必须保持争论。（3）保持政治参与。政治教育必须使学生能够分析政治形势以及自我的利益格局，并能思考依从自己的利害关系所采取的手段和方法会给政治形势带来什么影响，能够从自我的利益角度去寻求手段来影响既定形势。在这些原则之上，理论界将政治教育的价值，确立为培养公民基于“自由与个人解放”上的社会批判意识、理性辨析能力和政治参与能力。在德国教育史上，有学者将“博特斯巴赫共识”视为政治教育价值取向由“工具理性”向追求人的自由发展和解放的“目的理性”转换的“里程碑”。

这些对政治教育价值取向的反思以及实践策略的调整，所达到的效果是显而易见的。20世纪70年代之后，联邦德国参与型政治文化逐步形成，民众的政治参与热情持续高涨。这不仅体现在各重要政党人数的与时俱增

① 吴兴唐：《欧经济转型时期的文化冲突——写在西方“68”学生运动40周年之际》，《当代世界》2008年第6期。

上，还体现在对政治活动参与热情和技能的大幅提升上。1949~1978 年的 30 年，基民盟党员人数增加 3 倍以上，基社盟增加近 4 倍，社民党虽然增幅不大，但党员总数在 1978 年高达百万之巨。西德联邦议会选举的全国投票率 1972 年、1976 年和 1980 年分别达到惊人的 91.1%、90.7% 和 88.6%。[①] 美国学者康拉德（David P. Conradt）在 1976 年做过的一项调查研究中指出，59%的受访者愿意并准备参加经过当局批准的政治示威活动，89%的人表示会积极参与诸如在请愿书上签名的活动，接近九成的受访者赞成并准备参加公民创制团体。1979 年联邦德国境内已注册了约 3000 个各类公民创制团体，成员逾 200 万人。[②] 这表明，到 70 年代末期，联邦德国的政治文化已经实现了由“臣服型”向“参与型”的变革性转型。

① 叶阳明：《德国政治文化之发展》，台湾五南图书出版公司，2009，第 73 页。

② David P. Conradt, “Changing German Political Culture,” in Gabriel A. Almond &Sidney Verba eds., *The Civic Culture Revisited*, California: Newbury Park Sage Publications, 1989, p. 248.

第五章　当代德国政治教育理论的多元发展与主导价值的统一（1980年以来）

进入20世纪80年代，联邦德国民众在道德观、价值观、生活方式等方面的差异日益扩大，加之自由主义文化所标榜的不受任何限制的批判思潮，导致社会上产生了少见的道德滑坡、意义危机以及信仰缺问题。在这种背景下，政治教育的理论热点和时代主题逐步转向更为广阔的社会领域，如物质高度繁荣带来的道德问题、现代化工业社会带来的环境污染问题、“冷战”带来的世界和平问题等，体现出多元发展的态势。

第一节　政治与道德认同危机及对“博特斯巴赫共识”的修正

一　20世纪70年代末政治与道德认同危机

20世纪70年代末，德国社会的文化多元主义特征日益明显。不受限制的批判主义、极端自由主义在社会上的影响日益凸显。在高等教育领域，由“批判”导致的价值虚无主义盛行，其外在形式表现为：青年学生蔑视权威和传统，嘲讽制度，厌恶现实；一些大学教师信仰缺失、道德失范、逃避冲突甚至退隐顺从。在这种情况下，德国教育界出现了新保守主义的倾向。1978年，在时任巴登-符腾堡州文化部部长威廉·汉恩（Wilhelm Hahn）的倡议下，德国召开了一次以“教育的勇气”（Mut zur Erziehung）为主题的会议，号召全德学校开展“价值教育”、“道德教育”或者“性格教育”。1979年柏林州学校督导巴斯（Bath）在一份题为“学校教育、教学任务的30个主题”的报告中主张：教育必须传递信仰、促进信仰；科学取向不是教育、教学的唯一标准，伦理的标准同样重要；教育也必须重视权利和义务之间的关系。此时德国教育界也出现了反对“解放”，主张儿童的成长需要理想、权威、美德和秩序的倾向。

20世纪80年代初期，关于德国人认同危机的讨论达到高峰。各种各样的出版物、调研报告、民调结果大量面世，但随着“战后一代”的成长和步入政坛及各组织机构，社会对德国传统文化和德意志民族特性的认同也降到历史最低点。所谓“德意志民族特性”，早已被纳粹鼓吹的极端民族主义败坏了名声，所以但凡提到德国特点、“典型的德国式”，似乎就是与民族主义有染，甚至有纳粹嫌疑。德国人一向为之自豪的德意志传统“美德”，如讲秩序、守纪律、严谨、勤奋、严肃、深刻等，也都被冠以“次级美德”之名，不同程度地被污名化。德国人引以为傲的美德再受重创，德国认同的文化根基遭到削弱。

对于德国人的民族认同缺失和淡漠问题，执着于民族、传统的德国保守主义阵营人士最为关切，甚至认为德国已经走向了另一个极端。对于他们而言，最可怕的不是德国人在民族认同问题上的茫然和分歧，而是当今的广大青年群体对于自己的民族持一种虚无主义或淡漠主义的态度，认为德国很“无聊”、“乏味”、不“酷”，对德国根本就不感兴趣。[①] 到底是抛弃“被污染”的传统、建构全新的民族认同，还是坚持传统，维持和发扬“文化民族”的文化认同，德国人至今仍然莫衷一是，难以取得共识。

二　对认同危机的教育反思

批判教育学的式微，预示着德国教育学一派独尊或主导时代的终结。此后，也就是20世纪80年代，德国教育学出现了多元化的发展趋势，各学科从教育学母体中切割一块，各自为政，并纷争不已。不仅传统的三大学派，即文化教育学、经验教育学和批判教育学之间争论不休，相互辩论自己存在的合理性，而且新兴的唯物主义教育学、互动主义教育学、结构主义教育学、心理分析教育学、系统论教育学和日常生活学派教育学等也认为“天下之美尽在于己”，于是，教育学的统一性、教育学的自身结构进一步丧失，甚至还有人宣布教育学的终结。德国教育学陷入前所未有的危机之中。

在这种情况下，新保守主义教育家布雷钦卡从价值中立论转向了价值

---

① Mathias Matussek, Wir Deutschen. SFischer, F/M 2006. S. 16.

教育论①，他主张对当代德国的教育进行深刻反思。在布雷钦卡看来，教育要以作为教育目的的共同理想为前提，而这些共同理想对个体的生活能力和群体的利益来说是极为重要的。其中，宗教教育、世界观的养成和道德行动能力处于优先位置，任何一个社会在传递这些基本观念时都有灌输的特征。每个群体在传递其规范的价值取向时，并不仅限于理性主义的传授和辩证，还要从其年轻成员诞生的第一天起，就不遗余力地通过一切途径有意、无意地对其所有精神领域，特别是其将来生活及其情感核心施加影响。同时，这些价值观给予个体生命以意义、幸福和安慰，给予群体以凝聚力、秩序和团体感。布雷钦卡认为，从人类学和历史的角度来看，对"灌输"的拒斥是站不住脚的，因为要成功地传播积极的道德态度也唯有通过"灌输"的方式才能实现，从儿童时代就应该开始对个体的整体人格施加影响。因此，布雷钦卡指出，对于灌输的排斥、对于批判能力的崇尚，没有看到人性对社会规范的依赖，没有看到人性对于超越理性的共同生活的需要。也就是说，在布雷钦卡看来，教育目的必须是有实质内容的目的。用形式理想代替有实质内容的理想是一种幻想，人也不大可能只获得形式的特征而不拥有至少是短暂拥有实质的特征。②

在布雷钦卡看来，教育的目标不是培养会导致社会分裂的、一味地批判的能力，而是维持"社会道德和民族特性"（soziale Tugenden und nationaleidentität）。③ 顿霍夫（Marion Grafin Donhoff）也指出，"任何社会都需要（规范性的）联结。没有游戏规则，没有传统，没有对于行为规范的共识，任何社会都不可能存在，也不可能稳定。不讲伦理的、不受约束的市场体制，不仅会毁坏一个社会的凝聚和团结，而且，从长期来看，还会摧毁这个社会。如果不能达到最低的伦理共识，那么社会将在不择手段中终结。"④

---

① 〔德〕Wolfgang Brezinka：《信仰、道德和教育：规范哲学考察》，彭正梅、张坤译，华东师范大学出版社，2008，译者前言。

② Wolfgang Brezinka, Glaube, Moral und Erziehung. Ernst Reinhardt Verlag. Muenchen/Basel, 1992. S. 127.

③ Wolfang Brezinka, Die Emanzipatorische Paedagogik und ihre Folgen. In: Paedagogische Rundschau. Jg. 35, 1981.

④ Marion Grafin Donhoff, Wo bleibt das Ethos? in Die Zeit. Nr. 6, 2. Februar 1996. S. 6.

三　对“博特斯巴赫共识”的修正

在这种新保守主义的教育思潮中，政治教育领域的学者们对作为激进批判时代产物的“博特斯巴赫共识”进行了讨论和修改。如 1987 年，赫伯特·施耐德（Herbert Schneider）认为，应该在政治教育中加强社会责任教育，并建议把“博特斯巴赫共识”第三条改为：“应该使学生在寻求问题解决方法时，不仅要注意自己的利益，还要顾及对于整个社会的责任。”① 对于德国统一之后原民主德国地区日益抬头的极右倾向，沃尔夫冈·桑德尔（Wolfgang Sander）在 1994 年的一次政治教育专业会议上提出，不能用“博特斯巴赫共识”的第二条（确保多元性）来对待极右观点，并且指出，“政治教育是民主政治文化的一部分，它用教育手段来保持和发展民主，因为只有学生进入能独立使用自己理性的成年状态，才意味着民主社会的真正建立”。② 施耐德在 1996 年举行的“博特斯巴赫第二次会议”上提出，第三条应该修改成：“政治教育应该使学生有能力在寻求问题解决方法时，不仅要注意自己的利益，还要顾及对于社会共同生活和整体政治的责任。”③ 另一位学者布莱特（G. Breit）则强调政治教育中的规范性，强调对于民主和自由价值的认可，要求政治教育体现民主的价值教育，并建议在“博特斯巴赫共识”中增补第四条原则：“政治教学应该使学生有机会思考自由和民主的意义，思考政治参与的前提和可能性。”④ 显然，这些观点又重新强调社会责任、传统价值和价值“灌输”。

尽管存在新保守主义的转向，但“博特斯巴赫共识”作为德国政治教育的基本共识仍被批判地继承下来。从德国政治教育的传统来看，“博特斯巴赫共识”具有里程碑的意义，它体现的是一种具有启蒙精神的民主主义

---

① Siegfrid Schiele/ Herbert Schneider (Hrrg.), Konsens und Dissens in der Politischen Bildung. Stuttgart, 1987. S. 30.

② W. Sander, Reschtsextremismus als Paedagogische Herausfoerung fuer Schule and Politische Bildung, in: BpB (Hrsg.), Verantwortung in einder Unuebersichtilichen Wel, Aufgaben einder Wertorientierten politischen Biludng. Bonn, 1995. S. 217.

③ Siegfrid Schiele/ Herbert Schneider (Hrrg.), Reicht der Beutelsbacher Konsens? Schwulbach/TS, 1996. S. 220.

④ G. Breit, Kann die Westorientierung der politischen Bildung die Grundlage fuer einen Inhaltlichen Konsens bilden? In: Siegfrid Schiele/ Herbert Schneider (Hrrg.), Reicht der Beutelsbacher Konsens? Schwulbach/TS, 1996. S. 100.

的政治教育。不过，从对它后来的讨论和其自身的发展中，我们可以看到，德国教育以及政治教育中从民族性与民主的对立（纳粹之前）到民族性让位于民主（“博特斯巴赫共识”的产生），而最终又达到民族性和民主的统一（新保守主义倾向）的发展历程。

第二节 后工业时代的新课题与政治教育新思潮

一 后工业时代的政治教育新课题

20世纪80年代以后，联邦德国已进入高度发达的工业社会。与物质高度繁荣并行的是，工业社会的缺陷进一步显现。道德危机、生态危机等社会问题日趋严重。在新的历史条件下，随着西方民主价值观念和民主政治体制在联邦德国的根本确立，作为整体的政治教育概念似乎已被分解，并延伸到更为宽广的领域。于是，政治教育领域展开了一场思想大讨论，其内容宽泛且深入，比如，价值观教育在政治教育中处于什么地位？社会、科学和技术的变革，为政治教育开辟了哪些新领域？工业社会及其带来的危害，对政治教育提出哪些挑战？一系列新问题，如生态环境问题、核危机问题、道德问题、女性在现代社会中的地位问题等，都成为联邦德国政治教育需要解决的重要问题。

这些新问题也引发了议会党团的高度关注。1987年12月22日，社民党在有关政治教育任务的议会提案中指出，“20年前在联邦议院的全体大会上第一次讨论、研究了政治教育的问题，从此政治教育任务在内容上就极大地拓展了，但在新时期必须赋予青年一代在社会责任方面以新的刺激和能力，因为在政治问题上需要一个人用一生去学习”，尤其是今天所面临的“新的挑战使对知识、能力、态度的检验变得十分必要，这些新的挑战包括生态环境和经济发展的协调、性别的同等对待、新的信息和交流技巧、微电子技术、遗传基因工程、攻击行为的增长、与在德国的外国人的共同生活等”。①

1988年1月20日，作为对社民党提案的回应，基民盟/基社盟与自民

① Das Parlament vom 18.8.1989, Nr.34.

党党团也提交了一份名为“民主体制下的政治教育任务”的议会提案，提出了“在继续教育框架下的政治教育应该具备怎样的内在价值，以及现存的政治教育组织结构能否在将来同样有效地履行民主体制下的政治教育任务”[①] 的问题。在同年举行的联邦议会有关政治教育问题的听证会上，有学者提出了新时期政治教育需要回答的一个重要问题：“在社会需求、经济情况和生态目标要达到的一种新平衡的过程中，政治教育对形成某种共识能做出何种贡献?”[②] 由于这一时期的政治教育理论涉及的主题比较多，德国政治教育朝“多元化”发展的趋势越来越明显。

二 政治教育的新思潮

1. 苏特的“道德教育”理论

1980 年，伯纳德·苏特深入分析了道德与政治的关系，从政治道德的视角分析了政治教育承担的道德教育的功能，并将“明智”“公平”“坚强”“道德”等传统美德也作为政治教育的目标和内容。苏特试图通过政治教育的道德化，来解决社会中或更确切地说在政治行为中存在的道德失范问题。他认为，“明智”应是首要的基本美德，是政治教育的目标。所谓“明智”就是能够通过对政治形势的分析和可能性的探讨，使判断力得到锻炼并培育理性主义；至于“公平”，它不仅仅只发生在社会状况、社会结构、生产、分配等问题上，“公平”其实也是一种美德，只有充分实现社会公平与宽容，社会才会和谐；“坚强”就是容忍困境并克服困难的意志，是德意志民族的一项传统美德，在新的历史条件下仍值得进一步保持和发扬光大，政治教育应该为此做出贡献；“道德”并不能完全与政治割裂，在社会政治生活中，要用道德来约束情感，政治决策过程中不能感情用事。[③] 因而，“道德”对于政治教育同样意义重大。苏特指出，“政治教育对推进民主进程及塑造公民个人至关重要，因为社会的转型、科技的发展及其后果都会引起价值观的转变。同时，道德始终是核心问题，缺乏道德标准的政

---

① Das Parlament vom 18. 8. 1989, Nr. 34.

② Das Parlament vom 18. 8. 1989, Nr. 34.

③ Hans-Werner Kuhn, politische Bildung in Deutschland: Entwicklung-Stand-Perspektiven. Opladen, 1993. S. 324.

治教育不可能实现”。[①] 他还指出，“政治课和政治教育并不等同于政治，而是关于‘政治’的共同思考。如果能在政治课和政治教育中加入美德的成分，并以此为出发点帮助学生形成理性判断，就是对政治文化的发展做出的贡献”。[②] 苏特进一步要求在政治教育实践中添加更多的道德内容，因为，“尽管政治教育不能单独解决世界范围内的和平、发展、生态等问题，但它也要为具有全球意义的基本价值被严肃对待做出自身的贡献”。[③]

苏特的道德教育理论，在学术界产生了广泛影响。威斯巴登高等专科学校教育学教授玛丽亚娜·格罗纳迈耶尔（Marianne Gronemeyer）认同苏特的观点，也把政治道德作为政治教育的目标。她进一步指出，政治教育实质上就是对社会、经济、政治和生态的负面效应所做的澄清。政治教育必须对那些已经被公众接受了的政治事件的消极信息进行清理，没有斗争的政治教育不是真正意义上的政治教育。为此，政治道德显得十分重要，不探讨政治道德的政治教育是不存在的。正因为政治教育为道德养成提供了自由空间，所以政治教育要坚持研究政治道德问题。政治道德作为政治教育的重要内容必须承担更多的责任，它必须对过去的历史做出评价。[④] 在这里，格罗纳迈耶尔所指出的政治教育要承担的对历史进行评价的责任，其背景是，20 世纪 80 年代中期以米歇尔·斯图默尔（Michael Sturmer）和恩斯特·诺尔特（Ernst Nolte）为代表的右翼历史学家，以寻求“德国民族特性”为借口而为法西斯辩护。尽管为希特勒招魂的声音在 80 年代联邦德国的政治文化中已难成气候，但还是受到了学术界的高度重视和警惕。

2. 环境教育理论

1986 年，柏林技术大学教育学教授普罗伊斯·劳齐茨（Preuss Lausitz）提出“绿色”政治教育理念，比勒菲尔德大学经济和社会学教授彼特·魏因布伦纳（Peter Weinbrenner）也认为，随着社会的不断进步，工业体系及

① Bernhard Sutor, Die Kardinaltugenden-Erziehungsziele Politischer Bildung? München, 1980. S. 124.

② Bernhard Sutor, Die Kardinaltugenden-Erziehungsziele Politischer Bildung? München, 1980. S. 125.

③ Hans-Werner Kuhn, politische Bildung in Deutschland: Entwicklung-Stand-Perspektiven. Opladen, 1993. S. 316.

④ Hans-Werner Kuhn, politische Bildung in Deutschland: Entwicklung-Stand-Perspektiven. Opladen, 1993. S. 329.

新技术的出现不断威胁着地球未来人类的生存基础，因此，“未来问题”不应像现在这样只是作为简单的题材，而必须通过有目的的政治教育行为来回应。这里的“未来问题”，除了核的、化学的以及生物学的这些具有毁灭性的威胁外，还包括市场饱和、资源减少、环境破坏以及大量失业等工业社会的危机。他还指出，“这一时期的年轻人对未来充满悲观的情绪。针对这种悲观情绪，政治教育应该提出有效的解决方案。教育学家不一定使世界变得更好，但他们可以向青年展示一条通向更好的世界的道路并激励他们。对于这样的教学法方案来说，对工业社会及其技术的潜在危害的客观解释是不可缺少的。因此，这一教学法就是将教育主题由‘害怕未来’转变到‘树立危机意识’上来，学校正好可以而且必须承担这一任务，危机意识是新的未来教学法的学习目标”。①

彼特·魏因布伦纳还为环境教育的内容设置了如下六种原则取向。“1）局部—整体取向：环境问题不可以作为单一的分离的事件来研究，而必须作为经济体系与政治治理机制的结构缺陷来理解。2）国家—世界取向：环境问题没有国家界限，地区的和国家的环境问题应置于全球的影响与联系意识中来分析和解决。3）现在—未来取向：我们必须学会不以个人的利益与需求为中心，而应思考整个社会的目标与利益。4）短期—长期取向：目标与计划只涉及相对短的时间，而生态的影响会持续几世纪甚至几千年。5）因果关系—相互依存取向：因果思想使得对现象与过程之间相互依赖和相互联系的理解变得困难。在自然与社会现实中孤立的原因—影响—关系远不及不断变化的影响重要。6）从理性到卓越：孤立的经济成本核算被认为是非理性的和缺乏道德的，它应该考虑经济、政治和道德的统一。经济和技术并不是目标本身，而是存在于为更高级的社会目标的服务中。”② 鉴于彼特·魏因布伦纳在环境与生态教育方面的建树，“联邦政治教育中心”曾聘请他担任一个研究项目的负责人，为中小学校环境教育编写课程教材与辅助材料。

---

① Hans-Werner Kuhn, politische Bildung in Deutschland: Entwicklung-Stand-Perspektiven. Opladen, 1993. S. 337.

② Hans-Werner Kuhn, politische Bildung in Deutschland: Entwicklung-Stand-Perspektiven. Opladen, 1993. S. 339.

3. 和平教育理论

1983年，基民盟/基社盟政府为应对苏联和共产主义的威胁，制定了解决东西方冲突的规划，指出德意志联邦国防军和北大西洋公约组织是保卫和平与自由的核心力量。与之相对的政治教育的规划应从“和平”的概念出发，把和平作为国家生活各层面总的理性原则。它强调应关注青年人对国防安全政策的恐惧或麻木感，把和平问题作为未来教育和政治教育中的重要因素。

在20世纪80年代的政治教育讨论中，学界更加关注作为个体的人的发展问题。作为联邦德国政治教育目标的社会民主化是与人的解放紧密相连的。这里的解放，针对的是成熟自主的、作为社会及自我发展主体的人。政治教育之所以能为个人的解放做贡献，首先在于其能清除阻碍人的自主性发展的主观因素。相应的是，政治教育应为人的自我决策、自我发展创造前提条件。在民主政治文化已经充分发挥作用的这一时期，政治教育不能仅仅满足于揭示人与社会民主化进程之间的关系，同时还应帮人们认识到一种在现实社会中不仅未得到满足反而时常被压制的需求，那就是对幸福、兴趣、精神满足的追求。

总而言之，80年代之后联邦德国政治教育理论的多元化探索清楚地表明，在较好地解决了民众的民主思想意识和政治参与能力的问题之后，政治教育关注的重点更多地转向社会现实问题。1988年5月8日，为了解决80年代“政治教育明显陷入萧条中”的问题，联邦议会邀请了“教育与科学委员会”、“联邦政治教育中心”管理委员会以及来自政治教育理论与实践领域的代表，召开了一场关于政治教育的讨论会。“联邦政治教育中心”管理委员会代理主席福尔克马尔·克雷科夫斯基（Volkmar Kretkowski）在会议形成的决议中指出，“青少年和成人教育面临着更多的要求。复杂的政治和社会进程应该透明化。政治教育应注重探讨新挑战，比如新技术及其对经济和社会的影响，环境问题与和平问题应被同等对待”。①

① Hans-Werner Kuhn, politische Bildung in Deutschland: Entwicklung-Stand-Perspektiven. Opladen, 1993. S. 322.

第三节　“两德统一”与政治宽容教育理论

一　“两德统一”与政治教育新课题

20世纪八九十年代联邦德国面临的最重要的问题无疑是民族统一以及统一后的国家建设问题。事实表明，直到两德统一前的1987年，从两德情势发展中还看不出国家重归一统的迹象。1954~1987年，民调结果显示，西德人民赞成德国统一者，高达八至九成。但真正相信能够统一者，自1970年后竟不到两成，1987年甚至只有3%。[①] 可见，对全德国产生认同的先决条件必然是德国完成统一大业。根据联邦德国有关民意调查机构如EMNID、DIVO等的民意测验，到两德统一前夕，已有85%的联邦德国公民和90%的民主德国人希望或赞成两德统一。无论是国际局势还是民心所向，联邦德国接纳民主德国实现德意志民族的再一次统一势在必行。

因此，政治教育理论界面临的重大任务是，在统一之前要为统一奠定思想和舆论基础，在统一之后要为巩固统一的成果做出努力。长期的分裂与斗争，势必造成两部分德国民众心理上的巨大差距与隔阂。如何消除这种差距与隔阂，实现真正的“内部”统一，需要进一步回答一系列紧迫问题：统一后的德国如何开展共同的政治教育？政治教育的趋同面临着怎样的挑战？统一之后在合并进来的新联邦州，政治教育如何在重建和巩固民主政治体制中发挥作用？

二　“民族认同”与宽容教育理论

布伦瑞克技术大学教育学教授瓦尔特·加格尔（Walter Gagel）对统一前两部分德国的政治文化在第二次世界大战结束后演变发展的状况做出了自己的判断。他指出，“40多年的分裂，使得东西部之间形成了各自不同的政治文化。联邦德国从建立之初开始，就把自己定位于西欧，而社会主义的民主德国，实行计划经济体制，反对分裂，把冲突列为禁忌。从这个意

① 叶阳明：《德国政治文化之发展》，台湾五南图书出版公司，2009，第99页。

义上讲，西德人变成了欧洲人，东部的德国人仍是德国人”。[①] 一项在统一前对两部分德国青年的民意调查表明，西德青年大学生首先认为自己是独立的个体。东德的青年大学生，则认为自己的性质很大程度上取决于他们周围的社会环境。但在德国传统的美德方面，如勤奋、宽容、责任感以及纪律性方面，两部分德国的青年之间只存在很小的差别。目前最为迫切的任务，是将在西德业已建立的政治教育体系及其原则，拓展移植到东部地区。

为了解决这个问题，贝尔恩德·卢德科迈尔（Bernd Lüdkemeier）和迈克尔·西格尔（Michael Siegel）从新联邦国家所面临的政治教育形势出发，指出政治教育工作并不意味着对政治体系的否定，而应该在新的社会条件下传授如何打造多元化社会的知识。他们提出，“政治教育要使人们消除与政治的距离感以及对政治责任的恐惧感，要使人们不仅获得积极的而且获得消极的生活经验进而培养出宽容精神，它还要使人们作为民主社会的公民参与多数人的讨论”。[②] 以“宽容”为主题的政治教育理论，为解决德国两部分民众思想上的“内部统一”问题做出了一定贡献，同时为培养德国人民的“欧洲公民身份”意识、推动欧洲一体化进程也起到了重要作用。在宽容教育理论的指导下，德国政治教育在实践领域将民族的“内部统一”作为重要的工作主题。

1990年两德统一后不久，“联邦政治教育中心”便开始在东部地区以及新联邦州承担政治教育职责。首先，是对东部的教育、文化、公共服务机构配置有关“民主政治教育”的出版物。那些在西部广泛使用的政治教育材料被大量再版印刷。“联邦政治教育中心”给所有前东德的中小学及图书馆配置了大批有关德国的公共机构、历史、政治的材料，各类工具书以及它自身发行的政治教育出版物。其次，对东部的大众媒体从业人员进行“再培训”。例如，“联邦政治教育中心”启动了一项名为“新闻团队穿越东德城市”的计划，该计划实质上是一个为地方新闻记者和报刊编辑举办的培训研习班。这个研习班将来自两部分德国的新闻记者聚集在一起，旨在

① Hans-Werner Kuhn, politische Bildung in Deutschland: Entwicklung-Stand-Perspektiven. Opladen, 1993. S. 417.

② Hans-Werner Kuhn, politische Bildung in Deutschland: Entwicklung-Stand-Perspektiven. Opladen, 1993. S. 251.

通过“对话”来增强东部地区媒体从业人员对西部地区民主的理解。最后，对东部地区的政治教育教师实施培训和职业准入制度。1990年12月，“联邦政治教育中心”在北部城市什未林组织召开了两德统一后首次教育政策会议，这也成为一个东西部政治教育教师和相关从业者的论坛。更为重要的是，这次会议之后，“联邦政治教育中心”为超过2500名来自前东德地区的公民课教师开设了一门为期4~6学期的必修课程，内容涵盖各种政治主题如人的尊严、人权、环境问题、民意和政治学基础等，只有完成学业的教师才有资格在各种教育机构教授政治类课程。

1991年，“联邦政治教育中心”在向联邦议会提交的一份报告中指出，“民主国家要以公民的责任和能力为导向，如果人们没有能力和意愿来充实自身的生活，那么最自由的宪法也只是一种形式而已。政治教育的一个重要任务和目标，就在于培育公民的民主意识以及参与政治过程的能力。政治教育只是政治社会化的一个组成部分。就像所有的教育形式一样，政治教育也是一个长期的过程。在德国，政治教育是长期的行为，并且在学校教育、职业培训中有着特殊的重要性”。① 同时，“由于在青年中还存在着一股危险的敌视外国的浪潮，政治教育必须加强对这一主题的研究。偏见的根源在于缺乏对外国的了解。政治教育的目标不仅要对其他思想宽容，还要对其他人民和文化宽容”。② “在柏林墙被推倒之后，政治教育必须为促进德国东西两部分人民在精神和社会上的相互融合做出贡献。”③

第四节　基于《基本法》的政治认同教育思想与政治教育价值取向的第三次转换

20世纪70年代末，联邦德国社会的“解放”意识达到巅峰，社会批判风潮席卷各个领域，文化多元主义特征日益明显，社会成员的政治观、价

① Hans-Werner Kuhn, politische Bildung in Deutschland: Entwicklung-Stand-Perspektiven. Opladen, 1993. S. 251.

② Hans-Werner Kuhn, politische Bildung in Deutschland: Entwicklung-Stand-Perspektiven. Opladen, 1993. S. 266.

③ Hans-Werner Kuhn, politische Bildung in Deutschland: Entwicklung-Stand-Perspektiven. Opladen, 1993. S. 396.

值观、道德观的差异日益扩大，加上几乎不受限制的批判自由导致的价值虚无主义，社会上出现了意义危机和信仰危机。学者们也从教育学、社会学、政治教育理论与实践等不同层面进行反思。许多学者提出，要突出政治教育的规范性与价值性。自 80 年代中期之后，联邦德国政治教育的一个基本发展趋势，是在培养学生理性分析和政治参与能力的同时，提倡传统价值和社会责任，强调价值认同、政治认同对于维护政治体制的重要性。政治教育学者在理论上达成的基本共识，特别是苏特的理性政治教育理论、哈贝马斯的宪政爱国主义思想，为基于《基本法》的政治认同教育提供了理论基础。

在当代德国政治家和学者眼中，政治认同意味着对民主政治价值和现行政治制度、政治权力、政治秩序的承认、赞同、认可，具有显著的政治性、社会性、主体性和可塑性。政治认同的政治性体现为认同具有明确的政治价值取向，是对特定的政治制度、政治权力、政治秩序、政治理想的认同。政治认同的社会性体现为认同是社会关系的产物，是现实社会政治与个体意识相互作用的结果，人们在长期的社会交往过程中，将通过模仿、复制、习得的社会群体的价值内涵，内化成自己的价值系统，并反过来对他人或群体产生影响，从而使政治认同有了社会性或传播性。[①] 政治认同的主体性体现为认同在本质上是认同主体的心理过程，是主体对现实社会政治的各种信息的感受、选择、吸纳的过程。政治认同的可塑性一方面体现为政治认同是一种动态的平衡过程，人们对政治体系的认同不是一成不变的，而是具有历史性和动态性；另一方面体现为特定的政治体系可以通过自身的不断完善和加强公民政治文化建设，来培育、催生、强化公民的政治认同，这也是现代民主政治教育立论的基本依据。

在德国政治家、政党和学者看来，政治认同对政治体系具有十分重要的作用。其一，其是政治合法性的重要来源。对德国民主政治体系的普遍认同是民主政治文化的重要基础，是提高政治合法性的基本途径。政治认同是在社会政治生活中，人们依据一定的文化、信念、价值观等确定自己的身份，达成政治共识，并选择参与政治的取向。当人们认为政治体系及其运作符合他们所选择的政治意愿和文化价值观时，就会产生政治归属感

① 袁其波：《政治认同的概念与特征初探》，《太原师范学院学报》（社会科学版）2008 年第 1 期。

即政治情感，形成积极肯定的政治态度，将政治体系所体现的政治价值标准，转化为政治主体个人的价值标准，就会主动热情地参与和支持这种政治体系的运作，随之而来的则是政体合法性程度的提高。其二，对德国民主政治体系的普遍认同，是抵制形形色色政治极端主义的重要思想保证。德国政治家们清醒地认识到，德国是一个缺乏民主传统的国家，对德意志民族来说，民主赖以生存的力量来源和价值观并不是不证自明的，不是源自民族的文化基因中。因此，在经历了纳粹的极权专制统治之后以及民主制度不断面临政治极端主义威胁的情况下，在民众中形成广泛的民主政治认同，培育民主政治文化，进而彻底抛弃狭隘的德意志民族主义、纳粹主义和其他各种政治极端主义，必须成为民主政治建设的中心任务，成为国家主导的政治教育的重要使命。

因此，在德国政治家和政府政治教育机构看来，承认、赞同、支持德国的政党政治和政党制度，是认同议会民主制和现行政治体系的重要体现，是公民政治认同的重要内容，并将此纳入政治教育的目标，作为政治教育的重要主题。另外，构成议会党团的各个政党，根据《基本法》的原则规定，积极引导公民政治意愿的形成，通过政治基金会、政治纲领和政策宣传，在民众特别是青年中培养政党的支持者和后备力量，力图在国家和社会之间寻求政治认同，确立自己的政治合法性。[①] 政治合法性是西方政治学的核心命题，主要探讨“统治与服从的关系”、统治者“统治权力的来源”以及民众“政治服从的基础”。一般而言，政治合法性来自在价值或事实上，社会大众对政治秩序和政治体系的认可和服从，即民众对现存政权的信任、支持和认同。也就是说，政治合法性强调执政者在管理国家和治理社会时，必须要有正当性的“理据”。通常认为，这种正当性的理据至少源于三个基础，一是意识形态基础，即政治权力从人们的认知、情感、信仰、价值观等心理和理念方面获得支持；二是制度基础，即政治权力的获得与运作遵循公认的程序与规则；三是有效性基础，即统治集团的“治理绩效”。一个政治体系或政权要取得政治合法性，获得稳定、持久的合法性支撑，最可靠的是要同时具有这三个基础。

20世纪80年代以来，德国议会、政府在推进民主政治建设中，重视以

---

① 高峰：《比较思想政治教育专题研究》，红旗出版社，2005，第206页。

民主政治教育为重点的政治意识形态工作，其深知“治理绩效”只是政治合法性的必要条件，但不是其充分必要条件；统治者的“政治统治”以及民众的“政治服从”并非单纯建立在统治集团的“治理绩效”基础之上，还奠定于资产阶级民主政治文化之上，建构在公民的政治价值规范系统和自愿的政治参与基础之上。因此，德国议会和政府，一方面大力动员各种文化教育和社会资源，建立并不断完善政治教育体系，在民众特别是年青一代中传播主流政治文化，灌输政治意识形态。另一方面，通过不断完善民主制度，建立制度化的政治程序与政治沟通机制，为民众提供更多的政治参与机会，在现实的政治过程和民主实践中培养公民的政治参与意识，催生参与型政治文化，使民众在政治参与中，经过体验、反思、对比，形成并不断增强对政治体系和政治权力的认同，从而确立和巩固政治权力的合法性。

用现代西方“政治合法性理论”来理解，当代德国政治教育作为统治集团政治意识形态工作的重要方式，旨在促进公民的政治认同，确立和巩固政治权力合法性，其本质是一种“意识形态性资源”。这种意识形态性资源的功能在于形成民众政治认同的理性基础，并在一定程度上影响或制约着民众与本国政治体系和政治权力之间的联系（例如是对抗、冷漠，还是认同、参与）。德国政治教育以《基本法》的基本价值为依据，其基本功能和社会价值在于促进民众对德国资产阶级的政治思想、政治权力和政治体制的“集体认同”，从而使政治体系取得“合法性”基础，同时也紧紧围绕着“确立公民的政治主体意识，强化公民的政治参与意识，提高公民的政治宽容意识”，培育公民文化和政治人格，并将培养现代公民与解决好“政治合法性问题”统一起来。至此，战后德国政治教育实现了第三次转换，从“追求人的自由和解放的目的理性”，转向“巩固和发展基于《基本法》的政治认同与追求人的自由和发展的统一”。

第六章　对当代德国政治教育理论的综合分析与批判借鉴

前面几章分析了战后德国资产阶级民主政治教育重启的历史境遇和思想文化危机；以对德国政治教育实践有重要影响的理论流派为线索，较为系统地梳理了政治教育思想的主要学术脉络和理论谱系，并历时性地对著名政治教育学者的学术思想和教育主张开展了专题研究。上述研究从历史演进的纵向视野，对本书在“导论”中提出的立论假设——“当代德国政治教育理论流派是战后德国政治教育学者和学术界对德国政治文化和政治教育发展现状与未来走势，以学术的方式做出的持续、主动的回应”，做了论证。在以上研究的基础上，本章将从战后德国政治文化变迁与政治教育及其理论生成的关系视域，对当代德国政治教育理论的形成机理与演化动力、价值诉求与意识形态特征、理论特点与学术风格进行整体概括，并阐述其带给我们的启示和具有的借鉴价值。

第一节　政治教育与德国政治文化的变迁

一　政治文化与政治教育的关系

1980 年德国学者海因茨·劳施（Heinz Rausch）出版了他的学术著作《联邦德国的政治文化》，系统阐释了联邦德国政治文化的基本特征及其历史变迁。在书中，海因茨·劳施将政治文化界定为“特定的政治体系中民众对政治的态度、信念和感受”。[1] 国内学者丛日云认为政治文化“是与民

[1] Heinz Rausch, politische Kultur in der Bundesrepublik Deutschland, Berlin: Colloquium-Verlag, 1980. S. 10.

主制度相耦合的公民的政治态度、情感、信仰和价值取向，属于民主制度的隐结构”。[①] 本书赞同学者李传柱对政治文化的界定：“是指处于一定的历史—社会—文化条件下的权利义务主体对政治体系、政治活动过程、政治产品等各种政治现象以及自身在政治体系和政治活动中所处的地位和作用的态度与倾向。”[②] 本书认为，政治文化是具体的、历史的，表现为公民的政治知识、政治情感、政治价值、政治信仰、政治安全感、政治效能感和政治技能等，也表现为相对稳定的对于生活其中的政治体系和所扮演的政治角色的认知、情感、态度以及政治参与的技能。总之，政治文化是政治制度的文化结构，是政治制度存续的条件和基础。

政治文化也是一个开放动态的系统。政治文化作为政治意识形态，随着政治制度的发展变革而发生变迁。政治文化的变迁，从总体社会层面上看，是指一个时期社会中占主导地位的集体政治认知、政治情感、政治认同和政治价值观的转变，从个体的政治社会化层面看，是指社会成员个体在政治心理、政治价值观念和政治行为取向等方面的改变。

根据辩证唯物主义和历史唯物主义的观点，推动政治文化变迁的主要因素，一是社会经济因素。生产力与生产关系、经济基础与上层建筑的矛盾运动是导致政治体制和政治文化变迁的根本因素。二是政治体制改革与更替。政治体制改革将系统地影响政治文化中的认知与观念系统。三是文化运动。在政治体制的运行过程中，由于政治社会化机制的需要，在社会中总要发生相应的文化运动，对现行的政治文化体系施加一定的压力，促使其发生相应的变化。四是政治教育。政治教育贯穿于政治文化变迁和发展过程始终，是系统的、有组织的、有效的政治文化传承和创造机制。政治体系和政治权利主导的政治教育，通过传播主流政治文化，不断移易政治文化不相适应的内容，大力提倡新的政治认知、政治信念和政治价值观，逐渐促进政治文化形态的改变。

政治教育是统治集团有组织地向社会成员传播主流政治文化，使社会成员形成共同的政治认知、政治信念、政治价值观和政治理想，达到政治

---

① 丛日云：《民主制度的公民教育功能》，《中共天津市委党校学报》2001 年第 1 期，第 39 页。

② 李传柱：《“政治文化”概念的界定及研究意义》，《安徽教育学院学报》（哲学社会科学版）1997 年第 2 期，第 8 页。

认同和政治参与目的的教育实践。政治教育所要传播的内容要符合一定政治体系、政治权力所倡导、所确认的有利于维护其统治和利益的政治思想、政治价值观。因此，政治文化的延续和发展是政治教育的目标，政治教育与政治文化在现实政治生活中体现了形式与内容、手段与目的的关系。政治教育对政治文化的作用主要表现为巩固维持政治文化、改变创造政治文化、趋同亚政治文化。

二 政治教育对战后德国政治文化转型的推动作用

第二次世界大战前，专制主义、军国主义、极端民族主义一直是德国政治文化的主流。虽然自康德、歌德以来，经 1848 年资产阶级革命，直至魏玛共和国宪法的追求理性、人道和自由精神，形成了德意志民族的人文主义传统，但是人道主义、理性主义、自由主义等进步的政治思想未曾在德意志民族的文化中占据主导地位。尽管这个时期德意志民族创造了辉煌的文化，但是德国旧的经济和社会结构并没有从根本上被触动。魏玛时期资产阶级所宣扬的自由只是在建制内的有限的、具体的自由。而反民主、反现代的力量却不断得到增强，逐渐式微的资产阶级民主政治文化最后与魏玛共和国一道走到了尽头。第三帝国的诞生，更是标志着反民主、反自由、反理性、反现代的力量达到了登峰造极的地步，“臣服型”的专制主义、军国主义政治文化渗透到社会各个层面。

德国在第二次世界大战中的惨败，使德国人感到似乎一切都烟消云散，归于终结，一切都要重新开始。第二次世界大战后，美、英、法在西占区展开了“非纳粹化”和“再教育”运动，打碎了纳粹的国家机器，取缔了纳粹党及其所有机构，废除了纳粹法律，惩处了纳粹分子、战争罪犯，用暴力和刑事手段，为新国家的建立扫清了障碍。与此同时，在精神层面，美、英、法用西方民主价值观和政治体制在西占区强制推行民主化改造。1949 年制定颁布的《基本法》，为联邦德国资产阶级民主政体的建立奠定了制度基础。此时，隐藏在德意志民族历史文化传统深处的理性、人道、自由精神也为战后德国回应西方盟国的民主化改造提供了一定的思想基础。

但是，作为旧的纳粹专制制度隐结构的“臣服型、专制型”政治文化并未发生明显的变化，《基本法》及其确立的民主制度和国家体制，并未获得民众的认同，相反，民众对往昔的权威政治体制和纳粹国家尚怀眷恋。

联邦德国建立之初，仍有超过25%的民众将希特勒视作“为德国做出了最大最多的成就的人”。[①] 在1950年的一次调查中，有36%的被询问者把“非纳粹化”看作实现德国民主化的直接障碍。[②] 即便到了1964年，认为“纳粹国家是一个罪犯政权”（Verbrecher Regime）的受询者也只占到54%，46%被询问者给出的评判依然令人忧虑。[③] 在如何看待和评价战后德国的问题上，根据阿伦斯巴赫舆论调查所1951年的民意调查结果，认为1945年之后是20世纪德国最好的时期仅仅占到被调查者的2%，相反却有高达78%的被调查者认为1945年之后的德国是20世纪最坏的时期。而且，分别有45%和40%的被调查者认为德意志帝国时期（1871~1918年）和1933~1938年的纳粹德国时期是20世纪最好的时期[④]；甚至45%的受访者仍然怀念霍亨索伦王朝统治下的年代，32%的受访者支持霍亨索伦家族复辟，明确表示反对的只有36%，更有42%的人思慕第二次世界大战前的第三帝国。[⑤]

政党政治是战后德国的基本政治制度，然而在联邦德国建立初期，民众对政党和政治机构也普遍抱着“过分实用主义”的态度。1959年一项关于“西德人的民族自豪感来源”的调查表明，民众的民族自豪感来自德国人民的特质和20世纪50年代的经济奇迹，而不是政治体制或宪法民主方面的因素，只有7%的被访者表示对政治体制和宪法政治感到自豪。[⑥] 说明德国民众对新政权执政所取得的“经济业绩”的肯定与认同性，远远超过对政治体制的肯定与认同。

在政治参与方面，1952年，对政治感兴趣的受访者只占27%，其余的人则表现出远离政治的消极倾向。[⑦] 这些情况都表明，在联邦德国建立之后

---

① John Ardagh, *Germany and the Germans: An Anatomy of Society Today*, Hamish Hamilton, 1987, p. 390.

② Richard L. Merritt, *Democracy Imposed: U. S. Occupation Policy and the German Public 1945 - 1949*, Yale University Press, 1995, p. 159.

③ 李乐曾：《评德国和日本不同的第二次世界大战史观》，《德国研究》1997年第2期，第11~17页。

④ 转引自辛蔷《融入欧洲——第二次世界大战后德国社会的转向》，上海社会科学院出版社，2005，第100页。

⑤ David P. Conradt, "Changing German Political Culture," in Gabriel A. Almond and Sidney Verba eds., *The Civic Culture Revisited*, Newbury Park: Sage Publications, 1989, p. 226.

⑥ David P. Conradt, *The German Policy*, New York & London: Longman, 1993, p. 55.

⑦ David P. Conradt, "Changing German Political Culture," in Gabriel A. Almond and Sidney Verba eds., *The Civic Culture Revisited*, Newbury Park: Sage Publications, 1989, p. 239.

相当长的时期内，《基本法》所确立的基本精神和政治体制远远超前于它被创制时的政治文化水平，资产阶级民主政治体制及其运行，还缺失民主政治文化的土壤，缺乏公民的认同和积极参与；也预示着政治文化的变迁转型必将经历一个相当漫长的曲折过程。

事实上，直到20世纪70年代后期，联邦德国人民经历了30年对西方民主政治的学习、实践和体认，政治心理和态度才有显著改变，才实现了政治文化朝参与型民主政治文化的转型。20世纪50年代具有“被动的臣民倾向”的选民终于被积极的、参与的和有经验的公民所取代。

政治文化的转型，意味着民众对联邦德国政治的基本图像、认知模式、价值评判和参与取向的态度发生了深刻改变。民意调查显示，在1955年，只有30%的人赞同《基本法》，到1978年，这一比例已上升到71%；至1979年认为“纳粹国家是一个罪犯政权”的人占到受调查者的71%。[①] 1970年，81%的受访者已将联邦德国时期视为20世纪德国历史上最好的时期，而选择“第二帝国”和“第三帝国”的人分别只占5%。[②] 到1978年，对联邦德国政治体制感到自豪的人的比例上升到31%，到1988年达到了50%[③]，超过了选择“人民的特质”和“经济奇迹”的受调查者。这表明民主政治体制已经成为公民民族自豪感最大的来源，民众对联邦德国的政治体制的感情和认同在40余年间发生了显著的变化。

民众对联邦德国政党和议会的评价与认同也发生了根本性的变化。认为联邦议会中各政党能代表公民利益的受调查人数比例从20世纪50年代的35%，上升到1980年的70%。民众对政党竞争和选举制也表示高度认同与支持。1978年，79%的人认为政党竞争对民主是必不可少的，90%的人认为政党竞争确实在联邦德国发挥了作用。[④] 同时，各重要政党人数也与日俱增，联邦议会选举的全国投票率在1972年、1976年和1980年都超过了88%。

---

① 李乐曾：《评德国和日本不同的第二次世界大战史观》，《德国研究》1997年第2期，第11~17页。

② David P. Conradt, "Changing German Political Culture," in Gabriel A. Almond and Sidney Verba eds., *The Civic Culture Revisited*, Newbury Park: Sage Publications, 1989, p. 226.

③ David P. Conradt, *The German Policy*, New York & London: Longman, 1993, p. 55.

④ 徐贲：《战后德国宪政与民主政治文化——哈贝马斯的宪政观》，蒲公英文摘网，2020年6月19日，https://www.zhaoqt.net/lishihuizuo/326678.html。

那么，是哪些因素促成了战后德国政治文化的转型？西式民主政治体制的建立、辉煌的经济成就、政治体系的有效运作和良好表现、战后世界范围内的民主化浪潮、由国家推动的政治教育等，这些因素都对联邦德国政治文化的形成起到了重要作用。无疑，在所有因素中起决定性作用的是西式民主制度的建立及其有效运转。只有健全的政治制度，才能使政治文化的形成和持续发展成为可能。政治文化不是政治体制结构形成的原因，而是政治体制结构形成的结果。因此，政治文化不应被视为一种前理性的信仰和一种形成政治体制的原因，政治文化只能是人们生活在政治体制下通过学习而发展形成的价值和实践规范。而政治教育恰恰充当的是政治体制与政治文化之间的“中介”。通过（尤其是由政府和议会主导推动的）有组织有目的的政治教育，参与型政治体制的系统知识、精神和行为方式才能传达到每一个公民，进而使他们普遍形成赞同西方民主政治的思想态度和政治价值观，并最终在全社会形成主流的政治文化。对此，阿尔蒙德等曾指出，“比经济奇迹甚至更令人惊奇的，恐怕是西德在短短 30 年的时间里就成功的创造了一种民主政治文化。在人民对民主缺乏信心的情况下，政府推行了一个规模巨大的重新教育德国人民的计划。学校、大众传播媒介、政治组织都被动员起来贡献力量。人民本身也在改变——在极权制度下长大的老的一代逐渐被在战后民主时期彻底社会化的新的一代所替换。其结果是德国的政治文化获得了改造”。[①]

第二节　当代德国政治教育价值取向的转换：政治教育理论形成演进动力

战后德国政治教育在促进政治文化变迁转型中发挥了重要作用。政治教育与政治文化也历史地表现出协同演化的进程。作为对政治文化变迁响应的结果，政治教育实现了三次价值取向的转换，政治教育理论及其主要流派也呈现不同的思想风格和理论特质。在此，我们不妨在前几章将这三次价值取向转换置于历史进程分别做了阐述的基础上，进行集中概述，并

① 〔美〕加布里埃尔·A. 阿尔蒙德、西德尼·维伯：《公民文化——五个国家的政治态度和民主制》，徐湘林等译，华夏出版社，1989，第 123 页。

在概述中，勾勒政治教育理论及其流派“出场”的主要脉络，探讨政治教育理论形成演进的动力与机理，从而更为透彻地理解战后德国政治教育体系构建的基本原理和实践的理论依据，认识当代德国政治教育体系背后的精神和文化因素，进而深化对德国政治教育规律性的认识。

一　当代德国政治教育价值取向的三次转换

协同演化原本是一个生物学的概念，是指在一个生态系统中，两个或多个物种共同生活，在各自演化的过程中相互影响、相互作用，在演化方向、速率等方面产生的协调、趋同现象。政治教育与政治文化的相互影响、相互作用、协同演化，特指在政治生态系统中，政治教育与政治文化既对立又统一，相互影响、相互作用，产生在演进方向、发展水平等方面的耦合、协调、趋同现象。

据此，我们可以将第二次世界大战后德国政治文化（变迁）与政治教育（理论与实践变迁）看作一个“耦合系统”，其是德国社会政治耦合系统的子系统，这样，对这一时期政治教育历史的研究，研究对象便是“政治文化与政治教育的关系和相互作用”，核心内容就是“研究政治文化与政治教育相互作用的过程和结果”，研究重点是政治文化与政治教育耦合系统中“重大政治文化与政治教育事件和过程”，在多重时间尺度上探讨政治文化与政治教育的相互关系、作用机理和演变规律，即协同演化规律；研究的切入点或观测研究的重点是政治教育价值取向的转换，即政治教育目的、目标的重要或根本性变化。我们将聚焦政治文化变迁关键时期的重大政治文化事件（如政治文化危机事件）和政治教育事件（如新的教育理论“出场”与实践变革事件），分析两者的内在联系，认识其相互作用的机理和规律。

1. 政治教育价值取向的第一次转换

战后至20世纪50年代，德国政治文化危机（现象），表现为民众极端政治冷漠、远离政治，臣服型、狭隘的“民族共同体”思想及其政治心理在社会蔓延。1952年“联邦乡土服务中心”的建立及围绕其建立的争论是这一时期政治教育的重大事件，标志着致力于改变德意志传统政治文化、创造民主政治文化的政治教育工作在议会和政府层面的启动，开启了民主政治教育与政治文化对立统一、协同发展的序幕。

1945年战败至20世纪50年代，德国人民饱受国破家亡、战胜国军事占领管制、国家主权丧失等精神伤痛和生活贫困之苦。战争前后巨大的心理落差在德国社会造成一种“悲悼无能”的氛围，深受纳粹思想和德国传统的“臣服型”政治文化影响的德国民众互不信任，社会充斥着敌视、冷漠与隔阂，政治冷漠与疏离由此产生。当时，政治教育面临的紧迫任务，就是解决广泛存在的政治冷漠现象，维护刚刚建立起来、尚未获得民众认同的《基本法》和政治秩序，聚合民心，维护社会稳定。在学术界，尽管也始终存在政治教育应该为调动公民政治主动性，形成和发展“参与型”政治文化服务，还是应该培养忠于宪法的国家公民，为重新形成和巩固权威型政治文化服务，这一涉及政治教育价值取向的争论，但是，鉴于政治体系和政治权力的迫切需要，国家公民教育思想始终占据主导地位，并在政府的主导下建立了以维持现有政治秩序为价值取向的国家公民教育体系。这个体系带有比较浓厚的国家至上、权威主义色彩，这虽在一定程度上阻碍了公民意识的觉醒和公民政治参与能力的提升，但是，其也对维护新生的联邦共和国及其政治制度发挥了重要作用。

这一时期，学术界围绕政治教育目的、目标、价值取向等，展开的思想交锋及其结果充分表明，在政治文化与政治教育的关系范畴中，政治文化起主导作用。当时德国的政治文化是保守的臣服型政治文化，民众也普遍缺少民主知识、现代公民意识和民主政治参与的能力，民主政治教育体系也正在筹建之中，政治教育超越不了它赖以存在的文化土壤，该体系必然呈现出保守的、现实主义的特征。同时，占主导地位的教育思潮，又往往成为政治教育思想的理论基础。当时，文化教育学派在德国整个教育思想界居于主流地位，李特作为文化教育学派的集大成者，也作为政治教育界有政府背景的重要人物，其思想和教育主张自然被广泛认可采纳。

20 世纪 60 年代，联邦德国民主化进程在挫折中前进，民主政治文化的形成发展受到保守势力和德意志传统政治文化的挑战，极端主义和纳粹主义“死灰复燃”，政治体制面临“民主制晴天的终结”。此时，“联邦乡土服务中心”为适应政治文化变迁和政治教育变革的需要，更名为“联邦政治教育中心”。为应对危机，学术界围绕政治教育目的、目标、价值取向展开影响深远的思想“大争论”，对文化教育学派及其主导的政治教育理论与实践展开批判，政治教育回归现实的呼声日益高涨。以实用主义教育哲学为理论基础的“合作教育”理论受到关注并在部分联邦州诉诸实践，经验教育学思潮的兴起开拓了政治教育的理论视野，政治教育冲突理论的提出及其在教学法层面的实践，意味着至60年代中后期，德国政治教育已经呈现出与传统决裂的姿态，实现了价值取向的第一次转换，即从纳粹统治时期“种族纯洁与对外侵略扩张的宣传工具”转向“培养国家公民”“捍卫联邦德国宪法的民主教育工作”。

2. 政治教育价值取向的第二次转换

20世纪60年代末以大规模学生抗议活动为代表的追求民主与自由解放的社会运动，直指德国资本主义社会的弊垢，也再次暴露政治民主化要求与保守的政治文化之间的深刻矛盾。战后新生代表现出反权威、反保守、反不公正、反依附关系、反新纳粹，要求公民权与个性自由解放的鲜明时代特征。同时学生运动的非理性、暴力化倾向，也暴露青年一代政治理性和政治参与技能等现代民主素质的缺失。

多重危机迫使联邦政府、议会和政党对德国历史进行深刻反思，也促使政治家和学者深刻反省并追问政治教育的价值取向。联邦议会关于政治教育目的与目标再定位的大讨论，与以法兰克福学派社会批判理论为代表的学术思潮遥相呼应。20世纪50年代以来的政治教育遭到猛烈抨击，被指责为过度专注于“维持权威秩序”和已取得的民主化成果，忽视民主政治文化建设和对青少年的民主教育与训练，并强烈要求政治教育变革。以法兰克福学派为基础的批判教育学和政治教育批判理论、解放理论应运而生，逐步替代了强调民族文化传承和培养国家公民的文化教育学派。阿多尔诺对德国大众文化和教育的批判以及对“奥斯威辛之后的教育”的真知灼见，也极大地推动了政治历史教育和政治教育思想观念的深刻变革。这种批判教育学、批判政治教育学思潮强调进行社会批判和意识形态批判，并把教育的目的确立为“人的解放”和有助于人的解放的“社会的解放”，形成了以培养学生批判精神和能力为旨趣的政治教育批判理论及其教学论。此后，在政治教育批判理论及其教学论的指导下，新的学校政治教育体系也逐渐构建起来。在此过程中，教育理论领域保守派与激进派的思想交锋依然激烈。1976年，在“联邦政治教育中心”的组织协调下，经激烈讨论，两派达成“博特斯巴赫共识”，将政治教育的价值目标，定位成培养基于“自由与个人解放”目标之上的公民社会批判意识、自主判断能力和政治参与能力。“博特斯巴赫共识”也被视为政治教育价值取向由“工具理性”，即

“培养国家公民”“捍卫联邦德国宪法的民主教育工作”向“追求人的自由发展和解放”“目的理性”转换的“里程碑”。

3. 政治教育价值取向的第三次转换

至20世纪70年代末，联邦德国西式的民主化改革取得重要成就，民主自由平等思想成为政治文化的主流。然而，始于10年前的“批判”“解放”思潮也在此时达至巅峰，社会批判和意识形态批判风潮席卷各个领域。政治教育教学领域的批判导致教师放弃信仰、逃避责任、丧失教育的勇气。不受限制的批判自由导致价值虚无主义，社会文化多元主义特征日益明显。公民特别是年青一代出现对“个人自由”“解放”的极端追诉，挑战基本的政治认同与道德共识，出现严重的政治信仰危机与道德危机。德国议会和政府、政治家和教育专家深感忧虑，人们一旦出现对共同的政治价值观的怀疑、世界观的相对主义和道德虚无主义，将削弱甚至摧毁自由民主法治国家的价值基础，必将导致民主政治文化的崩溃，危及政治制度的存续和社会的稳定。

于是，政治家和学者们从教育学、社会学、政治教育理论与实践等不同层面再次进行深刻反思，质疑批判的矛头直指批判教育学，并大声疾呼“教育必须传递信仰，促进信仰”，“教育者必须拥有不倦地向成长中的一代展示什么是人生意义的勇气和力量”[①]；许多学者提出了对“博特斯巴赫共识”修改的意见，这些意见所体现的教育思想与批判教育学、政治教育批判理论、解放理论的一些主张有明显区别。正是在这样的背景下，联邦德国先后兴起了以《基本法》为政治认同基础和培养政治理性为基本诉求的“理性政治教育理论”、强调政治教育的规范与共同价值的“政治认同教育理论”和“宪法爱国主义”思想。

在这些理论和思想的影响下，以及在德国议会和政府的大力推动下，20世纪80年代中期以后，联邦德国政治教育趋向在培养学生理性分析判断能力和政治参与能力的同时，重新强调社会责任和传统价值，强调公民共同的价值认同、政治认同的重要性，实现了政治教育价值取向的第三次转换，即从“追求人的自由和解放的目的理性”，转向“巩固和发展政治认同与追

① 彭正梅：《德国政治教育的里程碑：〈博特斯巴赫共识〉研究》，《外国中小学教育》2010年第5期。

求人的自由和发展的统一”。90 年代之后，联邦德国政治教育积极服务于国家的统一，对原东德政治教育体系进行改造，从实质上讲，这不过是已经形成的政治教育体系、教育模式和教育思想在东部的拓展。

二　当代德国政治教育理论形成演进的机理

通过以上对第二次世界大战后德国政治教育与政治文化变迁关系的论证，以及对政治文化变迁关键时期重大政治文化事件与政治教育事件及其耦合关系的研究，我们可以初步得出一些重要结论，从而进一步探讨战后德国政治教育及其理论发展变革的规律。

第一，在战后德国“臣服型”政治文化向“参与型”政治文化转型的过程中，政治教育的价值取向发生了三次重大转换，与之相应的是政治教育及其理论的三次重大变革与创新。如果说，第一次转换是后者（联邦德国建国初期的政治教育）对前者（纳粹德国的政治教化）彻底的否定，那么后两次转换则是后者对前者的扬弃与超越。

第二，政治教育价值取向的转换以及由此导致的政治教育及其理论的变革，是由德国政治制度的发展和政治文化的变迁决定的；从政治文化与政治教育的关系范畴中认识这种转换、变革与创新，有助于揭示政治教育理论形成演进创新的机理。

第三，“政治文化的变迁与政治教育的主动响应”，是“政治文化与政治教育协同演化”的发生机理，也是政治教育理论生成（出场）的机理。

第四，对第二次世界大战后政治教育与政治文化相互作用、协同演化的基本过程与机制，可以进行如下描述。（1）将出现重大的政治文化事件或现象，对象化为“民众的政治认知、政治情感、政治信仰、政治价值观的危机”。（2）产生激烈的思想交锋。议会内部、党派之间、教育界、政治教育学术领域对政治文化（变迁）重大事件或现象以及由此导致的政治教育危机做出思想响应与反馈，表现为从教育哲学、教育学、社会学、政治学、心理学、政治教育学、教学法等层面展开关于“政治教育目的、目标、价值取向、内容、方式方法”的讨论，形成不同的流派。（3）经过激烈争论，在思想认识上达成初步共识，并在政府政治教育机构的主导下传播、扩散、强化思想共识，形成对政治教育发挥指导作用的主流学派。（4）在联邦政府、州政府及其政治教育机构的主导下，颁布政治教育指导原则，调整教育策略，推荐教育模式，协调教育行动，评估教育效果（大规模的民意和民众政治倾向调查）。（5）逐步促成特定时期政治生态系统中，政治教育与政治文化相互作用、耦合协调、相互促进。（6）出现新的重大政治文化事件或现象，诱发新的思想响应，再一次重复上述过程，并逐步达成政治教育与政治文化相互促进、耦合协调、趋同发展的局面。

第五，在政治教育与政治文化相互联系的视域下，依据两者相互作用、协同演化的历史进程和真实状况，研究战后德国政治教育理论形成演进的机理与规律，也能为研究德国政治教育及其思想理论的未来发展，提供对比史实、理论依据和途径方法。

第三节　当代德国政治教育理论的主要特征

战后德国政治教育实践的变迁，是一部德国政治教育学术思想的流变史和理论的发展史，其间产生了一大批蜚声西方乃至世界的教育学家、政治教育学者。作为对政治文化变迁响应的结果，政治教育实现了三次价值取向的转换，政治教育理论及其主要流派也呈现各自的思想风格和理论特质。

在此，本节通过分析战后德国政治教育理论流派的基本属性，来总结其政治教育理论的主要特征。

德国政治教育理论流派，是德国学者建构的关于政治教育本质及其规律的知识体系，这些知识体系来源于学者们对政治教育与政治文化之间的关系及其发展规律的理性认识，有其自身的个性和共同的属性。理论的属性是政治教育理论的一个基本命题，借助于对理论属性的认识，可以帮助我们进一步审视德国政治教育理论的内在要求、逻辑结构、价值取向和基本性质。下面，我们从政治属性、时代属性、本土属性、学科属性几个视角，对德国政治教育理论流派的属性作简要概括。

一　德国政治教育理论的政治属性

理论的政治属性是理论政治意识形态特征的反映，集中反映在理论所代表或体现的在政治和经济上占何种地位的阶级或集团的利益，即理论的阶级性，这是理论的本质特征。根据历史唯物主义的观点，把握思想理论的阶级性，虽然要观察它的主观表现形式，但最核心的还是要关注理论的实践旨趣、实践内容，即思想理论的实践功能及其作用。因此，判定一种思想理论阶级性的标准是通过其主观表现形式来考察它的实践内容——在思想理论指导下的社会实践所期望取得的社会效应，或真正维护的阶级利益。

根据上述原理，我们应当从德国资产阶级民主政治教育工作的政治功能上，辨析战后政治教育理论的政治意识形态特性。战后德国政治教育的政治功能自其明确之日，就在联邦议会达成共识，并在法律层面确定为“宪法保护工作”，其实质是“建立在宪法保护”基础上的对资产阶级议会民主制基本政治制度的保护工作。正如当时的内政部部长罗伯特·莱尔和联邦内政部国务秘书汉斯·里特·冯·莱克斯代表联邦政府强调的那样，除了刑事和警务上的宪法保护以外，政治教育作为“第三种方式”，是更长远且最有效的宪法保护方式。① 战后德国政治教育理论是从根本上服从服务于这种宪法保护方式的思想体系和方法体系的，服务于建构一个资产阶级民主体制的政治教育体系。梳理战后德国政治教育理论流派后不难发现，无论是传统保守主义流派（以李特的国家公民教育理论为代表）、新保守主义流派（欧廷格的政治教育合作理论、基泽克的政治教育冲突理论、苏特的理性政治教育理论）还是激进主义流派（政治教育批判理论、解放理论），虽然它们依据的学科理论（文化教育学、实用主义教育学、经验教育学、批判教育学、社会冲突理论、政治社会化理论）各异，知识的出发点不同，但都力图回应、解释、解决几个基本问题：第一，都建构了一种解释系统，以说明和论证建立在《基本法》基础上的政治体系对于战后德国民主化的重要性与合法性；第二，都深刻分析“宪法保护工作”面临的挑战和国家民主体制的危机，特别是政治文化的危机，阐述危机产生的原因和破解危机的基本方法；第三，都要回答如何培育、发展、创造与《基本法》精神相一致的政治文化，并对象化为培养什么样的德国公民和怎样培养德国公民；第四，如何建构并完善资产阶级民主体制下的政治教育体系，进而论证政治教育的目标、价值取向、内容和方式方法。

不同的政治教育理论流派在形式逻辑上有一个共同的特点，即都在深

① Stenographische Berichte des Deutscher Bundestag. 1. WP，65. Sitz，am 10. 6，1950. S. 2387C.

刻分析不同历史时期“宪法保护”面临的政治文化危机的基础上，回应如何培育、发展、创造与资产阶级议会民主制基本政治制度相一致的政治文化，换句话说，就是应该培养什么样的德国公民，怎样培养德国公民，并通过对这些政治教育基本问题的深刻回应，力图实现政治教育作为宪法保护工作的功能作用。例如，基于战后初期德国社会的动荡和政治文化的历史现状，以文化教育流派学者李特为代表的政治保守主义者极力主张维系“权威型政治文化”，培养忠于宪政体制的“国家公民”，维护刚刚建立起来、尚未获得民众认同的《基本法》和政治秩序；实用主义教育流派学者欧廷格则强调德国社会迫切需要新的民主，社群之间的“合作”是战后德国民主社会的根本要求，主张要培育“合作型政治文化”，培养有合作精神、社会信任意识和社会责任感的“合作型公民”，以解决德国民众普遍存在的政治冷漠问题和新的民主体制面临的“合法性”危机。在社会大动荡的20世纪60年代，针对德国社会民主化进程中保守势力及其政治思想的阻挠，也针对民众依然存在的政治冷漠和政治参与技能的普遍缺乏，以基泽克为代表的新生代学者，主张应着力培育“参与型政治文化”，强调政治教育的最高目标是培养民众的“政治参与意识和能力”，培养民主体制下成熟的“参与型公民”，以实现政治体制的“合法性”。还如，针对60年代末“学潮”中青年学生表现的非理性、极端暴力倾向，政治教育学者们大声疾呼要培育基于《基本法》的“理性的民主政治文化”，培养“合法、有序、理性地参与政治的现代公民”，保障宪法秩序；与此同时，鉴于大学生运动暴露出的“政治民主化要求与保守的政治文化之间的深刻矛盾”，理论家们也强烈呼吁政治教育变革，培养青年学生的社会批判意识和批判能力，促进德国社会的民主化。20世纪70年代末至80年代，德国社会出现了严重的政治信仰危机与道德危机，自由民主法治国家的共同价值基础面临崩溃的威胁。面对危机，无论是德国政治教育理论界对“博特斯巴赫共识”的修改完善，还是苏特的“理性政治教育理论”“政治认同教育理论”，都试图回归基于《基本法》的民主政治文化建设，将政治教育的价值目标确立为“巩固和发展政治认同与追求人的自由和发展的统一”，培养积极参与型的成熟公民。即便是激进时期的基泽克，也将《基本法》看作“长期的历史解放和民主化进程”的基础，主张在这一过程中，对基于宪法的公民意识的培养是公民自我解放的方向。

因此，战后德国政治教育理论作为服务于政治教育这一特殊的宪法保护方式的思想体系和方法体系，是对战后德国政治文化变迁以学术思想的方式做出的响应，从本质上讲，也是从意识形态领域对维护战后德国资产阶级民主制度工作所做的思想响应，服务于维护、发展、创造有利于资产阶级民主制度存续发展的政治文化，而这种政治文化之于政治教育理论及其流派，既是其生成的政治文化生态，又是其文本内容的构成，是政治教育理论的实质本体，规定着理论本身的价值诉求和政治属性。

从微观上看，德国政治教育理论家著作文本内在蕴含的政治立场、政治主张和政治价值观进入文本构成，不是偶然的、随心所欲的，而是他们在提炼理论范畴或建构范畴体系、内容体系，阐述其政治教育主张时，将其认同的、由《基本法》确定的政治理念、政治价值观纳入其中，成为一种既化入主体政治认同又化出主体政治认同的具有教育属性的政治主题或政治意识。

总之，战后德国政治教育理论，从本质上反映了在政治和经济上占统治地位的资产阶级的根本利益。在德国政治教育领域，存在着宣扬其“超党派性”“超阶级性”，否认甚至抹杀政治教育阶级属性、极力塑造“价值中立”形象的普遍倾向，这种倾向将政治教育理解成国家的公共义务，是为了偿还历史上国家（尤其是第三帝国）对公民所欠下的政治债务，是一种教育上的“行政给付”。[①] 事实上，这种倾向只能说明政治教育在战后德国文化教育和民主化进程中具有的重要地位，规避和否认不了政治教育保护资产阶级议会民主制的本质属性，超越不了“为资产阶级统治进行辩护”，解决民众对德国资产阶级现行政治体系和政治权力“认同问题”的根本属性。

二　德国政治教育理论的时代属性

从理论生成的依据和机理看，理论的时代性是指时代是理论创新之源，理论源于时代，理论是时代的产物；从理论的内在特质看，理论的时代性指理论发出的是时代的先声，彰显时代的特质，打上了时代的烙印，也有时代的局限性。从理论与时代关系的视角，来分析战后德国政治教育理论

① 傅安洲等：《德国政治教育研究》，人民出版社，2010，第 246 页。

的特征，能够帮助我们进一步把握理论流派生成的机理、思想特质和理论的历史局限性。

前文曾多次阐述本书的一个基本观点，即战后德国政治教育理论流派是对战后德国政治文化变迁和政治教育发展变革，以学术思想的方式做出的持续、主动回应的产物，是对战后政治教育与政治文化之间相互作用、协同演化主动响应的思想成果，本质上讲，其都是特定时代政治文化语境下的产物。这也是本书分析战后德国政治教育理论流派时代特征的视域和基本理路。从中可以得出以下结论。

1. 政治教育理论创新或新理论“出场”，是政治文化变迁与政治教育变革的需要

第二次世界大战以后，联邦德国面临一系列重大现实问题，如建立资产阶级民主政体、反思清算纳粹思想、反对右翼极端主义、培育民主政治文化、达成东西方和解、化解激进的学生运动与政治动荡、重塑政治与道德信仰、实现国家统一和欧洲一体化、意识形态东扩、工业社会面临的生态环境问题等，这不仅对不同时代的政治家们提出了必须解决的国家任务，也不断给政治教育领域的专家学者们提出新的理论与实践课题。学者们以不同的方式对不同时期政治文化变迁与政治教育面临的任务和挑战做出了回应，形成了各具特色的政治教育理论及其流派。如理论初步形成时期（1945~1968年）的“国家公民教育理论”“合作教育理论”“冲突教育理论”；变革时期（1969~1980年）的“政治教育批判理论”“解放教育理论”“理性政治教育理论”；多元发展时期（1980年以来）的“美德教育理论”“环境教育理论”“宽容教育理论”“政治认同理论”等。政治教育理论创新和新理论“出场”的历史脉络，揭示了理论与时代内在关系的必然规律——没有时代的需要，真正的理论创新是不可能产生的，政治文化重要转型和政治教育大变革的关键时期，也恰恰是政治教育理论大发展的关键时期。我们看到，战后德国政治教育学术史上几场著名的“思想争论”，都发生在政治文化重要转型和政治教育变革（价值转换）的关键历史节点上。史无前例的民主政治教育实践及其变革，为政治教育理论创新、学术发展提供了动力和广阔空间，提供了理论创新的客观条件，思想争论也起到了为政治教育理论创新指明方向的作用。

另外，没有能够反映时代需要的理论家发出思想变革的先声，理论创

新也是不可能的。战后德国涌现出一大批享誉德国和西方的政治教育学者，他们中间既有早在魏玛时期就已经声名显赫的老者，也有不同时期的青年学术翘楚；有的是在战后民主政治教育体系重建初期就身居要职，成为政治教育政府机构聘用的著名专家（如李特），有的是从政治教育和青年工作一线经实践磨砺逐步成为知名学者（如赫尔曼·基泽克、苏特）。在战后社会动荡和政治变革的时代，这些思想家和文化精英以其博大精深的思想表达了对德意志民族命运的关注，满腔热忱地投身到政治教育的实践和研究中。他们凭借敏锐的思维和富有远见的预判，从社会现象和政治冲突的表象，从民众的政治心理和行为表现之中，深刻把握了社会思想形态和政治文化变迁的实质，力图揭示政治文化变迁和政治教育的规律，发现并提出政治教育的主题和途径方法。他们著说立论，或形成流派被广泛认同成为主流理论，或自立门派呈现出独特的犀利性。

2. 战后德国政治教育理论流派的发展和命运，主要取决于其是否能够回应政治文化转型关键时期提出的政治教育变革的重大问题

尽管“重大问题”在不同时期具有不同的形式，但是在本质上其始终围绕着一个核心问题，即政治教育作为“宪法保护”工作，应该培养什么样的德国公民，从而培育、发展、创造与资产阶级议会民主制基本政治制度相一致的政治文化。可以说这一问题贯穿于战后德国政治教育理论发展的始终，但是在政治文化转型和政治教育变革的关键时期，对这一重大问题能否做出既“合规律性”又“合目的性”的回应，决定了理论流派的发展和命运。也就是说，一方面理论流派的教育主张和实践模式与客观历史是否相吻合，即是否真实地反映了政治文化变迁和政治教育的规律，包括是否真实地反映德国民众普遍的政治心理和政治思想状况；另一方面是否真正回应了培育、发展、创造与资产阶级议会民主制相适应、相一致的政治文化的时代要求。

前文我们曾多次论及德国政治教育学术史中两次著名的思想争论，“李特与欧廷格之争”以及“理性与解放之争”，这两次争论是战后德国政治教育价值转换的重要标志。20 世纪五六十年代，尽管欧廷格和李特的教育思想有明显分歧，但是两位教育家都敏锐地认识到德国民众普遍存在的政治冷漠、与政治体系疏远隔离的心理倾向，以及由此可能导致的政治体制危机。“政治教育合作理论”将政治教育的目标和工作重点聚焦在如何破解民

众的政治冷漠难题上，主张通过创设社会政治条件与鼓励民众“社会合作”“政治参与”，在民众中培育“合作型政治文化”，培养“合作型公民”，以解决新生的民主体制面临的“合法性”危机。李特的“国家公民教育理论”将政治教育的目标和工作重点聚焦在通过教育传播、普及民主知识和《基本法》的立法精神，增强民众对《基本法》的认同以及对国家、民族的认同，培育“权威型政治文化”，培养认同宪法的“国家公民”上。尽管两个理论流派都因为忽视民众政治理性和政治参与能力的培养，带有20世纪五六十年代“政治保守主义”显著的时代局限性而在学术史上受到严厉批判，但是客观地说，无论是“国家公民教育理论”还是“政治教育合作理论”，在无法超越“政治保守主义”时代所固有的政治文化生态条件下，都从不同侧面回应了战后初期民主政治教育重启和变革的重大问题，基本适应了当时的政治文化状况和政治教育发展的要求。因此，两派理论在20世纪五六十年代先后受到联邦和州政治教育机构的重视而被推介传播运用，对社会和学校政治教育实践发挥了重要指导作用。也因此，这场在学术史上占有重要地位的争论总被后人津津乐道，李特和欧廷格留下的思想理论也成为德国民主政治教育的思想渊源。正是受到这场争论的启发，并作为这场争论的延续，在政治文化生态客观条件发生变化的情况下，欧廷格的学生基泽克提出了政治教育冲突理论，建构了通过冲突分析，结合系统知识和技能训练促进公民政治参与的政治教育教学法。这种教学法倡导直面冲突的积极态度，通过培养公民合法权益意识、政治参与意识，解决公民政治冷漠问题，扩大其政治参与，培养参与型民主政治文化，化解权威型政治体系面临的危机。

同样，发生在20世纪70年代末80年代初的“理性与解放”之争，也能够为我们理解这一问题提供另一典型案例。作为一种试图“取消体制”的政治教育理论，“解放”教育理论一度大行其道，“解放”成为最时髦的词语，充斥在学术理论界。不可否认，“政治教育解放理论”为政治教育观念变革，特别是认识资本主义社会各种固有的矛盾和弊端给人们精神自由带来的桎梏，产生了积极的影响。但是由于“解放理论”走上了绝对怀疑论和激烈的历史虚无主义的道路，并主张政治教育的首要任务是分析政治统治及其终结，而且民主化不能通过政治教育而只能通过改造社会的政治实践来实现，这既违背了教育的本质，也不符合政治体系和政治权力对政治教育功能的诉求，“解放理论”不仅逐步走向终结，后来还成为政治教育学术界重点批判的对象。与之相比，苏特倡导的“理性政治教育”，把对资本主义民主政治的理性判断和批判性认同视为政治教育的最高目标，并充分论证了自由（资本主义）政治制度的价值可与人们的具体需求相联系，而维护这种自由制度的论据是可以向学生传授的①，“理性政治教育理论”无疑更符合培养“能合法、有序、理性地参与政治的现代公民”这一联邦德国政治教育的目标取向。也因此，苏特的“理性政治教育理论”受到官方的高度认可，并在德国政治教育理论与实践体系中占据了重要地位，产生了巨大而深远的影响。

总之，战后德国政治教育理论流派的发展和命运，取决于其是否能够回应政治文化转型关键时期提出的政治教育变革的重大问题。如此看来，那些被广泛认可并在实践中发挥重要作用的理论，其产生于在分析各种政治文化现象的基础上对政治教育“时代问题”的发现，理论论证围绕“时代问题”而展开，理论品质和思想风格形成于对“时代问题”的把握，理论在“时代问题”的牵引下不断发展完善。

三　德国政治教育理论的本土属性

从比较视角看，战后德国政治教育理论及其流派具有比较鲜明的德国本土特色，战后德国政治教育理论流派的本土性主要体现在以下几个方面。

首先，政治教育理论家们思考问题的出发点不是一般的、抽象的政治教育问题，而是联邦德国本土的政治教育问题，是在一个缺失西方民主政治文化传统、缺乏现代民主政治教育思想资源又背负沉重历史包袱的国度，如何开启并逐步建立完善民主政治教育体系的问题。战后德国政治教育理论，特别是主要理论流派，都试图解决德国民主政治文化建设和联邦德国公民培养问题——某种意义上说属于德国这个有别于典型西方国家的独有或先有的政治教育问题，研究的焦点聚焦在历史上与政治文化变迁相适应、相符合、相促进的政治教育基本问题上；学者们研究思考问题的历程，都力图与德国政治文化客观历史相吻合，约束在德国政治教育和民众政治思想观念现实的基础之上，形成回应、解释、解决政治教育模式的理论或知

① Bernhard Sutor, Grundegesetz und politische Bildung. NeueAusgabe. München, 1980. S. 242.

识体系。可以说，战后德国政治教育理论及其主要流派，是德国学者充分认识资产阶级民主政治文化建设和政治教育基本规律在战后德国的特殊表现、特殊矛盾的结果，“德国向度”的政治教育理论流派是德国学者运用社会科学相关原理，回应、解释、解决德国政治教育问题而形成的理论和知识体系。

其次，战后德国政治教育理论也是各流派对德国政治教育实践经验和教训总结提炼的结果。德国政治教育历史悠久，由国家主导的制度化的政治教育源于第二帝国时期，经历了君主专制的“国民教育”、魏玛共和国时期的“基于国家和民族的政治教育”、纳粹统治时期反动的“政治教化”、联邦共和国时期的西方式“民主政治教育”等历史形态，积累了丰富的实践经验，也有极其深刻的教训。联邦德国议会、政府和政治教育理论界从正反两方面总结了魏玛共和国民主政治教育、纳粹德国反动的政治教化的经验教训，也认真分析了魏玛共和国民主政治教育失败的原因，以史为鉴。战后民主政治教育开启之后，政府政治教育机构，学校和学者，乃至议会和主要政党，都十分关注政治教育的进展，联邦政治教育中心及其分支机构更是持续以各种出版物（现在包括新媒体），推介理论著作、教学法和典型实践案例，编撰并发布年度报告，总结教育经验，传播教育理念。政治教育学者们更是满腔热忱地投身到政治教育实践当中，在学校、社区、青年组织、社会机构、军队中开展政治教育工作，认识和把握社情民意，传播检验他们的教育主张，推广评估相关学者创立的教学法，或根据社会政治形势发展设置政治教育新议题、尝试新方法。实践为学者们创立新理论提供了重要素材。例如，长期在青年教育机构和中学从事政治教育工作，为基泽克政治教育冲突理论的形成和完善奠定了基础。

再次，在思想理论的创建中，相关学者既汲取了历史上德意志民族的思想智慧，也吸收了当代德国政治学、社会学、心理学、批判教育学等领域学者的有益思想。在德意志民族发展历史上，也存在着与保守主义、军国主义、反理性等完全不同的文化传统，即坚持人道主义、自由、理性的思潮和文化发展取向，这种发展取向和思潮构成了德意志民族十分珍贵的文化遗产和特性。自康德、歌德、席勒，经 1848 年资产阶级革命，直至魏玛宪法的追求理性、人道和自由精神，形成了德意志民族的人道主义、理性主义、自由主义等文化传统的另一道风景。尽管这一思想文化传统在联邦德国建立之前，由于资产阶级自由派势力极其软弱以及保守势力和民族主义的恶性发展而未曾占据主导地位，但是其为第二次世界大战后德意志民族积极回应西方盟国的民主化改造和深刻的自我反思提供了思想基础，也为独立自主地开展民主政治教育工作、形成政治教育理论提供了思想文化养分。特别是德国古典修养观、早期资产阶级公民教育思想、文化教育思想成为战后德国政治教育理论的直接思想来源。德国新人文主义学者赫尔德、洪堡、黑格尔等都对“修养”（Bildung）进行过重要阐释，形成了寓意深刻的德国古典修养观，后来伽达默尔、斯普朗格、克拉夫基、雅斯贝斯等都对“修养”这一极具德意志民族特色的概念做出了自己的理解和诠释，极大地丰富和完善了德国修养观的内涵。[①] 战后德国政治教育学者也从古典修养观的思想内涵中汲取了丰厚的人本思想、主体性思想、价值论思想和方法论思想。[②] 德国早期资产阶级公民教育思想，发端于古典唯心主义哲学家、爱国主义教育思想家约翰·哥特利勃·费希特（Johann Gottlieb Fichte）面向全体人民进行道德陶冶、培养爱国意识的“新教育”思想，以及形成于19世纪末20世纪初德国新教育运动的代表乔治·凯兴斯泰纳的公民教育思想。凯兴斯泰纳对资产阶级公民教育的本质、目标、任务进行了深入阐述，他的“劳作教育思想”和培养对国家有用的公民的教育主张，成为战后初期“国家公民教育”理论的直接理论来源。产生于20世纪德国的“文化教育学”，其主要创始人斯普朗格和李特不仅是20世纪前半期活跃在德国教育学术界的显赫人物，也是战后20世纪五六十年代政治教育理论界的领军学者，在战后政治教育理论的创建过程中，文化教育学派的经典思想一直没有缺席。尽管随着德国民主化进程的推进，他们的“国家公民教育理论”存在着维护权威型政治文化的倾向而受到后人的批判，但是文化教育学关于教育的本质、文化与个体、文化与教育关系的深刻阐释，关于“陶冶”的思想，对后来的德国教育学者、政治教育学者以及教育实践一直产生着重要影响，文化教育学至今仍是德国重要的教育学流派，也是德意志民族对世界文化教育的重要贡献。

最后，政治教育理论流派的本土性还表现在理论文本的语言特色上。

---

① 傅安洲等：《德国政治教育研究》，人民出版社，2010，第174页。

② 傅安洲等：《德国政治教育研究》，人民出版社，2010，第203~210页。

德国政治教育学者学术表达思维严谨、逻辑缜密、论述深刻，充分展示了德意志民族的风格气质。许多概念、语言也极具德意志民族特色。例如，政治教育就有politische Bildung与politische Erziehung之分，很难找到与之分别对应的英文词语。politische Bildung概念及其内涵与德语“政治”（Politik）的语源及德国古典人文主义修养（Bildung）观有深刻的渊源。① 还如，20世纪70年代德国学者以“宪法爱国主义”来特别定义德国公民在经历对民主政体和政治文化的体认后，所表现出的对联邦德国的普遍认同，这是在战后德国政治文化生态语境下的特殊表达。也基于这种特殊含义，基泽克在其著作中将《基本法》看作“长期的历史解放和民主化进程”的基础，在这一过程中，对基于宪法的动态公民意识的培养是公民自我解放的方向。在前文对不同理论流派的研究分析中，几乎所有理论流派都有一套“基本范畴体系”，并在基本范畴的论述推演展开中，提出教育目标、内容和方法，这也构成了理论流派的重要特色。“一门科学提出的每一种新见解，都包含着这门科学的术语的革命。”② 这个术语的革命可以理解为学术原创性的深刻表达，也可以理解为学术自主性的自觉意识。即便是德国政治教育学者，他们的研究工作和理论的生成，也自觉不自觉地遵循了这一原理。值得关注的是，德国政治教育学者在借鉴域外思想家，特别是美国学者的思想理论过程中，无论是杜威的实用主义教育理论、还是“政治文化理论”“政治社会化理论”，都并未简单采取“拿来主义”的态度，或许学术自主性的自觉意识使他们认识到，如果照搬照抄，其直接的后果必然是理论语境与德国现实的分离。

战后，德国政治教育学者对自己所处的社会政治制度、政治文化与政治教育及其变革的思考、探索，推动了德国本土政治教育思想理论及其流派的发展。这一历程一方面说明，开启并建立德国政治教育体系，需要共享其他民族公民教育、政治教育的思想成果，但是共享和借鉴本身不是目的只是途径，更为重要的是建构和发展本国的思想理论和学术流派，探究政治教育规律在德国社会中的运行形态，解决德国政治体系和政治权力对民众的政治教育问题与创制民主政治文化问题。这是战后德国民主政治文

① 傅安洲等：《德国政治教育研究》，人民出版社，2010，第196页。

② 《马克思恩格斯全集》第23卷，人民出版社，1972，第34页。

化建设和政治教育实践向德国政治教育学者提出的急迫任务。这一历程另一方面也说明，德国政治教育思想理论家在处理自己面临的社会问题时，充分体现了本民族的智慧。

四　德国政治教育理论的学科属性

尽管德国政治教育理论流派众多，但是从德语文献中还没有看到“政治教育学”（Die Wissenschaft für Politischer Bildung）一词，“政治教育理论体系”或“政治教育学科”似乎尚未成为一个独立的、特定的建构对象和研究对象。当代德国政治教育理论，也只是由不同学术思想、理论流派在相互影响、相互交融、相互争论交锋中呈现出的学术状态，因此，讨论德国“政治教育学科”的属性似乎没有依据。在这里，本书仅对德国政治教育理论流派的学科归属和知识体系的特点做概要性介绍与评论。首先，在德国语境中政治教育活动是教育活动的特殊类型，政治教育规律是教育规律在政治教育领域的具体表现。因此，政治教育研究是教育研究的有机组成部分，政治教育理论隶属于教育学理论，是理论教育学在政治教育领域的应用，政治教育研究基本上在教育学学科体系之中进行。因此，战后从事政治教育理论研究、形成理论流派的学者几乎都是教育学学者，他们往往把政治教育研究看作教育整体研究的一部分，通常是先构建教育的基础理论，再从理论出发研究政治教育的原理和实践活动。

以赫尔曼·基泽克为例，他是当代德国著名的教育学家，其代表性著作包括：《政治教育教学法》（1965）、《青少年工作中的政治教育》（1966）、《教育学导论》（1969）、《政治教育教学法》（1972）、《政治教学法》（1973）、《政治教育》（1993）、《教育研究》（1994）、《微观政治教学法》（1997）、《教育学研究》（2001）等。从他的主要著作中可以看出，基泽克在教育学基础理论、教育的基本问题方面做了深入研究，他的政治教育思想、政治教育教学法与他在教育方面的基本主张息息相关。

尽管德国政治教育理论在学科语境方面隶属于教育学，但是德国教育学者也深深意识到，由于政治教育研究与实践的复杂性，仅仅借助教育学理论和知识体系难以全面深刻认识、解释政治文化变迁与政治教育变革现象和矛盾，难以揭示政治教育规律，有力回应政治文化与政治教育的危机与挑战。因此，正如前文所介绍的理论流派各自呈现的理论知识特点那样，学者们在阐述教育主张，创建教育理论中，除了遵循《基本法》原则，以西方民主政治思想为理论基础，还自觉运用了德国和国外哲学、政治学、历史学、社会学、心理学、文化人类学等学科理论和知识，使得理论流派的多学科性、交叉性十分显著。

德国学者在政治教育理论构建中特别重视理论与实践的密切结合，始终保持思辨理性与实践理性高度统一。那些知名的政治教育学家都有长期从事政治教育实践的经历。因此，他们不仅擅长构建其政治教育基本理论，还注重设计将理论转化为可操作性极强的政治教育教学法。例如，欧廷格的“基于合作教育理论的教学法”，基泽克的“冲突教学法”“批判教学法”，苏特的“基于理性教育的教学法”，克拉夫基的“范例教学法”，等等。而且，这些知名学者在运用、检验、介绍、推广自己创立的教学法方面投入了大量精力，他们创立的教学法使得他们在学术界更有地位，教学法在学校的广泛推广也使这些学者声名远扬。

联邦和各州政府政治教育机构也对政治教育教学法建设给予特别重视。联邦政治教育中心专门设置负责各级学校政治教育课程教学法的工作组，开展教学法研究、设计及推广工作。在德国公开发行的政治教育著作、出版物中，有关教学法的论著占很大比重。在大学，专门为中小学培养师资的政治教育专业的名称就是“政治课程教学法专业”“历史课程教学法专业”。

从中国思想政治教育与战后德国政治教育比较视角看，一般认为我国思想政治教育包含政治教育、思想教育（世界观、人生观、价值观和思维方式教育）和道德教育，而在德国无论作为学术研究对象，还是教育的实践形态，政治教育都是一个相对独立的领域。德国政治教育和道德教育无论在理论还是在实践方面都有相对独立的体系。道德教育在德国历史上是比政治教育更久远的另一个教育领域。德国的道德教育思想不仅对德意志民族，乃至对全世界都产生了重要影响。长期以来，道德教育在宗教文化传统深厚的德国，主要以宗教教育的形式体现。比如，在公立学校，即使宗教精神、宗教文化早已广泛渗透在德国社会的各个方面，以新教、天主教为主的宗教课程依然被当作信仰基督教学生的品德必修课。而对于非宗教信仰的学生则以伦理学课程作为道德教育的主要课程。与政治教育类似，在当代德国，道德教育也形成了一整套独立的理论体系与教育体制，家庭、学校、教会、社会等诸多因素都对道德教育的有效实施贡献了力量。20 世纪 80 年代之后，尽管道德教育的内容不断拓展，由公正、平等、责任、忍让、人道主义、自我节制等传统道德准则，延伸至自由、民主、和平、爱国主义、民族精神、生态环境等具有典型德国政治教育特征的主题，但是，从总体上说，德国学者普遍认为政治教育与道德教育在学理基础、教育目的、施教规律等方面都有着本质区别。

通过以上对战后德国政治教育理论政治属性、时代属性、本土属性和学科属性的分析，我们可以做出这样的判断，德国政治教育的思想理论家，是西方资产阶级的教育学家、战后以来的教育学家、德国本土的教育学家，这些身份特性决定了他们的思想带有鲜明的意识形态特征（阶级特征）、时代特征和本土特征。他们的政治教育思想理论是在德国政治文化发展和政治教育面临困境、危机的情况下，对问题原因的分析、解决出路的探索，反映了他们作为资产阶级的、时代的、民族的杰出教育代表的特征和局限性。

第四节 当代德国政治教育理论研究的启示与借鉴：构建中国特色思想政治教育理论

当代德国政治教育理论、学术流派的形成与演变，无不与战后德国政治文化生态密切相关，从本质上讲，都是特定政治文化语境下的时代产物。一部德国政治教育理论流派变迁史，也可以作为一个跟踪战后德国政治文化变迁的“示踪要素”，使我们从另一个视角观照德国资产阶级议会民主制发展的曲折轨迹。现实中，政治制度重建、政治文化转型面临极其复杂的局面和严峻挑战，因此对公民的政治教育被政治体系和政治权力作为实现制度重建与政治文化转型的重要途径和手段，培养现代德国公民成为作为国民教育重要构成的政治教育追求的目标。对此，联邦议会、政府、政治家和学术界给予了高度重视，也取得了积极的效果。

世界各国的政治教育，由于历史传统、文化背景和政治制度的差异表现出民族国家的个性特征。通过揭示战后德国政治教育体系构建的基本原理和实践的理论依据，我们不仅发现了支配德国政治教育进程的力量和决定性原则，也使我们认识了德国政治教育理论的意识形态特征和本土个性，其能在理论建设方面给我们诸多思考和启发。

中国共产党成立一百年来，始终重视思想政治教育，坚持和践行思想政治工作是党的生命线，是经济工作和其他一切工作的生命线理念，形成了党的优良传统和政治优势。当然，把思想政治教育的学问作为一门科学进行研究，建设系统的思想政治教育理论体系，却肇始于改革开放之后。经过40余年的建设发展，至今已基本形成了完整的思想政治教育理论体系，包括思想政治教育原理、思想政治教育史、思想政治教育方法论、思想政治教育管理理论、比较思想政治教育学等分支学科，也呈现出多学科交叉研究的态势，已经形成了显著的中国风格和中国特色。

从国别研究和国际比较的视角来看，我国思想政治教育理论，是“中国向度”“中国特色”的意识形态类教育理论，正在朝着构建中国特色思想政治教育理论体系的方向发展。中国特色思想政治教育理论，是中国特色哲学社会科学的有机构成，是中国化马克思主义理论成果的重要体现，是思想政治教育理论发展到一定阶段的产物，是理论成熟的标志，也是中国特色社会主义道路自信、制度自信、理论自信、文化自信的体现。

中国特色社会主义已经进入新时代。在实现第二个百年奋斗目标新的历史起点上，在中国特色社会主义文化建设和文化交往新的形势下，建设中国特色的思想政治教育理论，是马克思主义理论与思想政治教育学术共同体肩负的时代责任和神圣使命。

2017年5月17日，习近平总书记在哲学社会科学工作座谈会上的讲话中指出：“按照立足中国、借鉴国外，挖掘历史、把握当代，关怀人类、面向未来的思路”，构建中国特色哲学社会科学；“在指导思想、学科体系、学术体系、话语体系等方面充分体现中国特色、中国风格、中国气派”①，一是要体现继承性、民族性，二是要体现原创性、时代性，三是要体现系统性、专业性。习近平总书记的这些概括和阐释，为构建中国特色哲学社会科学提供了总的遵循，也为建设中国特色思想政治教育理论指明了努力方向。

2019年3月18日，习近平总书记在北京主持召开学校思想政治理论课教师座谈会并发表重要讲话，就如何办好思想政治理论课做出部署和指导，提出了关于思想政治理论课改革创新要坚持“八个相统一”的重要论断，

① 《习近平关于社会主义文化建设论述摘编》，中央文献出版社，2017，第81页。

即坚持政治性和学理性相统一、坚持价值性和知识性相统一、坚持建设性和批判性相统一、坚持理论性和实践性相统一、坚持统一性和多样性相统一、坚持主导性和主体性相统一、坚持灌输性和启发性相统一、坚持显性教育和隐性教育相统一。"八个相统一"具有丰富的思想内涵，深刻揭示了思想政治理论课教育教学的规律，深刻揭示了思想政治教育的规律，是高校思想政治理论课守正创新的理论指南和行动纲领，也是新时代思想政治理论创新和学科发展必须坚持的基本原则。2021 年 7 月，中共中央、国务院印发的《关于新时代加强和改进思想政治工作的意见》指出，加强和改进思想政治工作，事关党的前途命运，事关国家长治久安，事关民族凝聚力和向心力。该意见要求把思想政治工作作为治党治国的重要方式，深入开展思想政治教育，提升基层思想政治工作质量和水平，推动新时代思想政治工作守正创新发展，构建共同推进思想政治工作的大格局。

一　强化马克思主义理论学科意识

"中国向度""中国特色"的思想政治教育理论，是马克思主义的思想政治教育理论，这是理论政治意识形态属性的集中体现，是理论的本质特征。我国思想政治教育从实践形态走向理论的科学形态，有着深刻的社会根源和历史必然性，是在中国革命、建设和改革开放历史进程中，中国共产党的思想政治教育实践与时俱进的必然要求，是对我国思想政治教育实践经验总结基础上理论升华的思想成果。同时也是马克思主义中国化、时代化、大众化的必然结果，"因为马克思主义的思想政治教育是与马克思主义同时产生、同步跟进的。思想政治教育从来都是马克思主义实现其价值目标必不可少的中介，是理论转化为实践的桥梁"。[①] 从国别研究和国际比较的视角来看，我国思想政治教育理论，既是"中国特色"的意识形态类教育理论，也是马克思主义理论学科的重要组成。在我国的学科分类中，将思想政治教育理论学科归属于马克思主义理论一级学科，正是该学科意识形态属性在我国学科制度中的体现。强化马克思主义理论学科意识，一要始终坚持以马克思主义基本原理和习近平新时代中国特色社会主义思想

① 张耀灿：《30 年思想政治教育学科建设史述论》，《学校党建与思想教育》（上半月）2008 年第 12 期，第 9 页。

为指导，坚持思想政治教育为人民服务，为中国共产党治国理政服务，为巩固和发展中国特色社会主义制度服务，为改革开放和社会主义现代化建设服务的本质属性，坚决避免和扭转所谓“去意识形态化”“去政治化”倾向，避免用教育学、政治学、心理学等哲学社会科学的一般研究范式取代具有鲜明马克思主义理论学科特征的研究范式，简单以教育学、政治学、心理学的理论和知识体系取代思想政治教育理论和知识体系；更要坚决避免以西方公民教育、政治教育、政治社会化理论为参照，照搬照抄，食洋不化。二要深刻认识和把握思想政治教育在实现马克思主义理论价值目标中的中介、桥梁地位作用，认识和把握在推进马克思主义中国化、时代化、大众化中的职责使命，在加强从整体上研究马克思主义理论的基础上，努力探索马克思主义基本原理、中国特色社会主义理论的教育规律，努力探索“理论掌握群众”的规律，坚持立德树人，铸魂育人，努力提高思想理论教育的吸引力、感染力，增强针对性、有效性。

二　揭示思想政治教育的特殊规律与普遍规律相统一

思想政治教育是人类阶级社会共有的社会实践活动。从思想政治教育的国别研究和国际比较视域看，由于历史传统、文化背景和政治制度的差异，世界各国的思想政治教育（或政治教育、公民教育、道德教育、价值观教育、政治社会化），虽表现出民族国家的个性特征，但都体现出思想政治教育的共同本质（如为维护阶级统治服务）或一般规律，即都体现出共性，共性寓于个性之中。思想政治教育的一般规律是思想政治教育及其比较研究必须遵循的基本法则和原理。

中国当代的思想政治教育是人类思想政治教育实践活动的一种特殊形态。中国特色思想政治教育理论，是研究、解释、解决中国思想政治教育的特殊矛盾、特殊问题，反映和揭示在社会主义条件下中国思想政治教育特殊规律的理论体系。其一，中国特色思想政治教育学的首要目标是研究、解释当代中国思想政治教育现象，揭示中国当代思想政治教育特殊规律，解决当代中国思想政治教育的特殊矛盾，研究的焦点约束在中国思想政治教育的特殊问题上；其二，中国特色思想政治教育理论应当符合思想政治教育一般原理、普遍规律的内在要求，研究全程约束在科学的轨道上。这相互依存、对立统一的两个方面，也就是中国特色思想政治教育理论的自主性与科学性的统一。

因此，我国在开展思想政治教育研究和理论建设时，一方面应在马克思主义理论和习近平新时代中国特色社会主义思想的指导下，运用和共享社会科学的普遍原理，回应、解释、解决中国思想政治教育的特殊矛盾、特殊问题，即对教育事实进行解释、对教育意义进行建构，界定一系列清晰的范畴和分析框架，使之成为观察中国思想政治教育经验的有用工具，形成中国的理论或知识体系。而且，思想政治教育学术共同体应当意识到，这样的研究探讨及其形成的理论和知识体系，揭示的是在中国特色社会主义条件下思想政治教育的特殊规律，这是前所未得的规律，是前所未解的新课题。揭示和破解这些新规律新课题，意味着形成了原创性意义的社会科学新知识，是较高层次的原创型社会科学，包含着人类社会、不同国家思想政治教育普遍规律的“中国认识”，包含着思想政治教育实践的“中国智慧”“中国方案”。事实上，随着经济全球化、政治多极化、文化多元化和信息社会的发展，世界范围内的文化交往交锋、文明对话冲突向纵深发展，世界还面临着文化霸权主义、强权政治、新干涉主义、民粹主义、恐怖主义、极端宗教思想的威胁，无论是在西方发达国家还是在发展中国家，民众都不同程度地存在国家认同、文化认同、政治认同、道德认同问题，而且在许多国家还表现得十分严峻。可以说，“认同危机”在不同社会形态下都广泛存在，只是在不同社会形态、政治制度中危机的产生和解决有着各自特殊的规律。解决好“认同危机”是各国政治权力维护政治体系稳定、保持社会良序、促进民族团结面临的共同课题。因此，致力于解决中国面临的政治认同、道德认同、价值观认同问题的思想政治教育理论与实践，能够为其他国家和民族提供蕴含其中的“中国认识”“中国智慧”，这是中国特色思想政治教育理论的世界意义所在。

另一方面，要大力开展思想政治教育的国别研究和国际比较。“中国向度”“中国特色”的思想政治教育理论，主要是关于我国社会主义初级阶段思想政治教育和思想道德建设的理论体系，有其鲜明的中国特色，也有其知识体系和理论建构的特殊性。但如果只强调研究对象的特殊性和理论的自主性，轻视思想政治教育的国别研究和国际比较，缺乏国际视野，忽视普遍规律的内在要求，不注重吸收借鉴共享其他民族的智慧和有益经验，有可能会削弱研究和理论建构的科学性。因此，必须将坚持马克思主义指导与借鉴共享各国哲学社会科学的有益成果结合在一起，将对基本原理、一般规律的揭示与中国思想政治教育的具体实际密切结合在一起，将继承弘扬本土化的智慧与汲取其他民族的智慧结合在一起。同时，我们也应当看到，随着经济全球化、文化交流和文明对话的深入发展，随着中国日益走近世界舞台的中心，中国当代和未来的“认同问题”也越来越呈现出“世界的中国问题”特征。随着我国思想道德建设和政治文明建设的深入发展，需要思想政治教育实现理论创新，并能指导实践，服务教育决策和对未来的预测。在新的知识和理论体系构建过程中，需要借鉴共享各国、各民族的有益思想和智慧。例如，在中国—德国政治教育比较研究领域，德国政治教育学者关于政治教育与政治文化关系的深入阐述，关于政治教育发生的心理机制的揭示，关于公民政治参与技能培养的认识，关于政治教育课程教学法的设计理念和操作技术，都值得我们学习借鉴。而借鉴共享需要以揭示不同社会制度下思想政治教育的一般规律、普遍规律为重要条件。开展思想政治教育的国别研究和国际比较，通过个性把握共性，揭示规律，正是生成新的知识的途径和机理。

三　理论自主性诉求与提升对话能力相统一

中国思想政治教育理论的自主性、自信性诉求，一方面需要自身的科学化，即必须能够深层次地解释和解决中国思想政治教育的特殊问题。在当前，它必须能够解释和解决当代中国社会出现的各种思想矛盾，解决好中国社会发展中各阶层的政治认同、文化认同、道德认同问题，发挥好统一思想、凝聚共识、鼓舞斗志、团结奋斗的重要作用，更好构筑中国精神、中国价值、中国力量，为世界提供解决政治认同和道德危机的“中国策略”“中国方案”“中国路径”。这是中国特色思想政治教育理论的世界意义。另一方面迫切需要提升国际交流意识和对话能力。在构建更深层次更高水平开放格局的新形势下，在文明交往的全球视野和文化对话的世界语境中，“发展中国特色思想政治教育理论”这一问题的提出，肯定不能建立在文化保守主义、关门主义立场上。而应通过交流对话，借鉴包括西方公民教育、政治教育在内的社会科学理论来扩大我们的研究视野，吸收其他民族的有益思想和有效经验，同时向世界其他文明实体、民族国家介绍思想政治教育的“中国智慧”，并借此推进中国思想文化走出去，这都要求中国思想政治教育学术共同体提高对话能力。

提高学术对话能力，首先需要中国思想政治教育学术共同体增强学术国际传播意识和对话意识。学习科学史的基本经验表明，一个没有学术国际传播、对话意识和能力的学术共同体，往往容易形成自我中心主义，产生学术上的刻板印象、思维定式、非此即彼、二元对立，也会缺乏对学术评价、学术规范的自我反思能力，最终不利于理论的创新和发展。从国别研究和国际比较的视角来看，思想政治教育理论的中国特色、中国形态，作为理论发展到较高级阶段的产物，应当更加具备显著的国际传播特质和传播价值，并在不同文化间的传播中，进一步得到完善。其次应增强国际传播能力。随着信息技术和新媒体的广泛运用，学术领域的交往方式日益多样化，学术思想传播更加多元，社会科学理论成果的增长和传播速度空前加快，学术共同体内部和跨界的交流与互动更加便利频繁，这些都为我国思想政治教育理论与实践智慧的国际传播和交流提供了条件。怎样实现中国特色思想政治教育理论和实践智慧话语表达的创造性转化，使其更加具备显著的国际传播特质，是中国思想政治教育学术共同体提高国际传播能力、对话能力的关键。毋庸置疑，长期以来，在意识形态教育类（政治教育、公民教育、价值观教育、民主教育、人权教育）国际学术领域，西方世界掌握着话语权，这是西方国家在哲学社会科学国际学术格局中拥有话语权的重要表现，也是以美国为首的西方国家奉行文化霸权主义、意识形态渗透策略的重要体现和结果。当然，也存在着我国思想政治教育学术共同体学术国际传播意识欠缺、国际对话能力不足的实际情况，存在“中国话语滞后于中国故事、中国实践”的状况。因此，无论是立足学术话语权竞争，还是基于学术借鉴、理论创新，都迫切要求我们增强对话意识和对话能力。增强对话意识和对话能力，关键之举还在于加紧培养秉持正确立场、拥有国际视野、具备对话能力的青年学者。

四　继承性与时代性相统一

思想政治教育理论的继承性体现理论的民族性、延续性，时代性体现理论的创新性、生命力。推进思想政治教育科学化，建设中国特色思想政治教育理论体系，是在继承中华民族优秀文化成果、传统美德和优良革命传统，总结中国共产党思想政治教育基本经验的基础上实现的。理论的继承性使得理论的发展根植于深厚的民族文化土壤和丰富多彩的实践理性之中，源远流长、历久弥新。所以，要坚决反对历史虚无主义，积极接受中华民族优秀传统文化滋养，又要吸收中国当代哲学社会科学理论成果，更要认真总结升华自改革开放特别是党的十八大以来思想政治教育的生动实践，为建设中国特色思想政治教育理论提供不竭思想源泉和实践智慧。同时，中国特色思想政治教育理论，又源于时代，彰显时代特质，是对新的历史时期思想政治教育重大理论与实践问题所做的思想响应。思想政治教育学科建设、理论创新与时俱进，既要与实践俱进、与哲学社会科学发展俱进，也要与社会发展趋势和人们思想活动的变化俱进。现阶段，思想政治教育理论创新发展，必须坚持以人民为中心，践行党的群众路线，把人民对美好生活的向往作为服务宗旨，坚持正确政治方向、舆论导向、价值取向，实现好组织群众、宣传群众、教育群众、服务群众，强信心、聚民心、暖人心、筑同心的功能，发挥好思想上解惑、精神上解忧、文化上解渴、心理上解压作用。当前，我国已开启全面建设社会主义现代化国家、踏上向第二个百年奋斗目标进军的新征程。同时，我国也面临世界百年未有之大变局，外部环境更趋复杂严峻，经济社会发展各项任务极为繁重艰巨。围绕巩固马克思主义在意识形态领域的指导地位、巩固全党全国人民团结奋斗的共同思想基础这一根本任务，坚持用习近平新时代中国特色社会主义思想武装全党、教育人民，健全用党的创新理论武装全党、教育人民工作体系，增进对习近平新时代中国特色社会主义思想的政治认同、思想认同、理论认同、情感认同，自觉承担起举旗帜、聚民心、育新人、兴文化、展形象的职责使命，是新时代给思想政治教育提出的重大实践课题。理清思想政治教育的时代课题，对时代课题做出科学、系统的回答，既是思想政治教育理论创新的理据，又是理论创新的条件，也为中国特色思想政治教育理论提供了价值实现的场域。

当然，问题在于，面对新时代中国社会的现实和思想矛盾，思想政治教育学术共同体的思维能力和分析能力能否达到时代对理论的要求，思想政治教育理论建构能否达到教育实践所开辟的历史深度和实际水平。在马克思的思想中，尤其深邃的是理论的时代表达问题。如果思想政治教育理论研究提不出基于现实的“时代问题”的学术范式和理论见解，不能实现具有中国特色的“术语革命”，势必会弱化思想政治教育资政育人的实际作用和服务功能。

五　理论研究与教育实践相统一

近年来，我国思想政治教育基础理论研究、学科建设取得长足发展。学界对马克思主义理论的整体研究，关于思想政治教育本体论、认识论、方法论、价值论的研究，关于思想政治教育基本矛盾、基本规律、基本范畴的研究，关于马克思主义理论教育、理想信念教育、社会主义核心价值观培养的研究等取得了丰硕的成果，形成了包括思想政治教育学原理、思想政治教育方法论等在内的主干学科和诸多分支学科的学科布局，初步构建了具有中国特色与风格的思想政治教育理论体系和学科体系，对思想政治教育实践发挥了指导作用。但是，也存在理论研究与教育实践相脱节的现象。在学术共同体中，还存在着专注于“书斋”的现象，一些学者执着于纯理论思辨，埋头于所谓“理论建构”，其思想认识的发生逻辑基本上是“从原理到原理”“从书本到书本”，将思想政治教育的学问，演绎成纯粹“思辨的科学”。一些研究者特别是青年学者，还没有深入把握理论与实践、学科与实务之间的联系，缺乏丰富的思想政治教育实践经历，不注重研究社会发展的现实问题，对社会思潮和社会的思想矛盾关注不够，轻视社会不同群体思想变化的新特点，导致理论研究与教育实践相互隔离、理论语境与教育现实的分离。要避免理论研究与教育实践相脱节的现象，首先思想政治教育学术共同体应当大力倡导理论联系实际的学风，全面科学设定学术规范、把握学术评价标准，更加凸显思想政治教育学科的实践性属性，鼓励思想政治教育应用研究、教学改革探索；在各级各类学校，大力倡导和支持思想政治理论课教学的“校本研究”，切实将教学法研究与实践纳入学科体系重点建设。理论工作者应坚持思辨理性与实践理性相统一的原则，在理论与实践的交汇点上、科研与教学的交汇点上、灌输与认同的交汇点上、继承与创新的交汇点上聚焦前沿问题，确定研究课题。要建立社会思想动态调查与分析研判机制，鼓励理论工作者深入企业、学校、乡村、城镇社区开展调研和宣传教育，根据社会思潮的变迁主动设置并深入研究相关课题，对自己亲历和见证的教育事实进行解释，对它的教育意义进行建构，真正使教育实践成为思想认识的源头活水。

六 加强政治教育规律研究，建设政治教育学科

从中国与德国乃至中国与其他主要发达国家思想政治教育国际比较研究的视角看，我国在理论建构和学科建设中应当加强政治教育规律研究，大力推进政治教育学科建设，努力构建具有当代中国特色的“政治认同教育的基本范式”。

前文已经述及，政治教育作为一项社会实践活动，在德国历史悠久。制度化的政治教育始于第二帝国时期，对政治教育的研究也几乎同时展开，在魏玛共和国时期就成为专门的教育研究领域，形成了相应的理论，至今更是产生了成熟的理论和众多流派。对政治教育规律的专门探讨，对政治教育目的、目标、内容、方法、教学法的研究，已经成为教育学应用研究的重要领域，生成了关于政治教育的基本范畴和话语体系，也形成了学者众多的学术共同体，研究成果斐然。在德国学校教育实践中，政治教育独立于道德教育，形成了专门的政治教育教学体系，制定了贯穿中小学完全学制的政治教育教学大纲和考试大纲①，有流派繁多、类型多样的政治教育课程教学法。② 在社会教育层面，在议会、政府支持以及各政党、政治基金会、社会组织的参与下，由德国联邦政治教育中心及其在各州的分支机构组织实施，构建了针对公民专门的政治教育工作体系。这样，德国就在国家和社会层面，形成了专门的、相对独立的政治教育实践与理论研究体系，政治教育实践为理论创立提供了丰富的感性认识，也为政治教育理论发挥作用提供了实践场域，政治教育理论关于规律性的认识和教育对策，能及时有效地在实践中得到检验。

在我国，思想政治教育作为一项社会实践活动，既包含政治教育，也包含思想教育、道德教育乃至心理健康教育等。当然，称谓不同，学科内涵和外延有别，这既是不同国家思想政治教育学科特色的体现，也是历史文化传统和教育实践传统的体现，并不说明问题的实质。但是，问题在于，由于政治教育与其他形态的教育，特别是与道德教育施教规律存在着明显差异，国内学界把对政治教育的研究，完全置于思想政治教育研究和话语

① 傅安洲等：《德国政治教育研究》，人民出版社，2010，第 143 页。

② 傅安洲等：《德国政治教育研究》，人民出版社，2010，第 154~165 页。

体系之内，把政治教育、道德教育混合于思想政治教育学科，不重视开展分门别类的研究。表现在：以对思想政治教育学研究对象的研究，代替对政治教育学具体研究对象的研究，以对思想政治教育基本规律的揭示代替对政治教育具体规律的揭示，以对思想政治教育学基本范畴的建构代替对政治教育学具体范畴的建构，以对思想政治教育一般方法的研究代替对政治教育具体方法的研究，以思想政治教育学话语体系代替政治教育学话语体系，以中小学思想品德课和大学思想政治理论课教学法的研究代替政治教育课程教学法的研究，等等。总之，以上问题混淆了思想政治教育与政治教育在学科制度内部的个别与一般的关系。随着我国政治文明和政治文化不断发展，政治教育在促进中国特色社会主义民主政治建设中的地位作用越来越凸显，对政治教育开展专题研究，并在思想政治教育学科之下建立一门相对独立的政治教育学成为理论和实践发展的必然产物。

从学科隶属关系上看，如果将思想政治教育学作为“上位学科”，其研究和揭示的规律是思想教育、政治教育、道德教育共同的、普遍的规律，那么对政治教育、道德教育和思想教育及其相应的“下位学科”开展研究，探索和揭示的则是政治教育、道德教育和思想教育各自的、特殊的研究对象和内在规律。政治教育学的研究领域是政治教育这一特殊的社会实践活动，研究探索的是政治教育社会实践活动的个别的、特殊的规律。从这一意义上，思想政治教育学与其所包含的内容形成的相应的学科之间的关系可概括为“上位学科”和“下位学科”之间的关系。对政治教育开展专门研究，形成专门的学问和相应的学科体系，是由政治教育相对独特、清晰的研究领域所决定的。政治教育学将主要围绕其特殊的研究领域——政治教育社会实践活动——来辨析政治教育的基本内涵，揭示政治教育社会实践活动的特点和规律，明确政治教育学的研究对象，探索确立政治教育学的范畴，建立政治教育学的基本理论，进而构建政治教育学的基本学科体系的。

从思想政治教育到政治教育的研究过程，是一个从一般到个别、从共性到个性的研究过程，是研究进一步深化和细化的过程。另外，通过学科细化，深入思想政治教育活动的内部，分别对其所包含的思想教育、政治教育、道德教育的过程进行研究和比较，探明各自的基本内涵、特点和规律，才能对思想政治教育的一般进程和共性规律进行更高层次提炼、概括和总结。

一门学科的建立必须具有实践意义，并具备一定的基本条件。作为思想政治教育学分支学科的政治教育学的建立，也必须关注以下几个问题。一是分析政治教育与道德教育的本质差异，回应思想政治教育（一般）与其包含的具体教育形态（个别）的关系，回答政治教育是否为一项有着特殊规律的、相对独立的社会实践活动。二是论证建立政治教育学的必要性或实践意义。三是明确政治教育学的学科归属、研究对象、基本范畴及其逻辑结构，使政治教育学建构在坚实的学科理论基础上。对这些基本问题，本书研究团队在《政治教育学范畴研究》（知识产权出版社，2015）一书中做了初步的回答。

主要参考文献

一　中文部分

[1]《马克思恩格斯选集》第1卷，人民出版社，1995。

[2]《资本论》第1卷，人民出版社，1975。

[3]《毛泽东选集》第1卷，人民出版社，1991。

[4] 傅安洲、阮一帆、彭涛：《德国政治教育研究》，人民出版社，2010。

[5] 阮一帆：《德国联邦政治教育中心发展历史研究》，人民出版社，2016。

[6] 瞿葆奎主编《教育学文集——联邦德国教育改革》第21卷，人民教育出版社，1991。

[7] 朱正圻、林树众等编著《联邦德国的发展道路——社会市场经济的实践》，中国社会科学出版社，1988。

[8] 李工真：《德意志道路——现代化进程研究》，武汉大学出版社，2005。

[9] 滕大春主编《外国教育通史》第4卷，山东教育出版社，1992。

[10] 李忠尚：《"新马克思主义"析要》，中国人民大学出版社，1987。

[11] 应奇：《从自由主义到后自由主义》，生活·读书·新知三联书店，2003。

[12] 施雪华：《政治现代化比较研究》，武汉大学出版社，2006。

[13] 高峰：《比较思想政治教育专题研究》，红旗出版社，2005。

[14] 叶阳明：《德国政治文化之发展》，台湾五南图书出版公司，2009。

[15] 朱启华：《从社会演变论德国批判教育学的兴起及再发展》，《国民教育研究学报》2005年第14期。

[16] 马超、娄亚：《塑造公民文化——联邦德国的政治文化变迁》，《德国研究》2005年第1期。

[17] 傅安洲、彭涛、阮一帆：《德国政治教育概念辨析》，《高等教育研

究》2006 年第 8 期。
[18] 张沛:《德国西占区“再教育”初探》,《华东师范大学学报》(哲学社会科学版) 2002 年第 1 期。
[19] 许平:《20 世纪 60 年代西方学生运动解读》,《探索与争鸣》2008 年第 12 期。
[20] 郑金洲:《美国批判教育学之批判——吉鲁的批判教育观述评》,《比较教育研究》1997 年第 5 期。
[21] 李其龙编著《德国教学论流派》,陕西人民教育出版社,1993。
[22] 吴兴唐:《欧经济转型时期的文化冲突——写在西方“68”学生运动 40 周年之际》,《当代世界》2008 年第 6 期。
[23] 彭刚:《哈贝马斯的话语民主与宪法爱国主义》,《江西社会科学》2009 年第 7 期。
[24] 袁其波:《政治认同的概念与特征初探》,《太原师范学院学报》(社会科学版) 2008 年第 1 期。
[25] 公丕祥、李义生:《商品经济与政治文化观念》,《政治学研究》1987 年第 1 期。
[26] 申建林:《论公民文化的培育》,《江汉论坛》2002 年第 4 期。
[27] 张耀灿:《30 年思想政治教育学科建设史述论》,《学校党建与思想教育》(上半月) 2008 年第 12 期。
[28] 张澍军:《试论思想政治教育学科前沿的若干重大问题》,《马克思主义研究》2011 年第 1 期。
[29] 马文辉:《“政治文化”与政治主体素质》,吉林大学博士学位论文,1995。
[30] 彭正梅:《德国政治教育的里程碑:〈博特斯巴赫共识〉研究》,《外国中小学教育》2010 年第 5 期。
[31]〔德〕沃尔夫冈·鲁茨欧:《德国政府与政治》,熊炜、王健译,北京大学出版社,2010。
[32]〔英〕玛丽·弗尔布鲁克:《德国史:1918—2008》,卿文辉译,上海人民出版社,2011。
[33]〔联邦德国〕卡尔·哈达赫:《二十世纪德国经济史》,扬绪译,商务印书馆,1984。

[34]〔美〕威廉·夏伊勒：《第三帝国的兴亡——纳粹德国史》（三），董乐山等译，世界知识出版社，1974。

[35]〔德〕梅尼克：《德国的浩劫》，何兆武译，生活·读书·新知三联书店，2002。

[36]〔美〕科佩尔·S. 平森：《德国近现代史——它的历史和文化》（下册），范德一译，商务印书馆，1987。

[37]〔英〕迈克尔·鲍尔弗、约翰·梅尔：《四国对德国和奥地利的管制：1945—1946 年》，安徽大学外语系译，上海译文出版社，1980。

[38]〔苏〕萨纳柯耶夫、崔布列夫斯基编《德黑兰、雅尔塔、波茨坦会议文件集》，北京外国语学院俄语专业、德语专业 1971 届工农兵学员译，生活·读书·新知三联书店，1978。

[39]〔联邦德国〕卡尔·迪特利希·埃尔德曼：《德意志史》第 4 卷，华明等译，商务印书馆，1986。

[40]〔美〕曼弗雷德·库恩：《康德传》，黄添盛译，上海人民出版社，2014。

[41]〔联邦德国〕马克斯·霍克海默、特奥多·阿多尔诺：《启蒙辩证法》，洪佩郁、蔺月峰译，重庆出版社，1990。

[42]《康德书信百封》，李秋零编译，上海人民出版社，2006。

[43]〔德〕于·哈贝马斯：《交往行动理论——行动的合理性和社会合理化》第 1 卷，洪佩郁、蔺月峰译，重庆出版社，1994。

[44]〔德〕Wolfgang Brezinka：《信仰、道德和教育：规范哲学的考察》，彭正梅、张坤译，华东师范大学出版社，2008。

[45]〔德〕尤尔根·哈贝马斯：《包容他者》，曹卫东译，上海人民出版社，2002。

[46]〔德〕哈贝马斯：《在事实与规范之间：关于法律和民主法治国的商谈理论》，童世骏译，生活·读书·新知三联书店，2003。

[47]〔美〕约翰·杜威：《民主·经验·教育》，彭正梅译，上海人民出版社，2009。

[48]〔德〕凯兴斯泰纳：《工作学校要义》，刘钧译，商务印书馆，1935。

[49]〔美〕格林斯坦、波尔斯比：《政治学手册精选》（下卷），储复耘译，商务印书馆，1996。

[50]〔美〕加布里埃尔·A. 阿尔蒙德、西德尼·维伯:《公民文化——五个国家的政治态度和民主制》,徐湘林等译,华夏出版社,1989。

二 外文部分

[1] Geoffrey K. Roberts, "Political Education in Germany," *Parliamentary Affairs*, 2002.

[2] Benedikt Widmaier, Die Bundeszentrale für politische Bildung: Ein Beitrag zur Geschichte Staatlicher Politischer Bildung in der Bundesrepublik Deutschland. Frankfurt am Main, 1987.

[3] Eduard Spranger, Gedanken zur Staatsbürgerlichen Erziehung, hg. von der Bundeszentrale für Heimatdienst, 2. Aufl. 1957, Abgedruckt in: Eduard Spranger: Staat, Recht und Politik, hg. von Hermann-Josef Meyer, Tübingen, 1970.

[4] Theodor Litt, Die politische Selbsterziehung des Deutschen Volkes. Bonn, 1961.

[5] Jürgen Habermas, Die neue Unübersichtlichkeit. Frankfurt: Suhrkamp, 1985.

[6] Jürgen Habermas, Citizenship and National Identity: Some Reflections of the Future of Europe. In: Theorizing Citizenship, N. Y.: State University of New York, 1995.

[7] Juergen Habermas, Die Einbeziehung des Anderen. Suhrkamp: Frankfurt am Main, 1996.

[8] Hermann Giesecke, Didaktik der politischen Bildung. München: Juventa, 1965.

[9] Hans-Werner Kuhn, politische Bildung in Deutschland: Entwicklung-Stand-Perspektiven. Opladen, 1993.

[10] Rolf Schmiederer, Zur Kritik der politischen Bildung. Frankfurt, 1972.

[11] Bernhard Sutor, Grundegesetz und politische Bildung. NeueAusgabe. München, 1980.

[12] Siegfrid Schiele/Herbert Schneider, Reicht der Beutelsbacher Konsens? Schwulbach/Ts.: Wochenschau, 1996.

[13] Gregory Breit, Kann die Westorientierung der politischen Bildung die Grundlage fuer einen Inhaltlichen Konsens bilden? . Schwulbach/Ts.: Wochenschau, 1996.

[14] Bernhard Sutor, Die Kardinaltugenden-Erziehungsziele Politischer Bildung? München, 1980.

[15] Sibylle Reinhardt, Erziehung zu Werten-von rechts oder links?. In: Bernhard Claußen (Hg.). Texte zur politische Bildung, Frankfurt, 1984.

[16] Ulf Preuss-Lausitz, Bildungspolitische Perspektive für die Neunziger Jahre-Grundlagen eines Grünen Bildungsbegriffs. In: Idee für Grüne Bildungspolitik (Hg.). Lutz van Dick, Henning Keese-Philipps, Ulf Preuss-Lausitz, Weinheim und Basel, 1986.

[17] Peter Weinbrenner, Die Zukunft der Inderstriegesellschaft im Spannungsfeld von Fortschritt und Risiko. In: Grundfragen der Ökonomie, Bundeszentrale für politische Bildung (Hg.). Bd. 277. Bonn, 1989.

[18] Walter Gagel, Vereinigung: Ist Gemeinsame politische Bildung Möglich?. In: Gegenwartskunde, 1990.

[19] Klaus Mollenhauer, Erziehung und Emanzipation. München: Juventa, 1968.

[20] Klaus Mollenhauer, Thoerien zum Erziehungsprozess. München: Juventa, 1972.

[21] Hermann Giesecke, Didaktik der politischen Bildung. NeueAusgabe. München: Juventa, 1972.

[22] Chang ShuMei, Begründungen der politischen Pädagogik bei Hermann Giesecke. Universität Tübingen, 2004.

[23] Alfred Grosser, Geschichte Deutschlands seit 1945, München, 1980.

[24] Elisabeth Noelle/Erich Peter Neumann, Allensbacher Jahrbuch der öffentlichen Meinung. Band 5/Allensbach: Verlag für Demoskopie, 1974.

[25] Theodor Wilhelm, Die Pädagogik Kerschensteiners: Vermächtnis und Verhängnis, Stuttgart, 1957.

[26] Eduard Spranger, Probleme der politischen Volkserziehung. In: Zehn Jahre Reichsheimatdienst, hg. v. d. Reichs-zentrale für Heimatdienst, Berlin, 1928.

[27] Wolfgang Klafki, Die Pädagogik Theodor Litts Eine kritische Vergegenwärtigung. Königstein, 1982.

[28] Eduard Spranger, probleme der Politischen Volkserziehung. In: Zehn Jahre Reichsheimatdienst, hg. v. d. Reichs-zentrale für Heimatdienst. Berlin, 1928.

[29] Benedikt Widmaier, Die Bundeszentrale für politische Bildung: Ein

Beitrag zur Geschichte Staatlicher Politischer Bildung in der Bundesrepublik Deutschland. Frankfurt am Main, 1987.

[30] Klaus W. Wippermann, politische Propaganda und Staatsbürgerliche Bildung: Die Rechszentrale für Heimatdienst in der Weimarer Republik. Köln, 1976.

[31] Aufsatz zu den Staatsbürgerlichen Bildungstagen, In: Der Heimatdienst, 1925.

[32] Hans-Werner Kuhn, politische Bildung in Deutschland: Entwicklung-Stand-Perspektiven, Opladen, 1993.

[33] Hans Jochen Gamm, Fürhrung und Verfürhrung: Pädagogik des Nationalsozialismus München, 1964.

[34] Theodor Wilhelm, Pädagogik der Gegenwart. Stuttgart, 1977.

[35] Hans-Günther Assel, politische Pädagogik im Wandel der Zeit. Frankfurt am Main, 1983.

[36] Hans Günther Assel, Die Perversion der politischen Pädagogik im Nationalsozialismus, München, 1969.

[37] Gilimer W. Blackburn, *Eucation in the Third Reich*, Albany: State University of New York Press, 1985.

[38] Hans-Werner Kuhn, politische Bildung in Deutschland: Entwicklung-Stand-Perspektiven. Opladen, 1993.

[39] Marjorie Lamberti, *The Politics of Education: Teachers and School Reform in Weimar Germany*, Berghahn Books, 2002.

[40] Hans Günther Assel, Die Perversion der politischen Pädagogik im Nationalsozialismus, München, 1969.

[41] Lothar Kettenacker, "The Planning of 'Re-education' During the Second World War," in Nicholas Pronay and Keith Wilson eds., *The Political Re-education of Germany and Her Allies after World War Two*, London: Croom Helm, 1985.

[42] Kurt Jurgensen, "The Concept and Practice of 'Re-education' in Germany 1945-1950," in Nicholas Pronay and Keith Wilson eds., *The Political Re-education of Germany and Her Allies after World War Two*, London: Croom Helm, 1985.

[43] F. Roy WilliS France, *Germany and the New Europe 1945-1967*, Stanford

University Press, 1968.

[44] Michael Balfour, "In Retrospect: Britain's Policy of 'Re-education'," in Nicholas Pronay and Keith Wilson eds. , *The Political Re-education of Germany and Her Allies after World War Two*, London: Croom Helm, 1985.

[45] Thomas A. Schwartz, "Reeducation and Democracy: The Policies of the United States High Commission in Germany," in Micheal Ermarth ed. , *American and the Shaping of Germany Society 1945–1955*, Oxford, 1993.

[46] Erica Carter, "Culture, History and National Identity," in Mary Fulbrook ed. , *German History Since 1800*, London: Arnold, 1997.

[47] Stenographische Berichte des Deutscher Bundestag. 1. WP, 65. Sitz, am 10. 6. 1950.

[48] Benedikt Widmaier, Die Bundeszentrale für politische Bildung: Ein Beitrag zur Geschichte Staatlicher Politischer Bildung in der Bundesrepublik Deutschland. Frankfurt am Main, 1987.

[49] Bulletin vom 11. 12. 1951, Nr. 19.

[50] Gudrun HentgeS Heimatdienst, In: Blätter für Deutsche und Internationale Politik, 11/2002.

[51] Das Parlament vom 19. 6. 1963, Nr. 25.

[52] Wolfgang Klafki, Die Pädagogik Theodor Ltts-eine Kritische Vergegenwärtigung. Königstein: Scriptor, 1982.

[53] Eduard Spranger, Probleme der politischen Volkserziehung. In: Zehn Jahre Reichsheimatdienst, hg. v. d. Reichs-zentrale für Heimatdienst, Berlin, 1928.

[54] Friedrich Oetinger, Partnerschaft. Die Aufgabe der politischen Erziehung. Stuttgart: Cotta-Klett, 1953.

[55] Friedrich Oetinger, Wendepunkt der politischen Erziehung. Stuttgart: Cotta-Klett, 1951.

[56] Hermann Gieseck, Didaktik der Poltischen Bildung. NeueAusgabe. München: Juventa, 1972.

[57] Friedrich Oetinger, Wendepunkt der politischen Erziehung, Stuttgart, 1951.

[58] Hans-Werner Kuhn, politische Bildung in Deutschland: Entwicklung-Stand-Perspektiven, Opladen, 1993.

[59] Eduard Spranger, Gedanken zur Staatsbürgerlichen Erziehung, hg. von der Bundeszentrale für Heimatdienst, 2. Aufl. 1957, abgedruckt in: Eduard Spranger: Staat, Recht und Politik, hg. von Hermann-Josef Meyer. Tübingen, 1970.

[60] Theodor Litt, Die politische Selbsterziehung des Deutschen VolkeS Bonn: Bundeszentrale für Heimatdienst, 1961.

[61] Seymour Martin Lipset, "Cleavages, Parties and Democracy," in Lauri Karvonen and Stein Kuhnle eds., *Party Systems and Voter Alignments Revisited*, London: Routledge, 2001.

[62] Seymour Martin Lipset, *Political Man: The Social Bases of Politics*, New York: Doubleday, 1960.

[63] Wilhelm Hennis Das Modell des BürgerS in: GSE 2, 1961.

[64] Kurt Sontheimer, Antidemokratisches Denken in der Weimarer Republik. in: Vierteljahrshefte für Zeitgeschichte, 1962.

[65] Andreas Flitner, A neues Bürger- "Modell"? in: GSE 2, 1961.

[66] Andreas Flitner, Wege zur Pädagogischen Anthropologie. Versuch einer Zusammenarbeit der Wissenschaften vom Menschen. Heidelberg, 1963.

[67] DonaldMattheisen, "History and Political Education in West Germany," *The History Teacher*, Vol. 1, No. 3, 1968.

[68] Georg Picht, Die Deutsche Bildungskatastrophe. Analyse und Dokumentation, Freiburg, 1964.

[69] Hermann Giesecke, Didaktik der politischen Bildung. München: Juventa, 1965.

[70] Hermann Giesecke, Mein Leben ist Lernen. München: Juventa, 2000.

[71] Hermann Giesecke, Didaktik der Poltischen Bildung. NeueAusgabe. München: Juventa, 1972.

[72] Hermann Giesecke, politische Bildung in der Jugendarbeit. München: Juventa, 1966.

[73] Hans-Werner Kuhn, politische Bildung in Deutschland: Entwicklung-Stand-Perspektiven, Opladen, 1993.

[74] Benedikt Widmaire, Die Bundeszentrale für politische Bildung: Ein

Beitrag zur Geschichte Staatlicher politischer Bildung in der Bundesrepublik Deutschland. Frankfurt am Main: Verlag Peter Lang GmbH, 1987.

[75] Peter Reichel, politische Kultur der Budesrepublik. Opladen: Leske und Budrich, 1981.

[76] Gerhard Bause, Die Studentenbewegung der Sechziger Jahre in der Bundesrepublik und Westberlin. Köln: Pahl-Rugenstein Verlag, 1977.

[77] Benedikt Widmaier, Die Bundeszentrale für politische Bildung: Ein Beitrag zur Geschichte Staatlicher Politischer Bildung in der Bundesrepublik Deutschland. Frankfurt am Main: Verlag Peter Lang GmbH, 1987.

[78] Hans-werner Kuhn, politische Bildung in Deutschland: Entwicklung-Stand-Perspektiven. Opladen: Leske Budrich, 1993.

[79] Walter Jacobsen, Gedanken zur Bundestagsdebatte über politische Bildung am 15. November 1968. Aus Politik und Zeitgeschichte, 1969.

[80] Klaus V. Beyme, Die Großen Regierungserklärungen der Deutschen Bundeskanzler vom Adenauer bis Schmidt. München: Carl Hanser Verlag, 1979.

[81] Bundeszentrale für politische Bildung-Jahresbericht 2000/2001. Bonn: Bundeszentrale für politische Bildung, 2002.

[82] Leitlinien für die Sacharbeit der Bundeszentrale für Politische Bildung vom 8. 7. 1977. Bonn: Bundeszentrale für politische Bildung, 1978.

[83] Peter Cornelius, Die Bürgerinitiativbewegung: Der aktive Bürger als rechts und Politikwissenschaftliches Problem. Hamburg: Rowohlt Verlag, 1979.

[84] Ekkerhard Lippert, Handwörterbuch der Politischen Psychologie. Opladen: Westdeutscher Verlag, 1983.

[85] Gerd Stein, Ansätze und Perspektiven Kritischer Erziehungswissenschaft. Stuttgart: Klett, 1980.

[86] Hermann Giesecke, Didaktik der Politischen Bildung im Außerschulischen Bereich. In: deutsche jugend, 1967.

[87] Hermann Giesecke, Pädagogik des Jugendreisen, München: Juventa, 1967.

[88] Hermann Giesecke, Freizeit-und Konsumerziehung. München, 1968.

[89] Hermann Giesecke, Emanzipation-ein neues Pädagogisches Schlagwort? In:

deutsche jugend, 1969.

[90] Hermann Giesecke, Didaktische Probleme des Lernens im Rahmen von politischen Aktionen. In: Politische Aktion und politisches Lernen. München, 1970.

[91] Max Weber, Politik als Beruf. Vortrag, 1919.

[92] Ralf Dahrendorf, Soziale Klassen und Klassenkonflikt in der Industriellen Gesellschaft. Ferdinand Enke, Stuttgart, 1957.

[93] Hermann Giesecke, Didaktik der politischen Bildung. München: Juventa, 1970.

[94] Jürgen Habermas, "Public Sphere as a Space for Reasoned Communicative Exchange," Kyoto University, 2004.

[95] Jürgen Habermas, Protestbewegung und Hochschulreform. Frankfurt am Main, 1969.

[96] Jürgen Habermas, Wissenschaftliche politischen und öffentliche Meinung. Frankfurt am Main, 1969.

[97] Jürgen Habermas, Citizenship and National Identity: Some Reflections of the Future of Europe. In: Theorizing Citizenship, ed. Ronald Beiner, 1970.

[98] Dieter Lenzen, Erziehungswissenschaft-Pädagogik. In: Erziehungswissenschaft. Ein GrundkurS Hamburg: Rowohlt Taschenbuch, 1994.

[99] Dieter Lenzen, Erziehungswissenschaft-Pädagogik. In: Erziehungswissenschaft. Ein GrundkurS Hamburg: Rowohlt Taschenbuch, 1994.

[100] Hermann Giesecke, Didaktik der politischen Bildung. NeueAusgabe. München: Juventa, 1972.

[101] Hermann Giesecke, Die Schule als Pluralistische Dienstleistung und das Konsensproblem in der Politischen Bildung. In: Das Konsensproblem in der politischen Bildung. Stuttgart: Cotta-Klett, 1977.

[102] Hermann Giesecke, Methodik des politischen UnterrichtS München: Juventa, 1973.

[103] Gerd Stein, Kritische Paedagogik, positionen u. Kontroversen Hamburg, 1979.

[104] Horkheiheimer M. Adomo, Dialektik der Aufklaerung Philosphische Fragmrente. Frankfurt, 1971.

[105] Cerd Stein, Ansaetze und Perspektiven kritischer Erziehungswissschaft. Stuttgart, 1980.

[106] Juergen Hahermas, Erkenntnis und Interesse. Frankfurt am Main: Suhrkamp, 1994.

[107] Rolf Schmiederer, Was ist Erziehung? Deutshe Jugend, 1966.

[108] Rolf Schmiederer, Zur Kritik der Politischen Bildung. Ein Beitrag zur Soziologie und Didaktik des politischen UnterrichtS Frankfurt am Main: EuroP Verl. -Anst, 1971.

[109] M. Winkler, Klaus Mollenhauer. Weinheim/Basel: Beltz, 2002.

[110] L. Kerstiens, Modelle emanzipatorischer Erziehung: eine Zwischenbilanz; Voraussetzungen, Entwürfe, Kritik. Bad Heilbrunn/OBB. : Klinkhardt, 1974.

[111] H. Kreis, Der Pädagogische Gedanke der Emanzipation in seinem Verhältnis zum Engagement. Untersuchungen zu den Erziehungswissenschaftlichen Konzeptionen Klausmollenhauers, Hermann Gieseckes und Klaus SchallerS Bad Heilbrunn/OBB: Julius Klinkhardt Verlag, 1978.

[112] E. König, & P. Zedler, Theorien der Erziehungswissenschaft. Einführung in Grundlagen, Methoden und Praktische Konsequenzen. Weinheim: Beltz, 1998.

[113] Hans-Werner Kuhn und Peter Massing (Hrsg.), politische Bildung in Deutschland, Leske Budrich, Opladen, 1990.

[114] Helmut Schelsky, Die Arbeit tun die anderen, Opladen, 1975.

[115] Hans-Jochen Gamm, Einfahrung in das Studium der Erziehungswissenschaft, Munchen, 1974.

[116] Kultusminister,Hessen, Rahmenrichtlinien, Sekundarstufe I, Katholische Religion, Frankfurt, 1977.

[117] Kultusministerium, Hessen, Rahmenrichtlinien Primarstufe Evangelische Religion, 1972.

[118] Hermann Giesecke, Einfiihrung in die Pddagogik, Miinchen, 1969.

[119] Leo Löwenthal, Unruhen-Professor Löwenthal über Berkeley, in: DiskuS Frankfurter Studentenzeitung, 1966.

[120] Theodor Adorno, Kulturkritik und Gesellschaft II, Suhrkamp, 1977.

[121] Klaus Ahlheim, Aktualität eines Klassikers, von Tribüne: Zeitschrift zum Verständnis des Judentums, Frankfurt am Main, Heft 197, 2011.

[122] Bernhard Sutor, Grundgesetz und politische Bildung, Hannover, 1976.

[123] Bernhard Sutor, om Gerechten Krieg zum Gerechten Frieden? Stationen und Chancen eines Geschichtlichen LernprozesseSWochenschau-Verlag, Schwalbach, 2004.

[124] Michael May, Klassiker der Politikdidaktik neu gelesen: Originale und Kommentare, Wochenschau Verlag, 2011.

[125] David P. Conradt, "Changing German Political Culture," in Gabriel A. Almond &Sidney Verba eds., *The Civic Culture Revisited*, California: Newbury Park Sage Publications, 1989.

[126] Mathias Matussek, Wir Deutschen, SFischer, F/M, 2006.

[127] Wolfgang Brezinka, Glaube, Moral und Erziehung. Ernst Reinhardt Verlag, Muenchen/Basel, 1992.

[128] Annegret Ehmann, Nationalsozialismus und Holocaust in der Historisch politischen Bildung, Brinkmann, Annette (Hrsg.): Lernen aus der Geschichte. Bonn, 2000.

[129] Wolfang Brezinka, Die Emanzipatorische Paedagogik und ihre Folgen. In: Paedagogische Rundschau. Jg. 35, 1981.

[130] Klaus Ahlheim, Adorno revisited: Erziehung nach Auschwitz und Erziehung zur Mündigkeit heute. Hannover, 2010.

[131] Peter Steinbach, Holocaust und Schulunterricht. http://www.tribuene-verlag.de/TRI_ Steinbach.pdf.

[132] Theodor Adorno, Metaphysik, Begriff und Probleme (1965), Rolf Tiedemann Verlag. Frankfurt am Main, 1998.

[133] Theodor Adorno, Gesammelte Schriften 6: Negative Dialektik, Rolf Tiedemann Verlag. Darmstadt, 1998.

[134] Theodor Adorno, Education after Auschwitz. Hamburg: Kraemer, 1997.

[135] Theodor Adorno, Stichworte. Kritische Modelle 2. Suhrkamp, 1969.

[136] Theodor Adorno, Was bedeutet: Aufarbeitung der Vergangenheit, In:

Gesammelte Schriften, Bd. 10. 2, Frankfurt am Main, 1977.

[137] Theodor Adorno, Erziehung zur Mündigkeit. Frankfurt am Main: Suhrkamp, 1971.

[138] Marion Grafin Donhoff, Wo bleibt das Ethos? in Die Zeit. Nr. 6, 2. Februar 1996.

[139] Siegfrid Schiele/ Herbert Schneider (Hrrg.), Konsens und Dissens in der politischen Bildung. Stuttgart, 1987.

[140] W. Sander, Reschtsextremismus als paedagogische Herausfoerung fuer Schule and politische Bildung, in: BpB (Hrsg.), Verantwortung in einder Unuebersichtilichen Wel, Aufgaben einder Wertorientierten politischen Biludng. Bonn, 1995.

[141] Siegfrid Schiele/ Herbert Schneider (Hrrg.), Reicht der Beutelsbacher Konsens? Schwulbach/TS, 1996.

[142] G. Breit, Kann die Westorientierung der Politischen Bildung die Grundlage fuer einen Inhaltlichen Konsens bilden? In: Siegfrid Schiele/ Herbert Schneider (Hrrg.), Reicht der Beutelsbacher Konsens? Schwulbach/TS, 1996.

[143] Das Parlament vom 18. 8. 1989, Nr. 34.

[144] Hans-Werner Kuhn, politische Bildung in Deutschland: Entwicklung-Stand-perspektiven. Opladen, 1993.

[145] Bernhard Sutor, Die Kardinaltugenden-Erziehungsziele Politischer Bildung? München, 1980.

[146] Sibylle Reinhardt, Erziehung zu Werten-von rechts oder links? In: Bernhard Claußen (Hg.). Texte zur politische Bildung. Frankfurt, 1984.

[147] Preuss-Lausitz, Bildungspolitische Perspektive für die neunziger Jahre Grundlagen eines grunen BildungsbegriffS Weinheim und Basel, 1986.

[148] Erlaβ über die Bundeszentrale für politische Bildung (24. Juni. 1992). http//www. bpb. de/bpb/.

[149] Jurgen Habermas, Ueber den Doppelten Boden des Demokratischen Rechtsstaates, in Die Nachholende Revolution: Kleine politische Schriften VII. Frankfurt, 1990.

[150] Gabriel A. Almond & Sidney Verba, *The Civic Culture: Political Attitudes and Democracy in Five Nations*, Princeton: Princeton University Press, 1963.

[151] G. Almond, "Comparative Political System," *The Journal of Politics*, Vol. 18, 1956.

[152] Heinz Rausch, politische Kultur in der Bundesrepublik Deutschland, Berlin: Colloquium-Verlag, 1980.

[153] Gabriel A. Almond & Sidney Verba, *The Civic Culture: Political Attitudes and Democracy in Five Nations*, Princeton: Princeton University Press, 1963.

[154] David P. Conradt, "Changing German Political Culture," in Gabriel A. Almond &Sidney Verba eds., *The Civic Culture Revisited*, Newbury Park Sage Publications, 1989.

[155] Hermann Giesecke, politische Bildung: Didaktik und Methodik für Schule und Jugendarbeit. München: WeinheimPress, 1993.

[156] Benedikt Widmaier, Die Bundeszentrale für Politische Bildung: Ein Beitrag zur Geschichte staatlicher Politischer Bildung in der Bundesrepublik Deutschland. Frankfurt am Main: Verlag Peter Lang Gmbh, 1987.

[157] Wolfgang Hilligen, Zur Didaktik des politischen Unterrichts. Bonn: Bundeszentrale für Politische Bildung, 1985.

[158] Heinrich August Winkler, Die Berliner Republik in der Kontinuität der deutschen Geschichte. Berlin: Bundeszentrale für politische Bildung, 1992.

[159] Allensbacher Jahrbucher: Demokratieverankerung in der Bundesrepublik. Allensbacher: Allensbacher Institu für Demoskopie, 1980.

[160] Stenographische Berichte des Deutscher Bundestag. 1. WP, 65. Sitz, am 10. 6. 1950.

[161] Bernhard Sutor, Grundegesetz und politische Bildung. NeueAusgabe. München, 1980.

图书在版编目（CIP）数据

当代德国政治教育理论研究 / 傅安洲等著. --北京：社会科学文献出版社，2023.6

ISBN 978-7-5228-1861-0

Ⅰ.①当… Ⅱ.①傅… Ⅲ.①政治思想教育-研究-德国 Ⅳ.①D751.64

中国国家版本馆 CIP 数据核字（2023）第 095994 号

当代德国政治教育理论研究

著　　者 / 傅安洲　阮一帆　孙文沛　李战胜

出 版 人 / 王利民
组稿编辑 / 曹义恒
责任编辑 / 吕霞云
文稿编辑 / 陈　冲
责任印制 / 王京美

出　　版 / 社会科学文献出版社
地址：北京市北三环中路甲 29 号院华龙大厦　邮编：100029
网址：www.ssap.com.cn
发　　行 / 社会科学文献出版社（010）59367028
印　　装 / 三河市龙林印务有限公司

规　　格 / 开　本：787mm × 1092mm　1/16
印　张：13　字　数：214千字
版　　次 / 2023 年 6 月第 1 版　2023 年 6 月第 1 次印刷
书　　号 / ISBN 978-7-5228-1861-0
定　　价 / 89.00 元

读者服务电话：4008918866